국민 · 인민 · 시민

—개념사로 본 한국의 정치주체

한국개념사총서 |4|

국민·인민·시민

–개념사로 본 한국의 정치주체

박명규 지음

小花

한국개념사총서 ❹
국민 · 인민 · 시민
–개념사로 본 한국의 정치주체

초판 1쇄 / 2009년 10월 30일
초판 4쇄 / 2019년 11월 22일

지은이 / 박명규

펴낸이 / 고화숙
펴낸곳 / 도서출판 소화
등록 / 제13-412호
주소 / 서울시 영등포구 버드나루로 69
전화 / 02-2677-5890
팩스 / 02-2636-6393
홈페이지 / www.sowha.com

값 16,000원

ISBN 978-89-8410-366-5 94300
ISBN 978-89-8410-337-5 (세트)

| 한국개념사총서 발간사 |

19세기 중엽부터 우리 사회에 격랑을 몰고 온 인문 · 사회과학의 개념들에 관하여 혼돈 상태가 아직도 계속되고 있습니다. 몇 가지 예를 들어 봅니다. 민족과 민족주의, 근대국가와 주권, 자주와 독립 같은 핵심 개념들조차 비학문적으로 사용하고 있습니다. 이탈리아에서 19세기 통일 운동 이전의 민족과, 부활리소르지멘토을 지향하는 민족주의운동의 원동력이 된 민족은 서로 구별됩니다. 근대국가는 서유럽에서 등장한 독특한 정치사회의 한 형식이며, 이 형식을 지탱하는 것이 주권 개념입니다. 주권은 서양의 중세 사회나 동양의 사대 질서에서 보는 통치권과는 다른 차원의 개념입니다. 자주와 성교금령은 사대 질서의 개념이며, 독립과 내치 외교는 서양 공법 질서의 개념입니다. 이런 역사적 개념을 서로 구별하지 않는 것은 반反역사적은 아닐지라도 비非역사적입니다.

인문 · 사회과학의 개념은 정태적인 것이 아니라 정치 · 사회운동을 함축하고 있는 역동적인 성격을 지니고 있어서 개념사 연구는 정치 · 사회제도의 분석을 전제로 합니다. 그리고 개념들은 장소*topos*와 시간*tempo*에 따라 그 성격이 다르기 마련입니다. 그런데 이 지적 작업을 수행하는 데 세계 정치의 중심 지역 학자들보다 훨씬 어려운 위치에 놓여 있다는 것이 우리 한국 학계의 고민입니다.

우리는 외국 학자들처럼 개념의 공시적이고 통시적인 분석, 의미론이나 명의론에 안주할 수 없습니다. 우리는 여러 장소의 개념들의 충돌을 연구해야만 합니다. 더욱이 우리의 한반도는 독특한 역사적 성격을 지닌 장소입니다. 유럽 열강의 세계 팽창 대상 지역 중에서도 오지奧地에 속하는 곳입니다. 오지의 특징은 외래 개념에 대한 저항과 오해가 그 어느 지역보다 강렬하다는 데에 있습니다. 저항이 강하다는 것은 이미 지켜 온 개념들에 대한 집착이 강하다는 것을 의미합니다. 이른바 가정假晶 pseudomorphosis의 현상이 두드러진 곳입니다. 가정은 광물이 그 내부구조에 따른 본래의 결정형과는 다른 결정형을 나타내는 현상을 지칭하는 광물학의 용어입니다. 다른 장소의 개념이 전파되는 경우, 본래의 의미가 왜곡되는 사회현상을 은유적으로 표현하기 위해 슈펭글러 O. Spengler가 광물학에서 차용한 낱말입니다. 이런 점에서 한반도는 중국이나 일본과도 판이한 역사적 경험을 지니게 되었습니다. 오지라는 장소의 특징은 시간의 역사적 성격에도 반영됩니다. 세계정치 중심 지역의 개념들이 뒤늦게 전파되는 특징을 지니고 있습니다. 오지와 세계사의 접목은 세계사 흐름의 최후 단계에 이루어져서 오지의 세계화는 난항을 겪게 됩니다.

그런데 한반도의 장소적인 특징은 여기에 머물지 않습니다. 같은 동북아 질서에 속하였던 중국과 일본의 변모로 동북아 삼국 사이에도 개념의 갈등이 야기됩니다. 교린 질서 안에 살고 있던 한국과 일본은 1868년부터 개념의 충돌이 시작되어 1876년까지 8년의 위기를 맞습니다. 이 위기를 거치면서 일본은 개념의 세계화 노력에 박차를 가하고 이런 개념에 의한 담론을 세계에 전파합니다.

같은 사대 질서에 살고 있던 중국이 1880년을 전후하여 사대 질서의 변형을 주장해 한국은 중국과 충돌하고 그리고 고민합니다. 유길준의 '양절체제兩截體制'라는 천재적인 직관은 사대 질서의 개념들을 서양 공법 질서의 개념으로 전환시키려는 중국에 대한 우리의 처절한 저항입니다.

이런 역사적 특징을 지닌 한반도라는 장소에서 인문 · 사회과학의 근대적인 기본 개념 형성에 중요한 시기*tempo*는 1850년에서 1950년에 이르는 1백 년이라고 생각합니다. 이질 문명권과 만나 충돌하면서 동시에 동북아 삼국 사이에 개념의 마찰이 병행하는 시기입니다. 이 시기의 개념들은 크게 세 부류로 나눌 수 있습니다.

첫째, 19세기 중엽 이전 우리에게는 알려지지 않았던 새로운 사회현상들의 전파 양상을 가리키는 개념들이 있습니다. 이런 생소한 유럽 학문 체계상의 개념들에 대한 오해는 아직도 존재하고 있습니다.

둘째, 19세기 이전에 사용되었던 개념 가운데 그 본래의 내용이 굴절되어 새로운 현상을 지칭하게 된 개념들이 있습니다. 본래의 의미와 굴절된 내용이 혼재하게 됩니다.

셋째, 19세기 중엽을 전후하여 사라진 개념들이 있습니다. 통용의 중단이 일시적인 것도 있고 다시 부활하는 경우도 있습니다.

어떤 경우이건 스스로 일어난 것이 아니라 그 배경에는 사회적인 격동이 있습니다.

이런 개념사 연구를 우리는 어떤 시각에서 어떻게 서술해야 합니까?

시간의 문제에 대해서는 공시적이고 통시적인 분석을, 그리고 장소의 문제에 관해서는 비교문명권의 입장에 입각해야 한다고 생각합니다. 우리는 이런 방법론에 따라 다음과 같은 순서로 주요 개념들을 서술할 것입니다.

먼저 동서양의 어원을 고찰합니다. 어원은 통시적 분석의 출발점입니다. 개념이 19세기 이전에도 동양 세계에서 통용된 경우에는 그 동양적인 의미와 19세기 이후의 변천 과정을 추적합니다. 그리고 19세기 중엽 새로 동양에 전파된 서양의 개념인 경우에는 서양 세계에서 통용된 의미와 동양에 전파되는 과정을 추적합니다.

그러나 서술의 중심은 한반도라는 장소에서 일어난 개념들의 해석, 번역, 굴절, 선택, 그리고 오해를 포함한 모든 충돌 현상에 관한 분석입니다. 그리고 1950년 이후 이 개념들이 한국 학계에 정착되는 데에 따르는 오늘날의 문제점들을 제시합니다. 정착 문제는 우리 학계의 수준을 폭로하는 일입니다.

이렇게 볼 때 개념사 연구는 인문 · 사회과학의 모든 분야에 걸친 연구입니다. 이른바 '전체의 역사 l'histoire totale'를 시도하는 지적 작업입니다. 이런 학술 사업을 진행하기에는 우리 학계의 수준이 아직 일천하다고 걱정하는 소리도 있습니다. 그리고 개념사 연구 자체에 관한 회의와 냉소도 있습니다. 그러나 한국이라는 장소 *topos*의 인문 · 사회과학 기본 개념에 관한 연구는 단지 학문상의 문제만이 아닙니다. 이 연구는 우리의 생존에 관한 현실적인 문제이기도 합니다. 개념의 정확한 인식에 의한 학술적인 담론의 세계화는 21세기에 우리가 한반도에서 한국적인 삶을 영위하기 위한 전제 조건입니다. 담론의 세계화를 이룩하지 못한 것이 1910년의 불행을 자초한 한 원인이기 때문입니다.

2008년 8월

한림대학교 한림과학원

한국개념사총서 편집위원회위원장 김용구

| 저자의 말 |

개념이 갖는 역사성, 그 독특한 담론적 영향력에 매력을 느끼기 시작한 것은 약 10년 전의 일이었다. 당시 한국사회사와 서양사회학사를 강의하고 있었는데 서로 다른 두 분야를 오가면서 계속 떠오른 질문이 "한국의 역사에서 사회란 어떤 의미를 갖는 것이었을까"라는 것이었다. 일찍이 신용하 교수의 역저 『독립협회연구』를 통해 근대로의 전환과 새로운 개념 수용 사이에 밀접한 연관이 있음을 배웠던 것에 기초하여 한국에서 '사회' 개념이 수용되고 확산되는 과정을 다룬 글을 쓰게 되었다. 이후 자연스럽게 이와 연관된 글을 몇 편 쓰게 되었고 개념사에 대한 관심이 커지는 가운데 몇 가지 행운을 만나게 되었다.

첫 번째 행운은 한림대학교 한림과학원에서 김용구 교수를 중심으로 개념사 프로젝트가 본격적으로 출범하면서 첫 연구진의

한 명으로 초청을 받은 것이었다. 사회 개념의 역사를 검토하면서 다루지 못했던 부분에 대한 미련도 있고 한국의 개념사에 대한 약간의 구상도 없지 않아 기쁜 마음으로 제안을 수락했다. 공동연구에 참여한 여러 사람의 논의에 자극도 받았다. 김효전 교수께서는 귀한 자료를 필사하고 복사해 보내 주기도 했다. 이 책은 바로 그 행운의 소산인 셈이다. 하지만 배경지식의 부족으로 힘든 적이 적지 않았고 결국 약속한 시간을 한참 넘겨서야 마무리를 하게 되니 한편의 자부심과 함께 송구한 마음을 감출 수 없다.

두 번째 행운은 서울대학교 하영선 교수를 통해 유럽의 개념사 연구자들과 만나게 된 것이다. 몇 년 전부터 유럽에서는 주요 개념의 역사를 통해 새로운 세계사를 서술하려는 프로젝트가 추진 중인데, 헬싱키대학이 주관하여 '사회' 개념을 다루는 공동작업에 참여하게 되었다. 이 다년간의 연구기획에 참여하면서 개념의 보편성과 특수성, 전파와 수용, 번역과 재현, 언어와 사회관계에 대해 진지한 관심을 기울이는 전 세계 연구자들과 만나는 기회를 갖게 되었다. 유럽의 사회 개념이 동북아시아, 동남아시아, 아랍권, 인도권, 아프리카권에 어떻게 수용되고 재해석되는지를 비교하면서 그 역사적 · 언어학적 · 지성사적 함의를 추적하려는 그들의 열정과 진지함을 접한 것은 큰 도전이면서 행운이었다.

세 번째 행운은 신설된 서울대학교 통일평화연구소의 책임을 맡게 된 일이었다. 남북관계를 다루는 다양한 입장의 사람들을 접하면서 민족, 국가, 평화, 통일과 같은 단어가 말하는 주체에 따라 또 상황에 따라 얼마나 다른 의미를 가질 수 있는지를 보게 되었다. 특히 번역과정에 따르는 의미 전환, 창조, 변형을 고려하지 않거나 영미권의 개념을 절대시하는 논의가 얼마나 한국의 현실을 왜곡할 수 있는지를 절감하게 되는 경우도 종종 있었다. 북한의 학자, 해외 한인 학자, 외국인 학자, 진보적인 학자와 보수적인 학자 사이에는 같은 어휘를 사용하면서도 실제의 생각은 큰 차이가 있음을 보면서 개념의 역사는 결국 현재의 문제의식을 반영한다는 점도 깨닫게 되었다.

원래 한림과학원이 내게 요청한 주제는 '시민과 시민사회'였지만 연구를 진행하는 과정에서 두 개념을 별개로 다루는 것이 더 좋겠다는 생각을 했다. 시민은 국민, 인민의 개념과 함께 고찰하고 시민사회는 사회 개념과 함께 다루는 방안을 제안했는데 감사하게도 받아들여졌다. 앞으로 사회와 시민사회에 대한 작업도 해야 하니 작업이 두 배로 힘들긴 하지만 다양한 '민' 개념의 역사를 함께 정리해 본 것은 매우 유익한 공부였다. 여기서 다룬 국민 · 인민 · 시민 개념에 민족 · 민중 등을 합치면 아마도 한국사에 등장하는 다양한 '민'의 범주를 종합적으로 이해할 수 있으리라 믿는다. 세 개의 서로 다른 '민' 개념을 함께 다룬 이 작업이 정치주체의 역사적 형성과정을 잘 보여 줄 뿐 아니라 미래를 향한 전망성도 내포한다는 점을 드러내기 위해 '개념사로 본 한국의 정치주체'라는 부제를 달기로 했다. 그런 문제의식과 함께 이 책을 읽어주기를 기대한다.

여러 선생님의 가르침, 선학과 동료, 후배의 다양한 연구성과에 힘입고 또 여러 행운이 합쳐진 덕택에 이제 부족하지만 한 권의 책을 묶게 되는 감동이 적지 않다. 순간마다 새로운 것을 발견하는 즐거운 작업이었지만 역량이 부족하고 아는 것도 미치지 못해 내겐 과분한 과제라는 생각도 많이 했던 과정이었다. 이 책의 주요한 부분들을 채우는 데 결정적인 도움을 받은 여러 분야의 선행

연구들이 없었다면 이 책은 도저히 나올 수 없었을 것이다. 좋은 글을 통해 큰 도움을 준 학계의 여러 선배, 동료, 후배 연구자들에게 깊은 감사의 뜻을 표하며 앞으로 잘못된 부분, 부족한 내용들은 지속적으로 수정 · 보완해 갈 것을 약속드린다. 애초 사회 개념에 관심을 가질 무렵 자료 찾기에 도움을 주었던 한국학중앙연구원의 서호철 교수와 이 책 저술에 필요한 자료들을 찾는 데 도움을 준 서울대학교 대학원의 조정우와 박해남에게 고마움을 표한다. 그리고 꼼꼼한 작업으로 이처럼 좋은 책을 만들어 준 소화출판사 여러분께 특별한 감사를 드린다.

2009년 10월

박명규

차례

| **일러두기** |

1. 외래어 인명 및 지명은 한글맞춤법 통일안의 외래어 표기법을 따랐으며, 관행적으로 굳어진 것은 그 용례를 따랐다.
2. 각주에서 출전을 밝힐 경우 처음에만 모두 밝혔으며, 이후부터는 생략하여 밝혀 두었다.

   [예 1] Reinhart Koselleck(1985), *Futures Past: On the Semantics of Historical Time*, The MIT Press.

   [예 2] R. Koselleck(1985), 앞의 책 참조.

서론

국민 · 인민 · 시민이라는 말은 한 사회 구성원의 자격, 주권의 담당자, 권력의 정당성 기반, 애국심과 저항권 등을 논의할 때 필수적으로 동반되는 개념들이다. '국민적 동의', '인민주권론', '시민참정권' 등의 표현은 중고등학교 교육에서도 등장하고 일상적인 뉴스에서도 종종 접하는 시사적 용어가 되다시피 했다. 따라서 이들 개념은 종종 혼용되기도 한다. 예컨대 이론적으로 구별되는 국민주권론과 인민주권론이 일상적으로는 유사하게 이해된다든지 시민의 권리와 국민의 권리가 동일한 의미로 쓰이는 경우가 적지 않다. 이런 혼용은 일반인에게만 있는 것이 아니라 학계에서도 종종 나타나는데 그 이유는 실제로 이들 각 개념이 지닌 의미의 복합성과 더불어 상호간에 중첩되고 연결되는 부분들이 적지 않기 때문이다.

한 가지 분명한 사실은 이들 개념이 현대 한국사회를 이해하고 설명하는 데 매우 중요한 기본적인 역사적 개념에 해당한다는 점이다. 이 개념들은 단순히 현실을 설명하거나 묘사하는 수준에 머무르지 않고 헌법적 기준, 정치적 가치, 미래적 전망 내지 집합적 정체성을 규정하는 데까지 영향을 미치고 있다. 뿐만 아니라 이들 용어에는 한자문명과 유교이념 하에서 오랫동안 사용된 전통 개념으로서의 성격과 동시에 19세기 후반 이래 서구의 근대사상이 소개될 때 선택된 번역어로서의 성격이 겹쳐져 있다. 다시 말해 번역을 통한 서양사상의 소개, 유입의 측면과 함께 전통적으로 존속해 오던 사유체계의 근대적 변용과 적응이라는 사상적 대전환의 시대성이 응축되어 있다. 나아가 일본의 제국주의 팽창으로 식민지가 되고 이후 해방과 분단, 압축적 근대화의 질곡 속에서 정당한 정치적 주체를 설정하기 위한 노력과 긴장들이 이들 개념에 포함되어 있다. 그만큼 개념에 내포된 시간성 · 공간성이 다층적이고 포괄하는 의미도 중층적일 뿐 아니라 이와 연관된 의미체계나 실천적 지향성도 단순하지 않다. 코젤렉R. Koselleck의 표현을 따르면 그 의미가 매우 깊은 개념들이라 하겠다.[1]

또한 이들 개념은 한국의 근현대 사회변동과 밀접하게 연결되어 있을 뿐 아니라 21세기에 들어선 지금까지도 한국사회의 이론적 · 실천적 논의들과 긴밀히 결합되어 있다. 한국 근현대사를 그

1. 코젤렉은 "historical depth of a concept"를 밝히는 것이 개념사의 중요한 과제의 하나라고 지적했다. Reinhart Koselleck(1985), *Futures Past: On the Semantics of Historical Time*, The MIT Press; R. Koselleck(1982), "Begriffsgeschichte and Social History," *Economy and Society*, Vol.11, p.89.

정치주체의 관점에서 제대로 이해하기 위해서는 이들 개념의 의미, 활용, 동원, 긴장의 차원을 파악하는 것이 필수적이다. 19세기 말 이래 근대로의 이행과정에서 어떤 정치사회적 주체형성의 노력이 있었는지, 그 시도는 어떻게 좌절되었고 어떤 역사적 대안과 현실들이 나타났는지, 해방과 분단의 경험은 다시 어떤 주체형성을 가능케 했는지 등은 이들 개념에 대한 세밀한 탐색 없이는 충분한 해명이 불가능하다. 분단된 상태에서 산업화와 민주화를 달성하고 세계화의 흐름 속에서 역동적인 변화를 겪고 있는 현대 한국사회의 내적 긴장과 정치적 갈등도 이들 개념에 내포된 주체성의 범주 내지 성격에 대한 검토가 이루어질 때 비로소 제대로 이해할 수 있다.

개념은 인간의 지적 활동의 산물이다. 인류의 문명은 언어와 문자를 통해 발전되었고 추상화와 일반화를 가능케 하는 개념의 형성은 그 중추부분을 이룬다.[2] 인간의 생존에 직접적으로 관련되는 도구적인 개념은 말할 것도 없고, 종교적 · 도덕적인 요소에 있어서도 독특한 형태의 앎(지식)과 연관된 어휘(개념)들은 필수적이었다. 이런 의미에서 개념의 형성이나 유통, 발전은 그 자체로서 문명과 지식의 역사를 보여 준다. 개념은 또한 다양한 문명권의 소통을 매개로 지적 교류와 혼합을 가능케 하는 핵심요소이다. 인류의 역사는 많은 종족과 집단 사이의 투쟁과 갈등을 통해 기술과 사고방식, 문화적 요소들의 상호교류를 바탕으로 이루어졌다. 전

2. 따라서 동서양을 막론하고 정밀한 지적 논의는 늘 개념의 정확한 이해를 중심으로 진행되었다. 플라톤, 아리스토텔레스 이래 서양철학이나 '정명'을 강조한 공자의 사상에서도 유사한 지적 태도를 발견할 수 있다. 조선후기 정약용이 저술한 『雅言覺非』 역시 개념의 정확한 이해가 중요하다는 당대 지식인의 사유를 잘 드러내는 작품이다.

쟁을 통한 상호대립의 역사 속에서도 수많은 문화적, 지적 만남과 교류가 이루어지는 것이 세계사의 실상이어서 흔히 침략전쟁이라 불리는 폭력행위조차 장기적으로는 인류문명의 전파와 확산의 계기가 되는 아이러니도 종종 발견하게 된다. 개념의 역사를 추적해 보면 이런 문명적 요소의 형성, 교류, 확산의 흐름을 발견할 수 있다. 이런 의미에서 개념사는 문명사나 지성사의 가장 핵심적인 부분이라고 해도 과언이 아니다.[3] 실제로 개념사는 서로 다른 사회와 문명권에서 각기 다른 방식으로 형성되었던 유사한 사유체계, 의식들이 어떻게 만나고 부딪치는지를 보여 준다.

하지만 개념은 추상적인 의미 그 자체로 활동하고 전파되는 것이 아니라 다양한 역사적 맥락 속에서 구체적 사회집단 및 쟁점들과 연관되어 존재한다.[4] 개념 그 자체의 의미에 주목하는 언어학이나 철학의 영역이 있지만 개념의 역사를 총체적으로 이해하려면 특정한 개념이 등장하고 유포되며 확산되는 과정이 어떤 시공간성과 연결되는지를 드러내는 것이 매우 중요하다. 같은 개념이라도 그 속에 담긴 함의와 지적 기원, 연관되는 사유양식의 틀은 시공간적 맥락에 따라 다를 수 있으며 이런 차이와 변화가 실제의 사회적 변동과 밀접하게 결합되어 있다. 상이한 시공간성을 지닌 개념들은 비록 동일한 단어로 표현되더라도 그 함축하는 의미가

3. 일본을 통해 서양문물이 소개되는 데 결정적인 기여를 한 후쿠자와 유키치의 역할은 상당 부분 그의 개념어 번역작업으로 가능했다고도 할 수 있다. 후쿠자와의 저서를 정밀하게 분석한 마루야마 마사오의 책 역시 그의 개념들, 번역방식들 속에 나타나는 서구지식 체계와 한자문화의 복합적인 관계에 주목하고 있다. 마루야마 마사오(2007), 『문명론의 개략을 읽는다』, 김석근 역, 문학동네.
4. Jan Ifversen은 이것을 텍스트, 담론, 개념의 삼각관계로 설명한 바 있다. Jan Ifversen (2003), "Text, Discourse, Concept: Approaches to Textual Analysis," *KONTUR*, No.7.

크게 다르다. 코젤렉이 이미 지적했듯이 정치적 · 사회적 개념어에는 여러 시간성이 동시에 중첩될 수 있는데 이러한 '시층time strata'에 대한 세심한 이해가 필요하다. 그는 세 가지 시간성을 구분했는데, 첫째 'democracy'처럼 오래전에 존재하던 용어로서 지금도 그 의미가 어느 정도 존속하고 있는 개념이 있고 둘째 'civil society'와 같이 이전에도 단어로서 존재했으나 사회적으로 재구성되고 재번역된 이후 의미가 현저하게 달라진 경우가 있다. 그리고 셋째 'Fascism', 'Marxism'처럼 새로운 시대에 만들어진 개념이 있다. 이런 분류는 이념형적인 것이어서 실제로는 혼합적인 형태들이 많지만 모든 개념들이 지닌 시간성의 차이를 의식하는 것은 매우 중요하다.[5]

이 연구에서 검토하려는 국민 · 인민 · 시민은 전부 코젤렉의 분류방식에 따르면 둘째 유형에 해당하는 어휘이다. 다시 말해 근대 이전부터 사용되고 활용되던 단어인데 근대에 접어들면서 서구로부터 새로운 개념이 소개되고 그 번역어로 사용되면서 의미에 큰 전환이 일어난 것들이다. 또 한국사회의 역사적 격변과 맞물리면서 한국만의 독특한 함의도 내포하게 된 개념어들이다. 그런 다차원적이고 복합적인 의미들을 개념사와 사회사의 종합을 통해 추적해 보려는 것이 이 책의 의도라 할 수 있다.

5. Melvin Richter and Michaela W. Richter(2006), "Introduction: Translation of Reinhart Koselleck's 'Krise' in Geschichtliche Grundbegriffe," *Journal of the History of Ideas*, Vol.67, No.2, April, pp.347~349.

1. 개념과 역사

국민 · 인민 · 시민

개념은 추상적인 의미 그 자체로 활동하고 전파되는 것이 아니라 다양한 역사적 맥락 속에서 구체적 사회집단 및 쟁점들과 연관되어 존재한다. 실제로 한국사회에서 국민, 인민, 시민, 민족과 같은 개념은 매우 정치적이면서 역동적이고 논쟁적이다.[6] 이들 개념이 얼마나 복잡한 사회정치적 갈등구조와 맞물려 있는가를 다음 두 문장을 통해 살펴보자.

6. 민족 개념은 이미 다른 연구자에 의해 검토되고 있고 또 다소 다른 맥락에서 연구될 필요가 있어서 여기서는 제외했다. 물론 필요한 수준에서 매우 제한적으로 민족에 대한 논의가 이루어질 것이다.

"인민이라는 말은 구대한제국 절대군주제 하에서도 사용되던 말이고 미국 헌법에 있어서도 인민people, person은 국가의 구성원으로서의 시민citizen과는 구별되고 있다. 국민은 국가의 구성원으로서의 인민을 의미하므로, 국가우월의 냄새를 풍기어 국가라 할지라도 함부로 침범할 수 없는 자유와 권리의 주체로서의 사람을 표현하기에는 반드시 적절하지 못하다. 결국 우리는 좋은 단어 하나를 공산주의자에게 빼앗긴 셈이다."[7]

"민주주의를 논할 때 왜 그리스말의 어원대로 '인민'이나 '국민' 또는 '민중'의 지배라는 해석에 만족하지 않고 '시민'이라는 말을 별도로 써야 하는가라는 문제는 한국 시민사회담론에서 별반 주목받지 못했다. 시민 '개념'에 대한 이런 문제의식 없는 태도는 민주주의에서 얘기하는 바로 그 인민이나 국민 또는 민중이 어떤 상태에 있었기에 저 고대적 맥락에서 정치공동체의 지배권을 요구하는 수준까지 도달할 수 있었던가에 대해 묻지 않거나 물을 필요가 없다고 느끼는 사람들의 무개념적 태도와 일맥상통한다."[8]

첫 번째 인용문은 대한민국 헌법이 제정될 당시 초안을 작성했던 유진오俞鎭午의 회고담이다. 당시 초안은 "대한민국의 주권은 인민에게 있다"라고 되어 있었는데 논의과정에서 "국민에게 있다"로 바뀌었던 사정을 설명하였고 이에 대한 그 자신의 생각을

7. 유진오(1980), 『헌법기초회고록』, 일조각, p.65; 김성보(2009), 「남북국가 수립기 인민과 국민 개념의 분화」, 『한국사연구』 제144권, p.84에서 재인용.
8. 홍윤기(2002), 「주제기획: 시민민주주의론」, 『시민과 세계』 창간호.

피력한 부분이다. 그는 이러한 개념의 교체가 안타까웠다고 회고하고 있지만 그만큼 두 개념이 분단국가의 수립과정에서 중대한 차이를 동반하는 정치적 함의를 지니고 있었음을 보여 주는 사례다. 후술하겠지만 이후 남과 북은 모든 법률적 · 사회적 용어에서 각각 국민과 인민을 배타적으로 강조하는 언어의 분열상을 보여 주었다. 이것은 개념과 현실, 개념사와 사회사가 동전의 양면처럼 결합되어 있는 한국현대사의 한 단면을 여실히 보여 주는 사례다.

두 번째 글은 21세기에 접어든 한국사회에서 과연 시민운동의 주체가 되는 '시민'이 누구일까에 대한 성찰적 탐색을 표방하고 창간된 한 잡지의 편집인이 피력한 문제의식이다. 필자는 인민이나 국민이 아닌 시민이라는 말을 굳이 써야 할 필연성이 개념적 차이에 대한 진지한 탐색과 연결되어야 한다는 점을 강조한다. 필자에 의하면 다른 어휘의 차이를 주목하지 못하는 무개념적 상황이 그 개념들의 역사적 성격에 대한 무관심에서 비롯했다는 것인데, 이 글 역시 개념과 역사의 밀접한 관련성을 자각한 위에 국민, 인민과 구별되는 시민적 주체의 성격을 이해해야 함을 잘 보여 준다.

이런 사례들은 학계는 물론이고 시사적 담론, 나아가 사회운동의 논의 속에서 훨씬 많이 찾아진다. 개념들이 내포하는 역사적 · 정치적 함의에 대한 정확한 이해를 바탕으로 이들의 차이를 진지하게 궁구하려는 문제의식이 확대되고 있다는 사실은 이들 개념과 관련된 의미들에 대한 성찰이 심화되고 있음을 의미한다. 당연히 현 상황에서 국민 · 인민 · 시민이라는 말은 단순히 사전적인 의미나 헌법학적 개념정의로 이해하는 데 만족할 수 없고, 이들 개념 속에 내포되어 있는 상이한 시간성과 지향성을 총체적으로 고찰하는 가운데 개념을 둘러싼 지적 긴장과 사회정치적 갈등의 양상까지 이해하는 분석적 통찰이 요구되는 것이다. 다시 말해 개념 속에 내포되어 있는 '경험의 공간'과 그것들이 지향하는 '기대지평'이 어떻게 연결되어 있으며 이 양자의 긴장이 한국적 맥락에서 어떤 동력으로 작용하고 있는지에 대한 물음이 중요하게 부각되고 있다.[9] 이를 위해서는 무엇보다도 이들 개념 자체가 역사적인 의미체이고 그 속에 과거의 경험만이 아니라 미래에 대한 집합적 기대가 응축되어 있다는 것, 따라서 논쟁적인 속성을 내포한 문화적 구성물이라는 점을 고려하는 것이 중요하다.

근대의 개념적 긴장

국민 · 인민 · 시민을 둘러싼 이러한 개념적 긴장과 갈등은 사실 한국만의 일이 아니다. 같은 한자문명권으로 지금도 동일한 한자개념을 공유하고 있는 중국과 일본에서도 유사한 변화 내지 긴장을 발견할 수 있다. 19세기 말 이래 서구의 충격을 유사하게 경험하고 상이한 근대로의 이행을 경험한 세 나라에서 이들 개념어가 보여 준 의미의 유사성과 차별성은 그 자체로서 매우 흥미로운 연구대상이 된다. 일본과 중국의 경우에도 한국사회에서 발견되는 것과 유사한 개념적 구별과 정치적 긴장들이 있지만 사회마다

9. 코젤렉은 역사적 개념 속에 경험 공간(space of experience)과 기대지평(horizon of expectation)이라는 과거경험과 미래전망이 함께 내포되었음을 지적했다. 특히, 이런 기본 개념이 다른 주체에 의해 수용되거나 전유될 때 이 양자의 특이한 관계가 매우 중요한 분석 과제가 된다. R. Koselleck(1985), 앞의 책, p.14.

강조되는 쟁점과 문제시되는 시간대가 다르며 같은 어휘를 사용하면서도 함축하는 의미에 큰 차이가 존재한다. 이런 차이는 역시 개념과 현실의 밀접한 연관성에서 비롯된 것으로 동일한 개념어라 해도 그것이 수용되고 사용되는 사회의 조건과 현실에 따라 다른 함의를 나타내는 개념사와 사회사의 밀접한 연관성을 보여 주는 사례이기도 하다. 일본과 중국의 경우를 보여 주는 대표적인 두 사례를 간단히 살펴보기로 하자.

동아시아 3국 가운데 가장 먼저 서구적 근대화에 성공하면서 제국주의 국가로 변모했던 일본은 개념의 차원에서도 서구사상을 가장 앞서 수용하고 전파했다. 근대적 정치주체와 관련된 서구의 계몽사상을 받아들이는 데도 앞섰던 일본이지만 후발제국주의로의 길을 걸으면서 개념적 왜곡과 정치적 억압을 마다하지 않았던 것도 사실이다. 특히, 1930년대 후반 파시즘 체제로 전환하고 마침내 '반서양'을 내세워 태평양전쟁을 감행한 이후 메이지유신 이래 확립되었던 새로운 개념어들의 변용과 억압, 왜곡은 매우 심각했다. 제2차 세계대전 이후 일본 사회과학계를 주도한 대표적 인물인 마루야마 마사오丸山眞男가 전쟁의 막바지인 1944년에 쓴 다음의 글은 이러한 역사적 맥락과 개념적 사유의 밀접한 연관성을 잘 보여 준다.

> 국민이라서 국민이고자 하는 것이라 한다. 단순히 하나의 국가적 공동체에 소속되고 공통의 정치적 제도를 펴는 객관적 사실만으로는 근대적 의미의 '국민'을 성립시키기 어렵다. 거기에 있는 것은 그저 인민이지 국가 소속원으로 '국민nation'은 아니다. 그것이 '국민'이 되기 위해서는 그러한 소속감을 그들이 적극적으로 원하거나 적어도

바람직한 것으로 의식해야 한다.[10]

한편 중국의 경우도 20세기에 커다란 정치사회적 변화를 경험하게 된다. 1911년 신해혁명 이후 오랜 중화제국은 소멸하고 새로운 근대국가로서의 중국이 수립되었는데 이 주도권을 놓고 국민당과 공산당이 오랜 싸움을 벌였던 것은 잘 알려져 있다. 수차례의 국공합작과 우여곡절을 거치면서 마침내 마오쩌둥毛澤東의 공산당이 중국을 장악했고 국민당은 대만으로 쫓겨갔다. 통일된 공산중국의 수립에 즈음하여 1949년 저우언라이周恩來는 국민과 인민을 엄격히 구별하면서 다음과 같이 말했다.

> 여기서 설명해둘 필요가 있는 것은 인민과 국민이 별개의 개념이라는 것이다. 인민은 노동자계급, 농민계급, 소부르주아계급, 민족부르주아계급 및 반동계급의 입장에서 벗어난 일부의 애국민주인사를 의미한다. 관료부르주아계급과 토지를 몰수당한 지주계급은… 인민의 범주에 들어가지 않지만 중국의 국민의 일원이기는 하다. 현재 그들에게 인민의 권리를 부여할 수 없지만 국민으로서의 의무는 지키지 않으면 안 된다. 그것이 인민민주독재이다.[11]

10. 丸山眞男(1944), 「國民主義理論の形成」, 『國家學會會誌』 第58巻 第3號; 나카노 도시오(2005), 『오쓰카 히사오와 마루야마 마사오』, 서민교 · 정애영 옮김, 삼인, p.166에서 재인용.
11. 周恩來, 「中華人民政治協商會議共同綱領」; 古廏忠夫(2000), 「二〇世紀中國における人民 · 國民 · 公民」, 西村成雄 편, 『現代中國の構造變動3 – ナショナリズム – 歷史からの接近』, 東京大學出版會의 p.243을 참조.

이처럼 국민 · 인민 · 시민 등의 개념은 20세기 동아시아 국가들의 역사에서 배제할 수 없는 핵심적 중요성을 지닌다. 또 그만큼 개념들 상호간에 긴장도 내포되어 있다. 그런데 이런 개념들의 밀접한 연관성과 복잡한 긴장관계는 동아시아만의 특유한 점이 아니다. 이들 개념이 근대적 의미로 형성되고 정치적 의미가 구체화된 유럽의 역사 속에서도 똑같이 드러났던 특성이기도 하다. 일례로 근대 세계질서에 결정적인 영향을 미쳤던 프랑스 혁명 직후 발표된 「인간과 시민의 권리선언」 자체에 이미 이런 개념적 긴장의 가능성이 내포되어 있다. 이 선언의 전문, 제3조와 제6조를 영어로 보면 다음과 같다.[12]

「Declaration of the Rights of Man and Citizen」(August 26, 1789)

The representatives of the French people, constituted as a National Assembly, and considering that ignorance, neglect, or contempt of the rights of man are the sole causes of public misfortunes and governmental corruption, have resolved to set forth in a solemn declaration the natural, inalienable, and sacred rights of man: so that by being constantly presented to all the members of the social body this declaration may always remind them of their rights and duties; so that by being liable at every moment to comparison with the aim of

12. 여기에 사용된 번역본은 가장 정확한 영역본으로 알려진 1996년 *The French Revolution and Human Rights: A Brief Documentary History,* edited and translated by Lynn Hunt, Bedford Books of St. Martin's Press에 실린 영역을 따른 것이다.

any and all political institutions the acts of the legislative and executive powers may be the more fully respected; and so that by being founded henceforward on simple and incontestable principles the demands of the citizens may always tend toward maintaining the constitution and the general welfare. In consequence, the National Assembly recognizes and declares, in the presence and under the auspices of the Supreme Being, the following rights of man and the citizen:

3. The principle of all sovereignty rests essentially in the nation. No body and no individual may excercise authority which does not emanate expressly from the nation.

6. The law is the expression of the general will. All citizens have the right to take part, in person or by their representatives, in its formation. It must be the same for everyone whether it protects or penalizes. All citizens being equal in its eyes are equally admissible to all public dignities, offices, and employments, according to their ability, and with no other distinction than that of their virtues and talents.

이처럼 이 선언은 'man'과 'citizen'의 권리에 대한 선언이라고 되어 있는데 크게 세 가지 주요한 집합적 개념들이 함께 서술되어 있다. 전문에는 프랑스 people의 대표자로서의 national assembly를 발하고 있고 제3조에는 주권이 nation에게 있다는 것, 그리고 제6조에는 모든 법 앞에서 동등한 자격과 위상을 점하는 개인들을 citizen으로 설명하고 있다. 이상의 내용을 한국어로 번역해 보

면 다음과 같다.[13]

「인간과 시민의 권리선언」(1789년 8월 26일)

국민의회를 구성하고 있는 프랑스 인민의 대표들은 인간의 여러 권리들에 대한 무지, 망각 또는 멸시가 공공의 불행과 정부의 부패에 대한 유일한 원인들이라고 간주하여 엄숙한 선언을 통해 자연적이고 양도할 수 없으며 신성한 인간의 권리들을 제시하기로 결의하였다. 그리하여 이 선언이 사회체의 모든 구성원들에게 항시적으로 제시되어 그들이 자신들의 권리들과 의무들을 끊임없이 상기하도록 하고, 입법권과 행정권의 행위들이 매 순간마다 모든 정치제도의 목적과 비교됨으로써 더욱 존중받도록 하고, 이제 단순명백한 원리들에 입각한 시민들의 여러 요구들이 언제나 헌법의 유지와 만인의 행복에 이바지할 수 있도록 하고자 한다. 따라서 국민의회는 최고존재의 앞에서 그리고 그 비호 아래 다음과 같은 인간과 시민의 권리들을 승인하고 선포한다.

제3조 모든 주권의 원리는 본질적으로 국민에게 있다. 명백하게 국민으로부터 유래하지 않은 권위는 어떠한 단체나 개인도 행사할 수 없다.

제6조 법은 일반의지의 표현이다. 모든 시민들은 직접, 또는 그들

13. 한글 번역본은 최갑수 교수의 것을 따랐다. 최갑수(2001), 「1789년 '인권선언'과 혁명기의 담론」, 『프랑스사연구』 제4호, pp.32~33.

의 대표를 통하여 그것의 형성에 협력할 권리를 갖는다. 법은 보호해 주는 경우에도, 처벌을 가하는 경우에도 만인에게 동등하여야 한다. 모든 시민들은 법 앞에 평등하므로, 그들의 능력에 따라서 또 그들의 덕성과 재능 이외에는 어떠한 차별도 없이 평등하게 모든 공적인 위계, 지위, 직무에 오를 수 있다.

이상에서 보듯이 man, people, nation, citizen은 각각 인간, 인민, 국민, 시민으로 번역되고 있다. 언뜻 유사한 용어가 동시에 사용되는 것처럼 보이지만, 이렇게 상이한 개념으로 표현될 수 밖에 없는 이유는 매우 복잡해서, 그 자체가 사회사나 지성사의 주요한 연구과제가 된다. 이들 개념들이 역사적, 법적, 정치적으로 서로 다른 함의와 성격을 지니고 그 과정이 어떠했는지 또 이런 특징이 개별 국가의 조건과 어떻게 맞물려 있는지를 다루는 작업은 프랑스의 지성사나 사회사의 핵심과제 중 하나이다. 코젤렉을 필두로 유럽의 대표적인 사회사 연구자들이 역사적 기본 개념의 연구를 지향하는 방대한 '개념사 프로젝트'를 추구했던 배경에는 유럽에서의 근대형성이 이들 개념의 상호연관 및 긴장의 차원과 밀접하게 연결되었음에 주목했기 때문이다. 코젤렉은 개념과 역사, 언어와 현실 사이의 밀접한 관계를 강조하면서도 개념 그 자체가 독자적인 의미체를 구성함으로써 하나의 독립된 '역사적 사실'이 된다는 점, 그리고 바로 그 의미체의 독자성 때문에 상이한 맥락에서 유토피아적 '기대지평'을 내포할 수 있다는 점을 지적했다.[14]

14. 코젤렉에 의하면 개념사는 '전체로서의 역사'에 훨씬 더 잘 부응할 뿐 아니라 개념의 독자

이처럼 이들 개념이 지닌 정치적, 사회적, 법적 의미와 함께 상호간의 차이와 연관성에 대한 연구들이 서양에서는 다양하게 이루어진 바 있고 지금도 개념사는 매우 큰 학문적 영역을 구성하고 있다.[15] 번역을 통한 서구사상의 수용에 앞장섰던 일본에서도 번역을 중심으로 하는 개념 및 어휘의 역사성에 대한 관심이 상당하다.[16] 중국에서도 일찍이 마틴W. A. P. Martin에 의한 『만국공법』의 수용 이래 한자어로의 번역과정에 대한 연구가 개념사에 대한 일정한 관심을 불러일으켰고 최근에는 구미의 연구자들에 의해 중국의 개념 및 번역에 대한 다양한 연구들이 나오고 있다.[17] 한국의 경우는 개념사에 대한 관심이 크지 않았고, 그나마도 대부분 서구사상

성과 역사성이 보여 주는 긴장, 차이, 연속성 등에 대한 다양한 동학을 보여 줄 수 있는 독자적 연구영역을 구성한다. R. Koselleck(2002), *The Practice of Conceptual History*, Stanford University Press, pp.79~88 참조.

15. Reinhart Koselleck, Werner Conze, Otto Brunner 등이 주도한 방대한 Geschichtliche Grundbegriffe 프로젝트가 1967년 이래 진행된 바 있다. 또한 Conceptual History를 표방하는 학회가 활발하게 활동하고 있다. 유럽연합이 주도하여 유럽의 여러 대학들(Helshinki, Berlin, Oslo 등)이 함께 '개념사'를 통한 세계사의 재해석 프로젝트(Conceptual History and Global Translation)도 추진 중이다.
16. 일본의 연구자들이 개념사라는 학문영역을 발전시켰다고 보기는 어려우나 많은 연구가 개념의 문제를 다루고 있어서 내용적으로는 개념사에 대한 연구축적이 상당하다. 대표적인 논문 몇 개를 들어보면, 柳父章(1982), 『飜譯語成立事情』, 岩波新書; 石田 雄(1989), 『日本の政治と言葉』, 東京大學出版會; 丸山眞男 · 加藤周一(1998), 『飜譯と日本の近代』, 岩波書店; 小熊英二(1995), 『日本單一民族の神話と起源』, 新曜社; 小熊英二(2002), 『民主と愛國』, 新曜社; 安田 浩(1992), 「近代日本における'民族'觀念の形成」, 『思想と現代』 第31號, 白石書店; 石塚正英 · 柴田隆行 監修(2002), 『哲學 · 思想飜譯語辭典』, 論創社; 成嶋隆(1977), 「主權原理における'國民'と'人民'」, 『一橋硏究』 第2卷 第2號 등을 들 수 있다.
17. 예컨대, 沈國成(1994), 『近代日中語彙交流史: 新漢語の生成と受容』, 笠間書院; Federico Masini(1993), *The Formation of Modern Chinese Lexicon and Its Evolution Toward a National Language: The Period from 1840 to 1898*, University of California Berkeley; 마틴과 『만국공법』의 번역서에 대해서는 김효전(1998), 「W. A. P. 마틴의 영역 국제법 책과 동아시아」, 『동아논총』 제35집; 김효전(2009), 『헌법』(한국개념사총서3), 도서출판 소화 참조.

의 수용사라는 차원에 한정되거나 아니면 전통적 의미에 대한 역사적 연구에 한정되고 있었지만 최근에 이르러 점점 더 개념에 대한 관심이 확대되고 있다.[18] 특히 문학, 역사, 사회, 국제정치 등의 영역에서 개념에 대한 문제의식이 확대되고 개념사를 표방한 전문학술지가 간행되고 있는 것 등은 매우 고무적인 현상이다. 한국사회에서 사용되는 많은 용어가 과거의 경험을 담고 있는 역사적 개념이면서 동시에 현재의 정치적 쟁점을 구성하고 '미래에의 기대'를 전망하는 사회적 개념임을 생각할 때 이러한 관심의 확대는 한국의 학문이 인문학, 사회과학 내지 각 분과학문으로 나뉘어 종합적 인식에 다다르지 못하는 한계를 넘어서게 할 뿐 아니라 현재의 상황을 인식하는 지적 준거에 대한 성찰적인 평가에도 크게 기여할 것으로 기대된다.[19] 한국의 근현대사를 밝혀내기 위해서, 나아가 한국의 전통적 사유와 근대적 인식의 상호연관과 질적 단절의 성격을 이해하기 위해서 개념사와 사회사를 통합적으로 접근하는 방식은 유용하고도 필수적인 과제이다.

18. 박명규(2001), 「한말 '사회' 개념의 수용과 그 의미체계」, 『사회와 역사』 제59집; 강경근(1987), 「헌법상 국민주권에서의 국민(nation)의 의미」, 『법학논총』 제3권; 김소령(2008), 「한말 계몽운동기 교과서 속의 '국민' 인식」, 『대동문화연구』 제63집; 장현근(2009), 「민(民)의 어원과 의미에 대한 고찰」, 『정치사상연구』 제15권 제1호 참조. 최근에는 코젤렉의 개념사적 접근을 본격적으로 한국 상황에 접목시키려는 연구들이 진행되고 있는데 김용구 교수를 중심으로 한림대학교 개념사 연구팀에서 진행하고 있는 일련의 연구와 간행물들은 매우 기대되는 종합적 프로젝트라 하겠다. 김용구(2008), 『만국공법』(한국개념사총서1); 박상섭(2008), 『국가 · 주권』(한국개념사총서2); 김효전(2009), 앞의 책을 비롯하여 하영선 외(2009), 『근대한국의 사회과학 개념 형성사』 등 참조.

19. 한림대학교 한림과학원에서 2008년부터 『개념과 소통』이 간행되고 있다. 이외에도 『사회와 역사』, 『대동문화연구』, 『민족문학사연구』, 『한국사연구』 등 학술지에 개념에 대한 연구들이 종종 실리고 있는 것을 볼 수 있다.

개념사와 사회사

개념의 시공간성을 검토하면 사회적 변동에 주목하지 않을 수 없다. 이런 의미에서 개념사는 사회사와 밀접하게 관련된다. 개념사를 포괄하지 않는 사회사는 인간의 사유활동의 독특한 모습을 제대로 보기 어렵고 또한 사회사를 무시한 개념사는 개념의 역사성과 사회성을 배제한 채 추상적인 담론에 머무를 위험이 있다.[20] 개념사와 사회사는 서로를 풍요하게 하면서 그 의미를 뚜렷하게 보여 주는 마차의 두 바퀴와도 같다. 개념 속에 담긴 의미와 사상을 주목하면서 동시에 그 개념을 만들고 수용하며 확산시키려는 사회세력과 시대적 변화를 조망할 수 있기 때문이다. 코젤렉은 개념사와 사회사의 관련성을 검토하면서 개념은 단순히 사회적 사실을 드러내는 지시어의 수준에 머무르지 않으며 그렇다고 역사와 무관하게 존재하는 보편적 순수논리도 아님을 강조했다.[21]

근대 지식을 구성하는 대부분의 개념들은 서구에서 18~19세기를 거치면서 만들어졌고 그 과정은 근대로의 전환이라는 사회역사적 상황과 직결되었다. 근대 학문의 출현과 대학제도의 설립은 오늘날 우리가 사용하는 대부분의 개념군을 만들어 내고 체계화하는 중요한 과정이었다.[22] 다시 말하면 '근대'의 형성과정에

20. 박명규(2003), 「근대 사회과학 개념구성의 역사성: 한말 국가-사회-개인의 상호연관을 중심으로」, 『문화과학』 제34호.
21. R. Koselleck(1985), 앞의 책, pp.73~91.
22. 최근 한 출판사는 'Back to the Basic' 프로젝트를 추진하면서 영국의 오픈 유니버시티 출판부와 폴리티출판부에서 나온 '기본 개념 시리즈'를 번역, 소개함으로써 지식의 '근본'

개념사와 사회사는 밀접하게 상호 연결되어 있다. 이들 개념군은 근대 서구의 전 지구적 확산을 통해 비서구사회까지 확산되었는데 19세기 이래 한국을 포함한 전 세계가 같은 개념군을 상당수 공유하게 되었다는 사실은 지식영역에서 이루어진 서세동점의 뚜렷한 징표인 셈이다. 개념을 창출하고 전파하는 힘을 지녔던 서구사회에 비해 근대 지식을 문명의 형태로 수용하기 바빴던 비서구사회는 그런 점에서 개념 수용사의 측면이 두드러지게 나타난다. 하지만, 개념의 역사를 이러한 일방적 전파와 수용의 차원에서만 바라보는 것은 불충분하다. 매우 자연스러운 과정처럼 보이는 개념의 역사도 그 배후에는 다양한 사회적 상호작용이 자리 잡고 있어 이러한 지적, 사회적 긴장과 변용을 예의주시할 필요가 있다. 특히, 기존의 사유방식과 개념군이 새로운 것으로 치환되는 과정에 어떤 지적, 사회적, 정치적 대립과 긴장들이 나타났는지를 이해해야만 개념사가 지성사의 한 축이 될 수 있을 것이다.

현재 우리가 활용하고 있는 보편적 개념들이 동아시아에 확산되는 과정을 검토해 보면 더욱 개념의 다층적 시공간성을 확인하게 된다. 한국이나 일본, 중국 등에서 사용되는 사회과학 개념어들은 '한자'어로 되어 있는 경우가 많은데 면밀하게 구별해 보아야 할 서로 다른 시간성이 포함되어 있다. 현재 이 지역에서 널리 사용되는 개념어의 기원을 이념형적으로 구분해 보면 크게 세 가지로 분류 가능하다. 하나는 한자문명 하에 비교적 오래전부

으로 돌아가려는 움직임이라고 자평하고 있는데 전반적으로 개념의 중요성을 반영하는 한 사례로 꼽을 만하다(B2B 시리즈, 도서출판 이후).

터 사용되던 어휘군이다. 또 하나는 19세기 말 이래 급속하게 유입된 서구 개념의 번역어 그룹이다. 이것 역시 대체로 한자를 매개로 한 것이 많고 일정한 수준에서는 전통적인 한자어의 어의와 무관하지 않다. 마지막으로 개별 국가의 맥락에서 만들어지고 유통되는 새로운 개념이 있다. 이처럼 개념의 기원이 서로 다르고 내포된 시간성에 차이가 있어 개념의 역사, 의미의 중첩성을 이해하기 위해서는 다양한 시간적 배경을 충분히 고려해야 한다.

뿐만 아니라 서구와 비서구라는 공간적 구분, 한자문명권과 비한자문명권의 차이, 서로 다른 언어권의 경계, 한국과 중국, 일본의 오랜 문화적 경계를 이해하지 않으면 개념사의 복잡한 차원을 충분히 이해하기 어렵다. 남한과 북한의 분단이라는 한반도의 상황도 한국의 경우는 무시할 수 없다. 개념의 형성, 번역, 수용, 교환의 역사 속에 나타나는 시공간성의 중첩과 상호긴장을 드러내는 것이야말로 한국 문명사나 지성사 연구의 중요한 원칙이라 할 것이다.[23] 동아시아의 경우는 모국어, 한자어, 그리고 번역어가 공존하고 있고 그 사이에는 다차원적인 시간성과 공간성, 그리고 문명교류의 흔적이 내포되어 있다. 동아시아 3국이 공히 사용하는 '개인'이란 개념을 예로 들어 보면 "individual－個人－개인－고진こじん"의 복합적인 의미 관련성을 파악해야 한다.

따라서 개념사에서도 개념 자체에 한정되지 않고 그것을 수용하고 확산시키며 동원하는 사회적 집단과 주체에 대한 검토가 필수적이다. 이것은 곧 개념사를 사회사나 정치사와 밀접하게 연결

23. 박명규(2003), 앞의 논문 참조.

시켜 파악할 것을 요구하며 개념의 수용사와 자발적 근대화의 노력이 어떤 연계성을 지녔는지를 묻게 한다. 새로운 근대를 만들고자 했던 한국인들의 자발적 노력이 어떠한 새로운 세력을 만들어내고, 그들은 어떤 사상적 과제를 제기했으며 그것이 개념의 수용과 변용에 어떤 변화를 가져왔는지 분석할 필요가 있다. 19세기 말과 20세기 초에 급속히 나타났던 언론매체와 서적, 그리고 새로운 담론공간의 형성과정에 대한 분석이 동시에 필요하다. 지식인 재생산구조의 변화, 유학을 통한 신문명에의 순례, 문명론이 담고 있는 지식과 권력의 결합, 신식 학교 수립 등 사회사적 차원을 주목해야 한다. 동시에 동일한 개념을 둘러싸고 진행된, 서로 다른 사회세력 사이의 긴장과 대립 역시 검토해야 한다. 지식인 내부의 주도권 투쟁은 물론이고 특정 개념군의 수용과 연결되어 있는 사회세력들의 이해관계를 검토할 필요가 있다. 사회세력과 개념 수용 사이의 관련성은 다양한 유형으로 나타나는데 의미의 확장이나 무의식적 곡해도 있고, 이념과 세력 사이의 '선택적 친화성'도 있으며, 의도적으로 구성되고 추진된 정치경제적 이해추구도 있을 수 있다.[24]

개념사 연구의 한국적 맥락

개념사 자체는 보편적인 방법론이자 독자적인 학문분야로 간

24. 19세기 말에서 20세기 초에 한국에 소개된 '사회' 개념도 그 수용자가 누구인가에 따라, 또 그들의 정치적 지향이 어떠했는가에 따라 매우 다른 함의를 지니고 있었다. 박명규(2001), 앞의 논문 참조.

주될 수 있고, 큰 맥락에서 '근대적 지식체계의 형성'이라는 문제의식을 공유한다고 볼 수 있지만 모든 사회의 개념사가 동일한 관심과 연구주제를 지니는 것은 아니다. 개념사의 주요한 대상이 되는 언어와 어휘 자체가 사회와 시대마다 다르기 때문에 시공간적인 맥락에 따라 그 모습이 달라지는 것은 불가피하다. 더구나 개념사가 추상적인 의미에 한정되지 않고 사회적 실천과 정치적 지향과도 연결되고 사회사적 쟁점과 불가분의 연관성을 지닌다는 점을 고려하면 개별 사회마다 개념사의 독특한 특징이 나타나는 것은 자연스러운 현상이다. 개념사와 사회사의 복합적 연관과 장기사적인 전망을 염두에 둘 때 한국 개념사는 다음과 같은 몇 가지 특징을 지닌다.

첫째, 한국의 주요한 개념어들은 19세기 말에서 20세기 초반의 시기에 매우 근본적인 변화를 겪게 되었다. 코젤렉은 새로운 개념들이 만들어져서 정착하고 힘을 얻게 되는 결정적 시기를 안착기Sattelzeit라고 불렀는데 한국의 경우는 이 기간이 그에 해당한다. 현재 한국사회에서 쓰이는 많은 개념어가 거의 대부분 이 시기에 수용, 정착된 것이어서 이 시기를 전후로 한국의 개념체계는 전근대와 근대를 구분할 수도 있다고 본다. 이 변화는 두말할 것 없이 서구문명의 급속한 동아시아 유입과 결부되는 것으로 서구문명과 근대 지식의 세계사적 확장과정의 일부라 할 수 있다. 동시에 이 시기가 내부적으로는 오백여 년의 조선왕조를 지탱하던 전통적 유교이념이 급속도로 쇠락한 시기와 일치한다는 점에 주목해야 한다. 다시 말해 이 시기의 개념적 전환은 세계사적 보편성을 지님과 동시에 한국사회의 역사적 변화와도 무관할 수 없는 상황에서 이루어졌던 것이다. 이런 패러다임 전환의 와중에 개념 그 자체가 관심의 대상이 되면서 다양한 실천과 연계되었고 전통적 의미와 개념들은 사회적으로 위축 · 소멸되는 과정이 나타났다.[25] 글쓰기 방식, 언어 체계, 주요 개념, 교육 제도 등 거의 전면적인 문화적 전환이 이루어졌던 이 변화를 개념과 사회, 의미와 정치의 밀접한 연관 속에서 해명하는 것이 필요하다.

둘째, 한국의 개념사는 위의 안착기에만 한정할 수는 없으며 오히려 20세기 동아시아의 시공간성을 모두 포괄해야만 충분한 이해가 가능하다. 그 이유는 한국사회가 식민지화, 전쟁, 분단, 산업화, 민주화, 세계화의 과정을 겪으면서 20세기 전 시기를 통해 독특한 사회정치적, 이데올로기적 갈등을 경험했기 때문이다. 냉전기에는 한반도의 남북에 각기 미국과 소련에서 유입되는 이념적 · 정치적 영향이 특정 개념의 선택과 기피를 요구할 정도로 강력했고 세계적으로 냉전이 완전히 사라진 지금도 한반도에는 이념갈등이 뿌리깊게 자리 잡고 있다. 이 과정에서 주요한 개념어들은 정치적인 성격이 강하게 부각되어 갈등의 전면에 노출되었고 그 여파는 지금까지도 한국의 지식계에 강한 영향을 미치고 있다. 이후에 보듯 한국적 맥락에서 국민, 민족, 인민, 시민의 개념이 지닌 정치사회적 함의는 분단과 건국이라는 한반도 특유의 정치사와 구별될 수가 없게 되었다.[26] 유럽이 19세기에 겪었

25. 신용하(1987), 『한국근대사회사상사연구』, 일지사; 하영선 외(2009), 『근대한국의 사회과학 개념 형성사』, 창비; 정용화(2000), 「안과 밖의 정치학: 19세기 후반 개화개혁론에서 국권 · 민권 · 군권의 관계」, 『한국정치학회보』 제34집 제2호 등 참조.

26. 이런 측면의 연구를 들어보면 강호정(2008), 「새로운 국가의 주체와 공동체 지향의 언어」, 『우리어문연구』 제31집; 김성보(2009), 앞의 논문 참조; 박명규(2009), 「네이션과 민족: 개념사로 본 의미의 간격」, 『동방학지』 제147권.

던 개념적 긴장과 갈등이 한 세기의 시차를 두고 새롭게 한반도에서 나타나게 된 이유, 그리고 그 정치적 긴장과 사회적 갈등이 매우 심한 수준까지 발전하게 된 배경도 이러한 한국의 현대사를 배경으로 한 것이다. 한국의 개념사는 어느 사회보다도 사회사나 정치사와 깊이 연계되어 있는 지식사의 한 사례라고 할 수 있다.

셋째, 한국의 개념적 전환은 서구 개념의 직접적인 접촉을 통해서가 아니라 일본에서 번역된 '번역어'를 통한 것이 대부분이었다. 이것은 동아시아에서 일본이 가장 먼저 서구 문물을 적극적으로 수용하면서 자발적인 근대화에 성공한 역사와 밀접하게 관련된다. 일본은 한자문명권 내에서는 주로 문물의 수용국이었지만 서구사상의 수용에서는 가장 앞섰고 이것을 동아시아 내에서 일본의 위상제고를 위한 자산으로 활용하였다. 소위 '문명개화'의 수준에서 동아시아의 새로운 맹주가 되고자 했던 일본의 자의식이 서구지식의 활용과 적용에 적극적인 모습으로 나타났다고 해도 좋다. 일본의 번역어가 한국사회에 신속하게 수용될 수 있었던 이유로는 두 가지가 있었다. 하나는 근대국가로의 성공적 변신을 보여 준 일본이 근대화의 타당한 모델로 여겨졌기 때문에 적극적인 문물수용의 차원에서 개념 수용이 이루어졌던 이유를 들 수 있다. 다른 하나는 번역어가 일본어로 이루어진 것이 아니라 동아시아의 공유된 의미를 지닌 한자어로 되어 있었던 점을 들 수 있다. 만약 순수한 일본어로 번역이 이루어졌다면 한국은 새로운 번역과정을 필요로 했을 것이다. 일본이 채택한 번역이 비록 일본의 맥락에서 이루어졌다 해도 한자에 기초한 기존의 의미망으로부터 단절되지 않은 방식의 개념어가 선택되었기 때문에 그 공유된 의미망에 기초하여 별다른 저항 없이 번역어의 수용이 이루어질 수 있었다. 이 시기의 거대한 개념적 전환이 프랑스의 경우처럼 격렬한 이념 대립을 초래하지 않고 비교적 빠른 시기에 진행되었던 것도 이런 사회정치적 조건과 한자 개념의 의미공유에 기인한 바 크다.

넷째, 바로 이 점과 관련되는 것인데 이 개념적 전환과정도 한국사회의 오래된 한자문명과 완전한 단절을 가져온 것은 아니었다는 점에 주목할 필요가 있다. 오히려 대부분 전통 개념의 재구성, 전유, 변용을 통해 서구적 개념에 다가간 측면을 무시할 수 없다. 한국은 근대로 전환하기 이전부터 고도의 추상성을 발전시킨 한자문명권에 속해 있었고 유교적 소양을 지닌 지식인들을 통해 고도로 체계화된 개념들을 적극 활용했다.[27] 중앙집권적 왕조체제는 이러한 전통적 개념어를 통한 사회통제와 질서유지에 주목했고, 특히 유교적 개념은 조선시대 이래 모든 삶과 사유를 규율하는 수준까지 영향을 미쳤다. 공유될 수 있는 의미를 바탕으로 한국은 스스로의 근대를 만들고자 했고 자신의 사상체계를 새롭게 하고자 했다. 이 점에서 개념 수용과정에 한자문명의 배경을 주목할 필요가 있다. 한자는 전근대시기 전 세계의 다양한 문명을 수용, 번역하는 지역적 보편언어로서의 기능을 수행했고 불교와 기독교는 물론이고 다양한 사상과 지식들을 서로 소통하게 만든 매개문자로도 기능했다. 한자어의 역사성과 문명적 함의를 떠나서

27. 예를 들면 장현근(2009), 앞의 논문 참조; 조법종(1996), 「삼국시대 민 · 백성의 개념과 성격에 대한 검토」, 『백제문화』 제25권; 이나미(2005), 「민(民) 개념의 변화와 한국정치주체의 변동」, 『사회과학연구』 제13권 제1호.

동아시아의 개념사를 충분히 확인하기는 매우 어려운 것도 이런 배경 때문이다.[28]

마지막으로 1980년대 이후 한국의 개념사에서 '번역'의 문제가 본격적으로 제기되는 부분을 주목할 필요가 있다. 이것은 동아시아 한자문명의 공유자산을 매개로 하지 않고서 직접 서구의 지식을 한글체계로 옮기려는 새로운 요구에서 기인하는 현상이다.[29] 미국 중심의 새로운 연구와 교류가 확대되면서 개념어의 난립 또는 복수 번역어의 증대현상이 나타났고 현재까지도 한국의 학계에서는 동일한 서구 개념이 어떻게 번역될 것인가를 둘러싸고 이견들이 존재하고 있으며 학자와 분과학문마다 서로 다른 번역어를 사용하는 경우가 적지 않다. 이러한 현상은 한국의 지성사와 사회사가 겪은 복합적이고도 다층적인 역사성을 반영하면서 동시에 한국사회에서 '번역'의 문제가 전체 사회차원에서 부각되기보다는 개별 연구자나 학문분야의 다양한 주체들에 의해 제기되거나 논의되었다는 특성도 보여 준다. 1990년대 이후 한국사회는 본격적인 한글세대의 부상, 새로운 서구적 표준에의 관심, 자기

28. 이 때문에 일본의 많은 개념 연구들이 서양의 의미와 동양 한자권의 의미를 병립해서 설명하는 방식을 취하고 있다. 앞으로 동일한 한자언어권에 속하는 한 · 중 · 일 간에 나타나는 의미의 편차, 번역의 상이함 등에 대해서도 연구가 진행될 필요가 있다. 마루야마 마사오(1998), 『일본정치사상사연구』, 김석근 역, 통나무에서 수행했던 중국과 일본에서 동일한 한자어를 둘러싼 의미차이 분석을 한국을 포함한 동아시아 3국 차원에서 다루는 연구가 필요하다.

29. 일례로 김용옥은, 한국의 연구자들이 개념어들이 '번역'을 통해 수용되고 활용되고 있다는 사실에 대한 자각이 부족하다는 점을 신랄하게 비판한다. 제대로 된 번역 없이는 지성사의 발전이 불가능하다는 그의 주장도 실상 한국 지식계의 일정한 성장과정에서 나타난 자기 성찰의 한 모습으로 이해될 수 있을 것이다. 김용옥(1986), 『동양학 어떻게 할 것인가』, 통나무.

문화에 대한 각성 등과 맞물려 스스로의 가치와 사유를 드러내기 위한 새로운 개념에 대한 관심들이 나타나기 시작했다. 개념의 의미를 새롭게 묻고, 그것이 한국적 맥락에서 어떻게 적용되고 이해되어야 하는가, 그것의 보편성과 함께 역사특수성을 어떻게 반영할 것인가에 대한 자의식도 이 시기에 뚜렷해졌다고 생각된다. 개념사적 문제의식이 이 시기에 등장한 것, 지식의 사회적 성격 문제가 이데올로기론과 관련하여 본격적으로 제기된 것, 서구중심주의에 대한 반성과 새로운 대안적 패러다임에 대한 관심들이 높아진 것 등은 모두 이러한 새로운 변화의 한 양상이라 할 것이다.

방법론적 원칙과 구성

위에서 살펴본 한국 개념사의 특징에서 이 연구의 기본구상과 방법론적 고려사항을 몇 가지 언급하려고 한다.

첫째, 서구의 개념어에서 시작하기보다는 전통적 어휘의 의미에서 시작하는 것이 필요하다고 본다. 예컨대 '시민'의 개념사를 검토할 경우 citizen의 의미와 그 번역어인 '시민'에서 논의를 전개하는 것이 아니라 그보다 훨씬 앞서 사용되던 '市民'의 어휘에서 출발해야 한다는 것이다. 그렇지 않으면 한국의 개념사는 철저하게 서구 개념의 번역사 내지 일본 번역어의 수용사가 되고 만다. 실제로 개념사에 관심을 기울이는 연구에서도 서구의 개념을 지적 원천 내지 준거로 삼고 한국적 맥락에서는 오로지 번역의 차원에서만 논의를 전개하는 경향이 적지 않다. 그래서 번역어가 등장하기 훨씬 전부터 같은 어휘가 서로 다른 사회적 맥락 속에서 사용되었던 점을 무시하는 경우가 적지 않았다.[30] 특히, 이 연구에서 다루는 국민 · 인민 · 시민 등은 근대 이전부터 사용되던 의미와 번역어 속에 담긴 서구적 의미를 종합적으로 검토하지 않으면 한국적 맥락에서의 개념사를 충실하게 수행했다고 보기 어렵다. 이런 차원에서 이 연구는 어휘의 전통적인 용례, 의미구조를 확인하는 것에서 시작하고 있다.

둘째, 이들 어휘와 대응되는 서구의 개념들의 정확한 의미를 이해해야 한다. 특히, 사전적 의미보다도 18~19세기 유럽의 정치사회적 격변과 관련된 종합적 이해가 필요하다. 이 연구와 관련해서 보면 nation, people, citizen의 의미가 근대적 사유체계 속에 어떻게 자리 잡았고 그 정치사회적 함의가 어떠했는지를 검토하는 것이다. 서구의 개념을 주목하는 것은 이들 개념이 20세기 이래 지금까지도 한국의 현실은 물론이고 전 세계의 질서와 변동을 이해하는 데 없어서는 안 될 기본 개념으로 자리 잡았기 때문이다. 또한 서구적 의미를 이해해야만 번역의 문제를 검토할 수 있는 지적 준거가 마련된다. 서구의 개념사를 확인하는 것이 주목적이 아닌 까닭에 이 부분은 비교적 간략하게 핵심만 확인하는 데 그치지만 코젤렉이 말한 기본 개념으로서의 정확한 의미는 한국의 개념사에서 주요한 준거가 된다. 동시에 그것이 서구의 역사적 경험을 배경으로 한 것임을 주목하는 것도 필요하다.

셋째, 19세기 후반 일본에서 이루어진 서구 개념의 한자어 번역

30. 예컨대 '시민' 개념을 다룬 최근의 한 저서는 서구의 citizen 개념에 대해 꽤 긴 역사적 검토를 하면서도 정작 '市民'이란 어휘가 조선왕조에서 어떻게 쓰였는지에 대해서는 전혀 언급하지 않고 있다. 신진욱(2008), 『시민』, 책세상.

과정에 주목한다. 앞서 언급했듯이 한국의 개념적 전환은 서구 언어의 직접적인 접촉을 통해 이루어졌다기보다는 일본의 번역작업을 매개로 하는 간접적 형태로 진행된 측면이 크다. 이것은 동아시아에서 일본이 가장 먼저 서구 문물을 적극적으로 수용하면서 자발적인 근대화에 성공한 역사와 밀접하게 관련된다. 일본은 한자문명권 내에서는 주로 문물의 수용국이었지만 서구사상의 수용에 가장 앞섰고 이것을 동아시아 내에서 일본의 위상제고를 위한 자산으로 활용하였다.[31] 일본의 식민지배는 그 자체가 무력에 기반을 둔 것임은 분명하지만 동시에 문명적인 외양을 갖추려 했다. 하지만 스스로 내세울 독자적 문명자원을 갖지 못한 까닭에 서구에서 받아들인 자신들의 근대 지식, 개념들을 식민지배에 적극 동원하였다. 일본에서 이들 어휘가 번역어로 선택되는 과정, 용례, 그 과정에 따르는 사회정치적 갈등 등을 확인하는 것이 매우 필요하다.

넷째, 이 단어가 번역어로 수용되는 과정, 기존 어휘와의 충돌, 그로 인한 의미의 혼란과 불일치, 개념적 전유를 향한 집단 사이의 갈등과 충돌 등에 주목한다. 새로운 개념의 수용과정은 한국사회 내의 다양한 주체들의 성장, 그들 간의 경쟁과 갈등, 새로운 비전 등과 밀접하게 맞물려 있다. 이미 힘의 우열관계가 명료했던 상황에서 개념적 전환 자체도 일방적으로 이루어지고 또 그 자체

31. 예컨대 일본의 번역에 대해 논하면서 마루야마 마사오는 당시 친숙했던 한자어를 외국어로, 『논어』와 『맹자』가 번역의 형태로 읽히고 있다고 생각했던 오규 소라이를 매우 높이 평가하고 있다. 어떤 개념이 외국어이고 '번역'이라는 매개가 존재한다는 인식이 생겨날 때 창의적인 사고가 나타날 수 있다는 의미이기도 하다. 마루야마 마사오 · 가토 슈이치(2000), 『번역과 일본의 근대』, 임성모 역, 이산, p.41.

가 문명적 발전과정으로 이해되지만 이 과정을 자세히 들여다보면 나름대로의 적지 않은 긴장과 대립들을 내포하고 있다.[32] 이 문제는 개념사와 사회사가 관련된 문제이면서, 특히 식민지 조건이 한국 개념사에 어떤 특수성을 부여하는지를 고려하게 만든다. 일본의 식민지배는 강압적이면서 동시에 서구적 근대성을 표방하려는 측면도 있기 때문에 개념사와 식민지화, 그에 대한 저항이라는 복잡한 구조를 충분히 이해해야 한다.[33] 식민지 경험이 없는 사회의 개념사와 식민지 상황을 겪은 한국의 개념사가 어떤 차이를 보이는지에 대해 주목할 필요가 있다.

다섯째, 비록 코젤렉이 말한 안착기는 19세기 말에서 20세기 전반에 걸치는 시기라도 한국의 개념사는 20세기 전체를 염두에 두어야 한다. 개념을 둘러싼 정치 갈등, 개념의 주체화 과정 등이 한국사회의 해방 · 분단 · 건국의 정치사는 물론이고 산업화 · 민주화 · 세계화라는 큰 변화의 흐름과 맞물려 있기 때문이다. 실제로 한국에서 국민 · 인민 · 시민의 개념이 어떤 정치적 함의를 지니고 있고 개념을 둘러싼 갈등과 긴장이 어떠했는지를 확인하기 위해서는 남북한의 분단국가 수립과 억압으로 인한 근대화과정, 그리고 민주화과정을 이해해야 한다. 나아가 1990년대 이후의 세계화 · 다원화 · 정보화의 영향에 대해서도 관심을 가져야 한다. 어떤 의미에서 지금까지 '한국'의 실상, 자기문제와 직결된 개념어라기보다는 매우 추상화되고 보편화된 문명적 담론의 일부, 서구

32. 많은 한국의 사상사적 연구가 이런 점을 잘 보여 준다. 하영선 외(2009), 앞의 책 참조; 정용화(2000), 앞의 논문 참조.
33. 박명규 · 서호철(2003), 『식민권력과 통계』, 서울대학교출판부.

적 근대의 표상으로서 인지되던 개념어들이 한국사회의 정치경제적 문제들, 스스로의 가치와 사유를 드러내기 위한 개념어로 바뀐 것은 최근의 일이라 할 수도 있다.[34] 개념의 의미를 새롭게 묻고, 그것이 한국적 맥락에서 어떻게 적용되고 이해되어야 하는가, 그것의 보편성과 함께 역사특수성을 어떻게 반영할 것인가에 대한 자의식도 최근에서야 뚜렷해졌다고 생각된다.

이상의 맥락에서 이 연구는 각 개념들이 사용되던 시간대를 개항 이전의 시기, 19세기 말에서 20세기 전반에 걸친 이행기, 식민지시기, 1945년 이후부터 1990년대에 이르는 분단국가의 체제경쟁시기, 그리고 1990년 이후의 세계화의 시대로 크게 구분하여 살펴볼 것이다. 첫 번째 시기는 한자문명권의 영향하에 유교적 어휘와 한자 개념이 지배적이었던 시기이다. 두 번째 시기는 한국의 개념체계가 전통적인 한자문명의 패러다임에서 근대적 개념 틀로 전환하게 된 시기다. 주로 번역어를 통해 새로운 의미가 수용되고 정착되는 시기라 할 수 있다. 세 번째 시기는 식민지 상황에서 개념의 독특한 활용이 어떻게 이루어졌는지를 검토한다. 이 시기를 별도로 설정한 것은 식민지를 경험하지 않은 일반적인 비서구사회와 비교할 때 얼마나 복잡한 구도가 형성되는지를 보기 위한 것이다. 네 번째 해방 후의 시기는 냉전과 국가건설의 효과가 개념들의 활용과 정치성에 미치는 효과를 확인하는 데 매우 중요하다. 마지막으로 1990년대 이후 탈냉전과 세계화가 새롭게 미친 지적 영향력을 개념사를 통해 검토해 볼 수 있다. 이 변화가 이전의 단계들과 어떻게 단절되고 또 연결되는가를 면밀하게 확인하는 것

34. 홍윤기(2002), 앞의 논문 참조.

은 비단 한국의 개념사에 한정되지 않고 세계사적인 지성사나 개념사에도 주요한 공헌을 할 수 있을 것이다.[35] 이런 시기별 검토를 통해 개념과 역사가 긴밀하게 맞물리는 현상을 구체적으로 확인할 수 있을 것이다.

35. Park, Myoung-kyu(2005), "Emerging of 'the Social' and the Concept of Society in Korea," *Korea Journal*, Autumn.

2. 국민의 개념

현재 국민이라는 개념은 법적으로 대한민국의 국가적 정당성을 뒷받침하는 핵심 범주이면서 동시에 사회과학적으로 근대국가들로 구성된 세계질서를 이해하는 기본적인 개념으로 이해되고 있다. 대한민국 헌법은 권력의 주체를 '국민'으로 설정하고 바로 이 '국민주권' 에 근거하여 모든 정치적, 법적 질서의 정당성을 설명하고 있다.[36] 권력을 행사하는 정치세력도 '국민'을 자신의 정치이념을 옹호하는 핵심 지지기반으로 강조하고 있고 정책을 비판하고 정권에 저항하는 일반인도 '국민'의 이름으로 자신을 정당화

36. 대한민국 제헌헌법 제2조는 "주권은 국민에게 있고 모든 권력은 국민으로부터 나온다"고 주권의 주체를 국민으로 명시하였다. 이후 주권의 담당자를 '국민'으로 규정하는 방식은 수차례의 헌법 개정에도 불구하고 전혀 변하지 않았다.

한다. 매우 다른 정치이념을 지닌 여러 사회단체가 모두 국민을 대변한다고 주장하기도 하고, '국민적 동의'가 사회통합을 이루는 핵심적인 관건이라는 논리에는 누구도 이의를 제기하지 않는다.[37]

이 국민 개념은 유럽의 근대문명이 앞서 이룩한 정치발전과 함께 나타난 '네이션'과 동의어로 간주된다.[38] 다시 말해 18세기 이래 유럽에서 근대국가의 형성과 더불어 정착되고 구성된 근대적인 정치주체와 본질적으로 동일한 주체를 지칭하는 것이라고 받아들여진다. 동아시아의 맥락에서 보면, 일본에서 '네이션'을 국민으로 번역한 이래 국민을 네이션의 번역어로 보는 관점은 지금까지 줄곧 이어지고 있는 셈이다. 하지만 단어 자체가 이 시기에 새롭게 전래되거나 알려진 것이라고 생각하면 잘못이다. 어휘로만 보면 '국민'이라는 단어는 훨씬 이전부터 사용되었고 공적인 기록에도 종종 등장하고 있다. 『조선왕조실록』을 검색해 보면 이미 태조 이성계李成桂 시대에 '국민國民'이라는 말이 사용되었고 조선왕조 전 시기에 걸쳐 163회의 기록이 발견된다.[39] 이 숫자는 다른 단어에 비해 많지는 않지만 그렇다고 매우 예외적이거나 사용되지 않는 말이라고 할 수는 없다. 더구나 그 내용을 보면 '국가의 구성원'이라는 의미를 조금이나마 담고 있다는 점에서 간단히 무시할 수 없다. 아마도 전근대적인 중앙집권적 국가체제를 일찍부터 갖추었던

37. '국민의 뜻'이나 '국민적 동의'라는 표현이 정치권의 일상화된 말이 되어 있는 것 자체가 '국민'이란 말 속에 정당성과 대표성이 담겨 있다는 판단을 공유하고 있음을 보여 준다.

38. 바로 이 동의어라는 가정에 기초하여 '국민'범주의 보편성 내지 세계성을 주장할 수 있게 된다. 국민=nation이라는 등식은 한국의 정치적 주체=국제질서의 정당한 단위=보편적 범주라는 논리를 제공해 주기 때문이다.

39. 국사편찬위원회에서 제공하고 있는 『조선왕조실록』 데이터베이스에서 원문검색을 한 결과이다.

동아시아의 역사적 성격과도 무관치 않은 현상이라 할 수 있다.

하지만 19세기 말까지 국민이란 개념은 그다지 널리 사용되지 않았고 오히려 백성이나 인민과 같은 어휘가 훨씬 많이 등장한다. 국민 개념이 호응을 얻기 시작한 19세기 말에도 정작 개념어로서 이 단어가 널리 쓰였던 것은 아니다. 1897년부터 1899년까지의 『독립신문』 기사에 나타나는 정치적 주체의 개념어를 정리한 한 연구에 따르면 백성이나 인민이라는 단어에 비해 국민의 사용빈도는 매우 적게 나타난다.[40] 이것은 적어도 19세기 말까지 이 개념이 오늘날과 같은 힘을 지니지 않았음을 보여 주는 것이다. 후쿠자와 유키치福澤諭吉의 유명한 말, "일본에는 국가는 있으나 국민은 없다"는 말에서 보듯 번역어로서의 '국민'은 근대에 새롭게 창출되는 정치주체를 의미했고, 그런 이해는 19세기 말 이래 이 개념을 적극 수용하려 했던 한국의 계몽지식인들에게서도 마찬가지였다. 이러한 사실은 우리가 '국민'이라는 개념의 역사를 검토하는 데에 있어서 전통국가의 쇠퇴와 근대국가 수립이라는 역사과정 전반과의 관련성을 고려해야 함을 말해 준다. 또한 국민이라는 말이 갖는 오래된 함의와 더불어 그 말이 큰 힘을 갖지 못했던 역사적 조건을 밝히는 것이 필요하다. 어느 시점, 어떤 조건 하에서 국민 개념이 새로운 의미를 부여받고 정치사회적인 힘을 강하게 획득하게 되었는지를 파악하는 것은 매우 중요하다. 아래에서 그 연속성과 변화의 과정을 개념사적인 맥락에서 검토해 보려 한다.

40. 김동택(2003), 「『독립신문』에 나타난 국가와 국민의 개념」, 이화여자대학교 한국문화연구원 주최 학술대회 발표문, p.116.

한자문명권의 국과 국민

전통적인 한자문명권 속에서 일정한 정치공동체를 의미하는 '國'이라는 단어와 집합적인 사람들을 표현하는 '民'이라는 어휘는 매우 중요하고 핵심적인 개념이었다. '국'이라는 어휘는 특정한 지역을 토대로 존재하던 정치군사적 단위를 표현하는 말이었는데 읍邑, 강疆 등도 유사한 의미로 함께 사용되었다. 윤내현尹乃鉉의 풀이에 의하면 "원래 국은 … 읍이 성장한 대취락이었다. 이 취락의 주위에는 성과 곽이 있어서 도시국가의 형태를 취하고 있었다.… 이 곽 안에 거주하는 사람을 일반적으로 國人이라고 불렀다."[41] 뜻글자인 한자어의 특징에서 확인되듯 원래 '국'이란 말로 지칭되는 공동체는 군사적인 단위이자 영토적인 단위였다.[42] 이후 중국 최초의 중앙집권국가인 진의 건국과정에서 통일 국가를 상징하는 '천하일가'의 개념이 만들어지고 이 '가'의 개념과 '국'이라는 단어가 연결되는 계기가 만들어졌다. 유교의 가르침을 집약한 '修身齊家治國平天下'라는 말 속에서 보이는 身-家-國-天下의 위계구조 속에서 '국'은 제후들이 다스리는 일정한 범위의 영토적 정치체를 의미하는 것으로 정착했고 그 국의 구성원이라는 의미에서 '國人', '國中人民'과 같은 말들이 사용되었다.

한반도의 경우도 이미 삼국시대부터 '국' 개념이 사용되었다. 김부식金富軾의 『삼국사기三國史記』나 일연一然의 『삼국유사三國遺事』는 그 책의 제목에서 당시의 시대상을 세 개의 '국'이라는 정치단위를

41. 윤내현(1984), 『商周史』, 민음사, p.195.
42. 박상섭(2008), 앞의 책, pp.90~91.

중심으로 고찰함을 보여 주고 있다. 신라, 백제, 고구려라는 세 정치단위는 각각 영토성과 군사공동체적 성격을 공유한 개별 '국'으로 간주되었고 이후 통일신라와 고려시대를 거치면서 국 내지 국가에 대한 개념은 더욱 분명하게 자리 잡았다. 고려시대에도 왕조 자체는 늘 '국'으로 부르고 대외문서에는 늘 '고려국'이라는 명칭이 사용되었다. 고려가 설립한 교육기관을 국자감으로 불렀고 왕에게 최고 수준의 조언을 할 수 있었던 고승의 직함은 '국사國師'였다. 조선 건국 초기 당시 왕조를 다스리고 유지하는 법적 틀을 다룬 책자를 『경국대전經國大典』이라 하고, 왕조 차원에서 지켜야 할 각종 의례에 대한 전범들을 수록한 책을 『국조오례의國朝五禮儀』라 했다. 모두 한결같이 '국'을 단위 개념으로 한다.

'민民' 개념 역시 매우 오래되고 중요한 어휘이다. 『시경』에 '민'이라는 어휘가 102회나 등장하고 유명한 '민유방본民惟邦本' 개념이 등장하는 『서경』에는 '민' 글자가 무려 278회나 등장한다고 한다.[43] 유교이념의 주요한 핵심으로 간주되는 '민유방본' 개념은 통상 "인민은 오직 나라의 근본이다"라고 번역되는데, 나라를 세우고 유지하는 근간이 '민'에 있다는 것이다. 물론 근대적 의미의 정치적 주체로서가 아니라 대체로 '민'은 지배를 받는 피통치자, 의무를 지닌 존재라는 정치적 의미가 강했던 것으로 해석되었고 춘추전국시대에 이르면 민은 늘 서민, 여민, 백성 등의 말과 더불어 피치자 일반을 의미하는 말로 정착했다. 또한 부정적 의미에서 무지몽매한 백성이라는 의미를 포함하기도 했다. 문자의 형상화 과정

43. 장현근(2009), 앞의 논문 참조.

에서도 '민'에 함축된 의미는 "붙잡혀 눈이 찔린 채 이주해 와서 노동에 종사하는 노예들을 뜻했다고 하는데 이처럼 낮은 신분으로 출발한 민이 신분변동을 거치며 결국 피통치자를 지칭하는 말로 의미신장을 하였으며 노예와 평민을 포괄하게 되었다"고 한다.[44] '민'에 대한 해석은 이후 역사적으로 다양하게 분화되고 발전했는데 한 연구자는 전통적으로 사용되던 '민'의 정치적 의미를 네 가지로 정리했다. 즉, 하늘(天)의 상대이며 국國의 근본이라는 의미, 군주의 상대로서 피통치자 전체를 의미, 도덕의 표준이라는 의미, 그리고 자유롭고 직업을 가진 존재라는 의미의 네 가지가 포함된다는 것이다.[45] 그만큼 '민' 개념이 다양하면서도 포괄적인 의미를 내포하는 개념적 속성을 갖추었다고 볼 수 있다.

고려시대 유교가 정치이념으로 수용된 이후 한반도에서 '민' 개념은 더욱 정치적 의미를 강하게 띠었고 사회질서를 유지하는 핵심 이데올로기의 한 요소가 되었다. 조선의 건국을 주도한 정도전鄭道傳이 유교이념 하에서 '민유방본'의 사상을 강조했을 뿐만 아니라 조선시대 지배층을 구성한 사대부들에게 '민'은 가장 중요한 도덕적 기본 범주였기 때문이다. 정도전은 국가의 권력과 '민'의 밀접한 관계를 다음과 같이 피력했다.

> 대개 군주는 국가에 의존하고 국가는 민民에 의존한다. 민은 국가의 근본이면서 군주의 천天이다. 고로 「주례」에서는 민수民數를 군주에게 봉헌할 때 군주가 절을 하고 받도록 하였으니 이는 군주의 천天

44. 장현근(2009), 앞의 논문, p.138.
45. 장현근(2009), 앞의 논문, pp.148~156.

> 을 중히 여긴 때문이다. 인군人君이 된 자가 이 뜻을 안다면 애민愛民하는 바가 불가불 지극해야 한다.[46]

정도전의 이런 의식에서 '민'의 정치적 의미는 더욱 중시되었다. 하지만 동시에 '민'은 끊임없이 관인층과 사대부에 의해 가르침과 교화의 존재로 파악되었다. 퇴계 이황李滉은 '민'의 중요성을 강조하면서도 끊임없이 교화와 수양을 통해서 내면적 도덕성을 함양해야 하는 존재로 파악했다. 따라서 민은 군주가 교화를 베풀어서 이끌어야 할 대상으로 간주되는 경향이 강했다.[47] 다음과 같은 말은 조선시대 유자들이 지녔던 민에 대한 의식의 한 특징을 잘 보여 준다.

> 민民은 가르치지 않으면 안 된다. 하늘이 내린 천성이 있어 이를 지키고 덕을 좋아하니 이 민은 곧 삼대의 민과 같다. 인욕人慾이 있어 욕심을 다투고 무지하여 어찌할 줄 모르다가 형벌에 떨어지고 금수禽獸에 빠지는 것은 민의 죄가 아니다. 민의 어른된 자가 능히 학교를 일으켜 교화敎化를 밝히지 못한 까닭이다.[48]

한편 율곡 이이李珥는 좀 더 정치적인 의미에서 '민'을 해석했다. 최영진崔英辰은 율곡의 『성학집요』에 나타나는 '애민愛民'과 '외민畏民'을 검토하면서, 율곡에게 '민民'은 군주가 사랑하는 동시에 두려워

46. 성도전, 『삼봉집』 권13; 이석규(2004), 「여말선초 신흥유신의 민에 대한 인식」, 『조선시대사학보』 제31권, p.23에서 재인용.
47. 전정희(2004), 「개화사상에서의 민의 관념」, 『정치정보연구』 제7권 제2호, pp.85~86.
48. 이석규(2004), 앞의 논문, p.29에서 재인용.

해야 할 대상이었음을 강조했다.[49] 율곡은 '왕자이민위천王者以民爲天' 이라 하여 지배자는 민을 하늘처럼 여겨야 함을 강조했는데, 그런 점에서 유교이념은 '민에 의한 정치'는 없지만 '민을 위한 정치'는 강조되었다는 것이다. 이와 같은 '민' 개념은 실학사상가들에게도 계승되고 있다. 성호 이익李瀷은 『성호사설』에서 "국가의 국가됨은 군주가 있고 민이 있기 때문이다. 군주와 민은 모두 같은 사람이다[國之所以爲國者 有君有民也 君與民皆人也]"라고 설파하고 있음을 들어 정치주체로서의 민론에 일보전진하고 있는 것이라고 해석되기도 한다.[50] 실제로 성호 이익의 다음의 글은 근대적인 의식을 드러내고 있다고 볼 수 있다.

> 대저 군주가 심을 노하여 민을 다스리고 민은 힘을 노하여 군주를 섬겨 양자가 서로 보혜함은 부가 그 자를 자가 그 부에게 효도함과 같은 것으로 어느 하나가 없어서도 안 된다. …민이 없으면 군주도 없다. 이는 민의 베풂이 그 군주보다 중요하기 때문이다.[51]

다산 정약용丁若鏞은 좀 더 '민'의 정치적 성격과 주체적 성격을 뚜렷이 강조한 사람이다. 그에 의하면 애초에 '민'이 있었고 이들이 모여 산 이후에 비로소 사회나 국가가 형성되었다고 보았다. 그는 "목이 민을 위해 있는 것인가 민이 목을 위해 생존하고 있는가"라는 물음을 던지고 지배자는 민을 위해 있는 것임을 '원목'에

49. 최영진(2008), 「유교국가론에 있어 통치 주체와 객체의 문제」, 『동양철학연구』 第53권, p.168.
50. 박충석 · 유근호(1980), 『조선조의 정치사상』, 평화출판사, pp.76~77.
51. 『성호사설 유선』; 전정희(2004), 앞의 논문, p.87에서 재인용.

서 체계적으로 설명하였다. 또한 '탕론'에서는 천자의 성립조차도 민의 추대형식을 거쳐 이루어진 것으로 비유적으로 설명했다. 강재언姜在彦은 이를 두고 다산의 민 사상이 민중의 저항권과 혁명권을 시인하는 직전단계까지 도달했다고 보고 있다.[52]

따라서 '국'과 '민'은 전통적으로 그 어의상 상호연관성이 매우 높았다고 할 수 있다. 국민이라는 단어는 '국'과 '민'의 복합어인 셈인데 어휘 자체로만 보면 비교적 일찍부터 등장한다. 물론 중국 고전에서 등장하는 '국민'은 하나의 개념어로 사용되었다기보다는 '국'과 '민'을 함께 붙여 쓴 단순한 병기로 보아야 한다고 지적된다.[53] 하지만 조선시대를 보면 '국민'이 독자적인 의미를 지녔다고 볼 수 있는 사례도 종종 발견된다. 다음 기사는 조선시대 태조太祖 즉위 8년인 1395년에 여진족을 위무하여 조선의 '국민'으로 삼았다는 내용인데 최근의 국민 개념과도 비교할 만하다.

> "임금이 즉위한 뒤에 적당히 만호萬戶와 천호千戶의 벼슬을 주고, 이두란李豆蘭을 시켜서 여진을 초안招安하여 피발被髮하는 풍속을 모두 관대冠帶를 띠게 하고, 금수禽獸와 같은 행동을 고쳐 예의의 교화를 익히게 하여 우리나라 사람과 서로 혼인을 하도록 하고, 복역服役과 납부納賦를 편호編戶와 다름이 없게 하였다. 또 추장에게 부림을 받는 것을 부끄럽게 여겨 모두 국민國民이 되기를 원하였으므로, 공주孔州에서 북쪽으로 갑산甲山에 이르기까지 읍邑을 설치하고 진鎭을 두어 백성의 일을 다스리고 군사를 훈련하며, 또 학교를 세워서 경서를 가르치게 하니,

52. 강재언(1981), 『한국의 개화사상』, 비봉출판사, p.101.

53. 장현근(2009), 앞의 논문, p.134의 주8 참조.

문무文武의 정치가 이에서 모두 잘되게 되었고, 천 리의 땅이 다 조선의 판도版圖로 들어오게 되어 두만강으로 국경을 삼았다. 강江 밖은 풍속이 다르나, 구주具州에 이르기까지 풍문風聞으로 듣고 의義를 사모해서, 혹은 친히 내조來朝하기도 하고, 혹은 자제들을 보내서 볼모로 시위侍衛하기도 하고, 혹은 벼슬받기를 원하고,…"[54]

이 글에 의하면 여진의 풍속이 미개하여 예의를 가르친 후 조선국인과 혼인하게 하고 똑같은 의무와 권리를 부여하자 모두가 '국민'이 되기를 원했다는 것이다. 여기서 국민은 조선이라는 "나라의 백성"을 의미한다고 할 수 있다. 다시 말해 중앙집권적인 행정체계 속에 편입되고 병역을 지며 문무지정을 하고 판적에 기입하는 등 매우 체계적인 국가활동의 대상이 된 상황을 반영한다. 조선이라는 나라가 건국되는 과정에서 이런 의미가 사용되었다는 점은 지금의 관점에서 보아도 흥미롭다. 실제로 조선 건국에 결정적인 공헌을 한 정도전은 민과 국, 국과 민의 불가분리적 관계성을 일찍이 강조했고 그런 만큼 두 어휘가 함께 사용될 개연성은 충분했다. 물론 유교적 의미의 '민유방본'이 '민'의 정치적 주체성을 강조한 것과는 거리가 있지만 그럼에도 불구하고 '민'이 정치의 목표나 정당성과 관련하여 매우 중요한 의미를 지녔음은 부인

54. 『조선왕조실록』, 太祖 8卷, 4年(1395) 12月 14日.
원문: 上卽位, 量授萬戶千戶之職, 使 李豆蘭 招安 女眞, 被髮之俗, 盡襲冠帶, 改禽獸之行, 習禮義之敎, 與國人相婚, 服役納賦, 無異於編戶。且耻役於酋長, 皆願爲國民。自 孔州 迤北, 至于 甲山, 設邑置鎭, 以治民事, 以練士卒。且建學校, 以訓經書, 文武之政, 於是畢擧, 延袤千里, 皆入版籍, 以 豆滿江 爲界。江外殊俗, 至於 具州, 聞風慕義, 或親來朝, 或遣子弟, 或委質隨….

할 수 없다. 실학사상가들이 보여 준 일정한 정치적 개혁론도 '민'과 '국'의 관계에 대한 것들이었다고 볼 수 있다. 특히, 조선시대 후기에 심각한 문제로 부각되었던 부세와 역은 모두 '국'이 '민'에 대해 부과하는 경제적 · 인신적 부담이었기 때문에 그 정당성 문제가 정치적 논의의 핵심을 이룰 수밖에 없었던 것이다.

이처럼 '국'과 '민'의 상호연관성은 매우 강하게 인식되었고 실제 '국민'이라는 어휘가 쓰였지만 조선시대의 지배적인 담론이나 실천론에서 이 개념이 중요한 위치를 점했던 것은 아니었다. 사용되는 경우에도 실제로는 '국중인민國中人民'이라는 말의 약어처럼 쓰이는 경우가 많아서 피치자를 의미하는 인민이나 '민'의 개념과 뚜렷하게 구별되지 않는 경우가 대부분이었다. 이 '국'이라는 정치공동체가 왕조를 중심으로 또 신분제적 원리를 근간으로 하여 유지되었던 까닭에 이들 구성원은 국왕의 절대적인 지배 하에 있는 종속적인 집합체로 간주되었고 오늘날과 같은 정치적 권리의 소유자, 적극적 주체로서의 함의는 없었다. 인민, 백성, 국인이라는 어휘가 모두 일정한 범주를 지칭하는 개념이지만 정치사회적으로 권리의식이나 평등한 주체로서의 성격을 동반한 것은 아니었던 것이다. 다시 말해 오늘날과 동일한 국민이라는 단어가 사용되었지만 그 정치적 함의나 범주로서의 성격이 명료하지 않았다고 해도 좋을 것이다. 다만, 일정한 정치공동체와 그에 속한 구성원을 범주화하는 의식이나 감각은 분명하게 자리 잡았고 그것은 오늘까지도 국민이라는 개념어 속에 일정하게 연속되고 있다고 볼 수 있다.

서구사회와 네이션

'네이션'이란 일반적으로 주권을 지닌 정치공동체의 구성원을 의미하는 말로 이해된다. 하지만 이 개념의 변천사를 검토한 그린펠트L. Greenfeld에 의하면 이 말의 라틴어 어원인 natio는 출생과 관련된 의미를 갖는 단어였다. 로마에서 이 단어는 로마 시민보다는 신분이 낮은, 같은 지역 출신의 외국인들을 가리켰고 그리스어의 'ta ethne'와 비슷했다고 한다. 신학공부가 중심이 된 중세대학에 다양한 출신지의 학생들이 모인 곳에서 이 말은 같은 지역 출신의 학생집단을 지칭하는 말로 사용되었다. 예컨대 파리대학에는 nation de France, nation de Germanie, nation de Picard, nation de Normadie 등 네 개의 'nation'이 있었다. 여기서 nation은 출신지와 결합하여 일종의 'national identity'와 유사한 의미를 가졌지만 어디까지나 중세대학의 학생이라는 공통점 내에서만 적용되는 것이었다.[55] 그리고 점차 단순한 지역성을 넘어서 공통의 의식이나 생각을 공유하는 의견공동체의 의미를 띠었다고 한다.

13세기 이후 유럽의 공의회에서 이 말은 다시 한 번 변화를 겪게 되었다. 즉, 의견공동체를 의미하던 nation이 "신자공동체"의 대표를 의미하는 말로 사용되었으나 단순히 종교적인 것만이 아니라 세속적인 지역성도 띠었다. 이 말은 "문화적이고 정치적인 권위를 지닌 대표자들의 모임이나 정치적 · 문화적 · 사회적 엘리트를 의미하는" 것이 되었다.[56] 다시 이 말은 16세기 영국에서 일

55. Liah Greenfeld(1992), *Nationalism: Five Roads to Modernity*, Harvard University Press, p.3.

56. L. Greenfeld(1992), 앞의 책, pp.4~5.

반 주민을 포괄하는 말로 사용되기 시작했고 점차 'people'과 유사한 말이 되었다. 그린펠트는 이 시기 영국의 의미전환이 근대적 의미의 'nation' 개념 출현의 첫 계기였다고 본다. 여기서 "nation－elite－people"이 동일하게 간주되기 시작했고 오늘날과 같은 주권적 주체로서의 네이션 개념이 출현할 수 있었다고 본다. 이후 다시 이 개념은 '독특한 주권적 인민'을 의미하는 역사특수적 범주를 지칭하게 되었고 이것이 다양한 내셔널리즘의 출현과 연결되었다는 것이다. 그린펠트는 이러한 개념의 변천을 '지그재그 패턴'으로 명명하여 다음과 같이 도표로 정리했다.[57]

네이션 개념의 의미변천

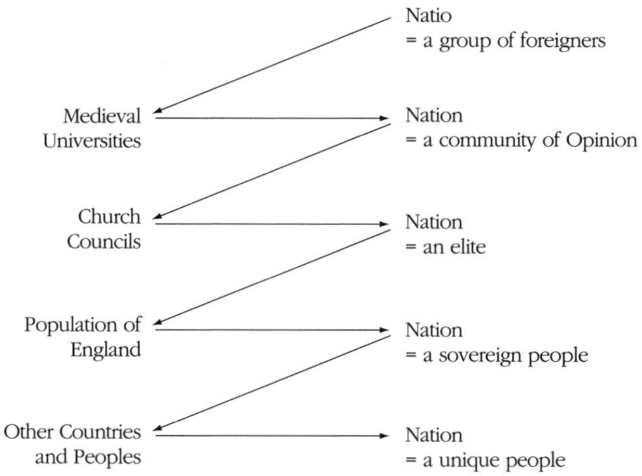

57. L. Greenfeld(1992), 앞의 책, p.9.

물론 이러한 의미변천의 과정은 유럽의 사회사 · 정치사와 밀접하게 연관되어 있다. 유럽은 오늘날과 같은 의미의 국민국가체제를 발명한 지역이라 할 수 있는데 명확한 지리적 경계와 정치적 주권을 갖는 국민국가체제가 세계질서의 기본 틀로 자리 잡게 되는 과정과 '네이션' 개념의 부각은 밀접하게 연결되어 있다. 그 가운데서도 프랑스 혁명은 주권의 개념을 확립했을 뿐 아니라 국가주권을 공유한 집합체를 "Nation"이라는 범주로 확정함으로써 중세적 신분질서를 타파하고 근대국가의 구성원리를 확산시키는 결정적인 계기를 제공했다. 프랑스 혁명 직전인 1789년 1월 시에예스 E. J. Sieyès는 『제3신분이란 무엇인가』에서 nation을 "하나의 공통된 법 아래에서 생활하며 동일한 입법체에 의해 대표되는 사람들의 사회"라고 규정했는데 프랑스 혁명은 이 nation의 주권성을 역사상 최초로 헌법적 원리로 명시했다. 이후 전 세계가 근대국가의 성원을 Nation으로 두루 쓰게 됨으로써 프랑스 혁명은 정치적인 차원에서 국민(민족)이 구성되고 정의되는 데 커다란 기여를 한 셈이다. 프랑스 혁명의 결과 등장한 인권선언 제3조는 다음과 같이 되어 있다.

> The principle of all sovereignty rests essentially in the nation. No body and no individual may exercise authority which does not emanate expressly from the nation.

주권의 본질적 주체로서의 'nation'이 규정되고 어떤 개인이나 단체도 nation으로부터 권한을 부여받는 것으로 되어 있다. 이 nation은 프랑스 헌법체제의 근간을 이루며, 현대 정치제도의 보편적 이념으로 발전했다. 한 가지 주목할 것은 nation은 현실적으로 존재하는 시민들 내지 인민들의 집합체라는 차원을 넘어서는 개념적으로만 포착 가능한 추상적 범주였다는 사실이다. 주권의 궁극적 기반을 '이성에 기초한 개념'에 따라 확립하려는 차원에서 nation이 설정된 것이다.[58] 영국의 의회처럼 과거로부터 전승되는 주권의 정당성 기제가 부재하고 구체제의 완전한 해체 위에 새로운 정치질서를 수립하려는 프랑스로서는 주권의 '시원적 소재'가 어디에 있으며 어떤 근거 위에 헌법이 제정될 수 있는가라는 본질적 물음에 답을 해야 했다. '국민주권론'으로 알려져 있는 'nation'에 관한 위의 제3조는 이런 맥락에서 이해되어야 한다.

따라서 nation은 국가의 인격성을 가능케 하는 근간이다. 이전에 군주를 통해 인격화하던 국가의 주권이 nation으로 이행함으로써 국가와 국왕 개인을 구분하고 국가라는 주권공동체의 존재근거를 제공해 줄 수 있었다. 이전에 군주에 의존하던 국가적 통일성과 주권성이 이제 nation으로 이행하고 nation에 근거하여 군주의 힘을 설명할 수 있는 상태로 이행했던 것이다. 국가의 인격성과 전체 국민의 인격성은 동일한 것으로 간주되었다. 따라서 nation은 국가를 구성하는 개개인의 총합이기는 하지만, 단순히 현존하는 사람들의 집합체 차원을 넘어선다. 즉, 개인의 총체와 nation은 동일할 수 없다는 것이다. 그 이유는 nation 속에는 이미 죽은 선조와 향후 태어날 후손까지 포괄되는 것이기 때문이다. 같은 이유로 nation은 선거인단으로 볼 수 있는 현재 시민들의 집합체와도 다

58. 실제로 현재 한국에서의 헌법 논의도 프랑스 헌법상의 nation 개념에 대한 해석을 주요한 준거로 삼고 있다. 강경근(1987), 앞의 논문 참조.

르다. nation은 세대적 연속성과 역사적 연속성을 갖는 '단체이익의 영속성을 지닌 총체'이기 때문이다. 따라서 인민이나 시민에게 인정된 주권은 각 개인 내지 집단에게 분할되어서 귀속되는 것이 아니라 공동체 전체의 차원에서만 인정되는 것이다. 즉, '인민 전체로서의 국민'인 것이고 바로 이 점에서 국민주권론은 국가적 인격성을 배제하는 인민주권론과 구별되는 것이다. 이들 관계에 대하여 한 법학자는 다음과 같이 설명하고 있다.[59]

> 이 인민 전체로서의 국민인 peuple-nation은 18세기의 저작자들과 1791년 헌법제정의회 위원에 의해서 현재까지 인정되어진 개념이다. 그 구조는 하나의 인민공동체로서 사회적 상태, 그 기원, 그리고 자원이나 양식을 사상해 낸 추상체인 것이다. 즉, 그러한 국민은 동일한 사람으로서 이루어진 인민이며, 때문에 그 국민적 실체는 추상적 평등체로서의 개인의 집합과 같은 위치에 서게 되는 것이다. 결국 사람들은 자격에서 평등한 인격성을 지닌 국가적 존재에 참여하며 그럴 경우 계급에 관계되지 아니하는 시민은 근본적으로 통일되어진 인민으로서의 국민으로 되는 것이다.

한 사람이든 다수 시민들citoyens이든 가릴 것 없이 그들은 개별적으로는 말할 것도 없고, 부분단체를 형성하더라도 주권적으로는 어떠한 행위도 할 수 없는 것이다. 결국 국민의 모든 구성원들은 결합하여 주권적 국민la nation souveraine을 이루어야 하며, 그것은 사실상 개인 선제un total d'individus로서 구성되는 것이지만 그 구싱

59. 강경근(1987), 앞의 논문, pp.157~159.

원들과는 구분되는 추상적 통일체, 즉 초개인적 공동체로서 인식된다는 점도 받아들여야 하는 것이다.

이처럼 nation은 미래를 같이하는 이상상理想像으로서의 근원이자 각 개인들을 독특하게 묶는 감정공동체이다. 이런 점에서 nation의 핵심은 가시적인 육체la chair보다도 정신l'esprit에 의존하는 것이다. 르낭E. Renan은 이러한 네이션이 두 개의 속성, 즉 공통의 과거에 대한 정서적 공유와 동일한 운명공동체에 속하겠다는 정치적 의지의 두 요소로 구성된다고 주장했다. 르낭은 그의 유명한 글 "Qu'est-ce qu'une nation?" 에서 근대 네이션은 정치공동체의 구성원으로서 동일한 소속감을 '매일매일의 국민투표'로 확인하는 것과 같다고 지적하였다. 프랑스에서의 네이션은 프랑스 혁명의 기치에 표방되었던 자유와 평등, 박애의 정신을 정치적으로 표방하는 성원공동체, 그러한 집합적 주체를 의미하는 것으로 르낭의 다음과 같은 말은 그 점을 분명히 보여 준다.

> A nation is a soul, a spiritual principle. …A nation is a grand solidarity constituted by the sentiment of sacrifices which one has made and those that one is disposed to make again. It supposes a past, it renews itself especially in the present by a tangible deed: the approval, the desire, clearly expressed, to continue the communal life. The existence of a nation (pardon this metaphor!) is an everyday plebiscite.[60]

60. Ernest Renan(1994), "Qu'est-ce qu'une nation?," John Hutchinson and Anthony D. Smith ed., *Nationalism,* Oxford University Press, p.17.

르낭은 nation이 정서적인 연대감에 기초한 것이지만 본질적으로 '공동체적 삶'을 영위하겠다는 현재의 선택과 의지에 근거한다고 보았다. 따라서 그는 nation의 존재야말로 매일매일의 국민투표와 같다고 했던 것이다. 또 그런 점에서 nation은 영속하거나 불변하는 것이 아니라 생성되고 발전함과 동시에 해체되고 소멸할 수도 있는 것이다. 이런 점을 주목하는 프랑스의 nation은 원리상 어떤 종족 · 문화 · 종교적 요소와도 무관하며 프랑스 국가가 공동체로서 표방하는 정치적 가치에 대한 동의에 기반을 둔다. 레루트 M. F. Leruth에 의하면 프랑스 공화주의의 정치적 지향은 무엇보다도 개인의 사적 의지를 초월하는 보편적 '일반의지'를 인정하고 그것이 법률로 나타난다고 보는 의회민주주의 원칙에 기초한다.[61] 인간이성의 보편적 범주에 기초한 법률만이 진정한 공공성을 표현할 수 있으며 개인은 공화주의 원칙에 의해 표출된 공공성의 보편가치에 속함으로써 자발적으로 민족공동체의 구성원이 된다는 것이다. 또한 공화주의의 원리는 폭넓은 사회문화적 영향력을 지니는 강력한 국가의 중요성을 강조한다. 개인의 평등한 주권은 단순히 자유로운 개체성을 의미하는 것이 아니라 보편의지의 구현체로서 국가의 집합적 공공선에 종속되는 것이다. 이런 의미에서 빈센트G. Vincent는 '국가적으로 관리되는 공공서비스'를 중시하는데, 제3공화국의 연대주의 전통을 중시하는, 즉 사회의 유기적 통합부문으로서 국가는 '교육자'적 기능, 계몽적 기능을 지니는 것으로 상정된다. 프랑스의 nation이 매우 추상적이고 본질적인 '개념'이

61. Michael F. Leruth(1998), "The Neorepublican Discourse on French National Identity," *French Politics and Society*, Vol.16, No.4, Fall.

라는 점도 이런 의미이다.

반면 독일의 국민창출 과정은 프랑스와 여러모로 대비된다. 프랑스에 비해 상당히 뒤늦게, 프랑스와의 전쟁을 거쳐 국민국가의 통합을 달성한 독일은 정치적 의지와 시민적 권리를 지닌 집합체가 아니라 언어와 전통, 혈통, 관습과 정서를 공유하는 문화적 집단, 즉 '폴크Volk'를 국가구성의 주체로 부각시켰다. 이것은 프랑스에서 발견되는 계몽적 이념이나 개방적인 정치지향과는 무관하게 특정한 문화요소를 공유하는 성원들이 그 특수한 공동체성을 근거로 국민국가를 구성하겠다는 대중적인 열정에 바탕을 둔 것이었다.[62] 프랑스의 경우 나씨옹은 국가의 성립과 더불어 창출된 정치적 범주로 이해되었지만 독일의 경우 폴크는 국가형성과는 별도로 오래전부터 존속해 온 문화적이고 혈통적인 공동체로 간주되었다. 예컨대 헤르더J. G. Herder를 비롯한 지식인들은 특정한 정치이념보다 오히려 독일어와 독일문화, 게르만인으로서의 혈통과 자부심 등에 바탕한 폴크를 정치화시키려 노력했다. 이런 노력의 산물이라 할 19세기 독일 민족주의는 특수한 문화적 요소를 낭만시하고 Volk로서의 독일민족을 가장 이상적이고 완전한 범주로 포장했다.[63] 독일인만이 진정한 애국자가 될 수 있으며 독일만이 자기 민족을 희생하여 인류 전체를 포용할 수 있다는 낭만적 심성은 다른 민족의 애국심을 집단적 이기심으로 부정하는 논리와도

62. Rogers Brubaker(1992), *Citizenship and Nationhood in France and Germany*, Harvard University Press; L. Greenfeld(1992), 앞의 책, pp.352~395.

63. R. Koselleck(1972), "Volk, Nation, Nationalismus, Masse," O. Brunner et. al., eds., *Gesichtliche Grundbegriffe*, Bd.7; 고유경(2003), 「'문화민족'과 '국가민족' 사이에서: 통일 이전 독일 민족형성의 길」, 이화여자대학교 한국문화연구원 심포지엄 자료, p.53 참조.

종종 연결되었다. 독일의 민족주의는 집단에 대한 개인의 완전한 헌신, 봉사를 의미했고 완전 복종의 논리 속에서 평등에의 갈망이 특이한 방식으로 해소되었다. 독일어를 말하는 범주가 곧 독일민족의 권역과 동일시되었고 독일의 민족성은 피의 순수성으로 특징지어졌다.

이렇게 보면 국민을 창출하여 근대국가를 구성하려는 노력에서 프랑스와 독일은 매우 대조적인 방식을 보여 주는 것이 사실이다. 하지만 두 사례를 대조적으로만 파악하는 방식은 지나치게 협소한 이해가 될 수 있다. 예컨대 프랑스의 nation 개념이 시민적이고 정치적인 성격을 내포했고 독일의 Volk가 배타적이고 전통적인 요소를 중시했다는 점에 국한하여 전자를 개방적인 국민, 후자를 배타적인 국민으로 대비시키는 것은 한쪽에 치우친 해석이 되기 쉽다. 오히려 두 사례는 근대국가의 중요성을 강조하는 점에서 공통적인 측면도 매우 강하기 때문이다. 프랑스가 강조하는 nation은 프랑스인으로서의 자부심, 프랑스 시민의 정체성을 부정한다기보다 오히려 전제하는 것이다. 프랑스 혁명이 내세웠던 사해동포주의도 모든 인간의 평등한 인권을 표방하지만 현실적으로는 국가적 경계 내에 속하는 시민권자들, 국민성원들을 그 대상으로 하는 것이었다. 이러한 점 때문에 프랑스의 nation 개념은 제3공화국 이래의 강력한 프랑스 동화주의와 늘 공존이 가능했던 것이다.[64] 또한 이런 원칙은 공교육에서 개인적 차이보다 공공선을 더욱 강조하는 논리로 나타난다. 당연히 강력한 국가를 요청하며 국

64. Gérard Noiriel(1996), *The French Melting Pot*, University of Minnesota Press, pp.265~278 참조.

가에 의해 지지되는 사회제도의 역할에 주목하기 때문에 흔히 말하는 정치적 관용(톨레랑스)에 못지않게 프랑스화에 대한 강력한 동일시가 요구되는 것이다.[65]

독일의 Volk 역시 강력한 국가적 지향을 지닌다. 비록 문화적이고 혈통적인 요소를 강조하더라도 그러한 성격을 중시하는 이유 자체가 독일국가의 형성이라는 정치적인 배경을 떠나서는 이해될 수 없는 것이다. 19세기까지도 통합된 정치체제를 이루지 못했던 독일이 스스로를 하나의 정치적 민족으로 사고하게 된 데에는 19세기에 들어와 수차례 겪게 되는 프랑스와의 전쟁이 결정적인 계기가 되었다. 따라서 Volk가 실제로 수행한 정치적 역할은 프랑스의 nation과 크게 다를 바가 없었다. '독일국민에게 고함'이라는 연설로 독일 민족정신의 상징처럼 되었던 피히테J. G. Fichte는 1806년까지만 해도 프랑스 혁명의 정신을 찬양하고 독일의 프랑스화를 강조하던 세계주의자였다는 사실이 이런 가능성을 잘 말해 준다. 실제로 프랑스의 국민국가와 공화주의, 나폴레옹 전쟁 등이 없었다면 독일의 이상주의적이고 낭만주의적인 민족 개념이 발전하기 어려웠을 것이다. 근대국가의 형성과 국민창출이라는 관점에서 보면 프랑스와 독일은 서로 다른 길을 걸었다기보다 다른 방식으로 같은 길을 걸은 사례로 이해할 수 있지 않을까 한다.

65. 알렝 투렌(Alain Touraine)은 공화주의적인 전통이 민주주의가 갖는 세 가지 차원, 즉 시민들의 우애로운 공동체, 개인적 권리, 다양한 이해관계를 조절하는 정부라는 세 차원 가운데 첫 번째와 세 번째 측면만 지나치게 강조한다고 비판한다. 이럴 경우 국가가 일반의지의 완벽한 구현체로 미화될 가능성이 있고 개인적 자유와 권리가 소홀하게 취급될 가능성이 있다고 지적하면서 투렌은 민족적 정체성과는 별도로 '개인적 정체성'을 추구할 수 있는 동화없는 통합, 잡종성 등을 강조하였던 것이다.

번역어 국민 개념과 동아시아

'국민'이라는 어휘가 전통적인 단어로서가 아니라 새로운 시대 현상을 반영하는 역사적 용어로 등장하게 된 것은 19세기 후반, 소위 서세동점의 세계사적 전환기 상황에서였다. 오랜 중화주의 질서가 해체되기 시작하고 서양의 근대 문물과 제도, 사상이 압도적인 힘으로 동아시아에 확산되는 과정에서 국민이라는 어휘도 새로운 역할을 부여받았던 것이다. 그것은 이전과는 다른 서양의 'nation'의 번역어로서 '국민'이 선택되고 그 개념적 함의를 사회적으로 실현하려는 과정이기도 했다.

이 번역에 주도적인 역할은 일본이 담당했다. 1601년 간행된 『일포사서日葡辭書』에는 'Cocumin'이라는 항이 있고 이것은 '국國의 민民 또는 국國의 민중民衆'이라고 기술되어 있다.[66] 또 1862년의 『영화대역수진사서英和對譯袖珍辭書』에는 nation항이 있는데 이것은 '인민 국인人民國人'이라고 번역되어 있고 1912년의 『철학자휘哲學字彙』 제3판은 nation을 '국國, 국민國民'으로 서술했다. 대체로 메이지유신 이전에는 일부 국학자들을 제외하면 대부분 '국國'이라 할 때 일본 전체가 아닌, 각 번을 의미했다. 따라서 '국민'도 당연히 각 번에 속한 백성을 가리키는 것이 된다. 이러한 제한된 의미가 바뀐 것은 외압에 의한 개국으로 일본 전체를 대상으로 하는 새로운 의식이 출현하면서였다. 국학國學 등이 주도한 당시의 존황양이론은 번으로 나누어져 있는 일본을 전체로 통합하여 사고하는 국민의식을 강조했고 개국을 주장한 사상가들 역시 전체 일본을 대상으로

66. 石塚正英 · 柴田隆行 監修(2002), 앞의 책, pp.107~108.

하는 인식을 주장했다. 일본에서도 전통적으로 막부 지배체제에 속한 사람들을 의미하는 단어로 억조, 중서, 만민, 창생, 인민 등이 널리 쓰였지만 새로운 근대국가의 정치적 범주로서의 성격을 드러내기에는 충분치 못했다. 1866년에 초판이 나온 후쿠자와 유키치의 『서양사정西洋事情』에는 미국 '독립선언'이 전역되어 있는데 이 가운데 '국민'이라는 단어가 몇 번 등장한다. 하지만 그것이 반드시 nation의 번역어라 하기는 어렵다. 예컨대 "국정을 논의하는 권한은 본래부터 국민에게 속한다"에서 '국민'은 nation의 번역어가 아니라 people의 번역어였다. 또 '독립선언'에 있는 nation은 모두 '일족의 인민' 으로 되어 있다. 이처럼 '인민'과 '국민'은 거의 동의어로 사용되고 state와 중첩적으로 사용되기도 한다. 명육사明六社의 기관지 『명육잡지明六雜誌』에 실린 후쿠자와의 발언에도 현재라면 '국민'이라고 부를 대상을 대부분 '인민'이라는 말로 표현했다.[67] 즉, nation의 번역은 여전히 불명확한 상태였던 것이다.

메이지유신에 의해 막부체제가 해체되고 새로운 근대 정부가 수립되는 과정에서 일본은 국민이라는 개념을 적극 수용하게 되었다. 일본에서 국민은 독일어 Staatvolk의 번역어로도 사용되었고 프랑스의 nation의 번역어로도 사용되었다.[68] 이런 애매한 상황에

67. 飛鳥井雅道(1984),「'國民'の創出」,『國民文化の形成』, 筑摩書房, p.8.
68. 일본에서 nation은 민족/국민 두 가지로 번역이 되었는데 이에 대해 스기하라(杉原)는 nation의 본질을 민족으로 규정하면서 시에예스의 "nation은 모든 것에 선행하여 존재한다. 그것은 모든 것의 원천이다"라는 말을 근거로 삼았다. 다카지마(高島)는 국민과 민족의 관계에 대해 "국민의 핵심은 하나 또는 복수의 민족이 정치적 · 경제적으로 하나의 통일체를 형성하고 있는 것으로 보인다. 이에 반해 민족의 핵심은 단순히 정치적 · 경제적 통일체라는 것만이 아니라 인종이라든가 국토와 같은 자연풍토적 계기와 언어나 문화적 전통과 같은 사회풍토적 계기와의 상호매개에 의해 역사적으로 생성되어온 공동체라는 점에 있

서 유신정부는 천황을 정점으로 하는 중앙집권적인 국가체제의 수립과 함께 이 체제를 구성하는 사람들을 '국민'이라는 말로 개념화했다.[69] 유신정부는 막연하게 사용되던 '천하의 인민'을 국가의 지배대상으로 확정하면서 일본 특유의 '가' 개념과 결합시키려 했다. 1871년 태정관 포고에서 천황제 국가에 속해 있는 인민들을 포함하는 개념으로서 국민 개념이 사용되었다.

그 이후 오쿠보 도시미치大久保利通의 헌법제정 건백서에 인민, 국민, 신민들의 단어가 혼용되었으나 그 명료한 개념화는 아직 이루어지지 않았다. 후쿠자와 유키치가 『학문의 권장』 제4편에서 "일본에는 단지 정부만 있고 국민은 없다"고 말했던 때는 1874년이었다. 그가 말한 것은 단지 통치나 지배의 대상인 국민이 아니라 정치적인 책임을 자각한 집단으로서 형성되어야 하는 새로운 정치적 범주인 국민이었다.

그럼에도 그것은 메이지 정부를 축으로 새로이 수립된 일본 근대국가를 전제로 하는 것이었고, 따라서 '신민臣民' 개념과 한편으로 긴장을, 한편으로 보완적인 관계를 맺을 수밖에 없었다. 특히, 1889년 「대일본제국헌법」이 발표됨으로써 국민은 곧 신민으로 규정되었다. 이 과정에서는 '신민으로서의 국민'을 강조하는 국체론의 영향이 적지 않았다.[70] 당시 국체론의 대표적인 논자의 한 사람

다"고 했다. 다카지마는 국가가 성립하기 이전에 논리적으로 존재하는 nation은 민족의 의미로 이해하는 것이 타당하고 국민이라는 규정은 국민국가의 형성 이후, 특히 정치적 공동체라는 의미를 부여받고 새롭게 생겨난 규정으로 보는 편이 타당하다고 보고 있다.

69. 윤건차(1997), 『일본: 그 국가 · 민족 · 국민』, 하종문 · 이애숙 역, 일월서각, p.99; 표세만 외(2005), 「일본의 '네이션' 개념의 수용과 변용」, 『동아시아 근대 '네이션' 개념의 수용과 변용』, 고구려연구재단.

70. 小熊英二(2002), 앞의 책, pp.77~78.

이었던 법학자 호즈미 야쓰카穗積八束는 1897년 『국민교육과 애국심國民敎育と愛國心』이라는 책에서 "天祖는 國民의 始祖이고 皇室은 國民의 宗家이다"라고 썼다. 또 천황이 발표한 「교육칙어敎育勅語」의 공인해설서인 『칙어연의勅語演義』를 저술한 철학자 이노우에 데쓰지로井上哲次郎는 "일본 국민은 동일한 옛 전설에서 그 계통을 끌어와 건국 이래 같은 국토에 거주하고 같은 언어, 습관, 풍속, 역사 등을 지닌, 일찍이 다른 민족에 의해 정복된 일이 없는" 국민임을 강조하였다.[71] 이런 시각은 『중등수신교과서』에 그대로 반영되어 "황실은 국민의 대종가大宗家"라는 표현이 나타나게 되고 『윤리학교과서』에서는 "제국의 국민은 대개 신손 황족의 외예"라는 주장이 등장하게 된 것이다.[72]

이처럼 메이지 정부는 천황제를 강화하려는 노력의 일환으로 국민이라는 어휘와 함께 신민이라는 어휘를 매우 강조했다. 하지만 주권재민원리를 근대적인 정치원리로 수용하려는 흐름이 반영된 국민 개념을 전적으로 부정할 수는 없었다. 잡지 『국민지우國民之友』와 신문 『국민신문國民新聞』을 중심으로 '평민적 서구주의'를 주창한 도쿠토미 소호德富蘇峰와 민우사 멤버들은 지속적으로 국민 개념의 확산에 노력하였다. 또 미야케 세쓰레이三宅雪嶺의 잡지 『일본인日本人』, 구가 가쓰난陸羯南의 신문 『일본日本』에 모여든 정교사 사람들 역시 신민 중심의 주체형성에 비판적이었다. 이들은 메이지 정부의 피상적 서구화 정책을 비판했고 새로운 국민 개념을 강조하려 했다. 1887년 『국민지우』가 창간된 이후 국민 개념은 널리 확산

71. 小熊英二(2002), 앞의 책, p.80.
72. 김소령(2008), 앞의 논문 참조.

되기 시작했는데 도쿠토미 소호를 비롯한 계몽파들은 메이지 정부의 노선이 압도적 우위를 점하는 시기에도 정부의 노선과는 별도의 비전을 제시하려 했고 이런 움직임이 자유민권운동의 주요 동력이 되었다. 이런 맥락에서 '국민' 개념은 인민의 정치적 자각과 성숙을 강조하는 개념으로 자리 잡으면서 정부의 공식 용어였던 '신민'과 일정한 긴장과 대립을 할 수 있었던 것이다.[73] 이런 국민이념은 구가 가쓰난에 의해 강력하게 전개되었는데 그는 국민이라는 관념을 자신의 논리의 핵심으로 삼았다. 그가 말하는 '국민정신' 또는 '국민적 정치'는 "밖을 향해서는 국민적 독립을 안으로는 국민적 통일을 의미한다." 이 독립과 통일을 위해 그는 '국민'을 만들어 내지 않으면 안 되었는데 그에게 국민이란 단지 정부를 가지고 있는 것에 그치지 않고 "군민일치하여 정신적 조직을 갖추고 있는 나라"를 말한다.[74] 그는 일본 헌법이 공포된 날 발간한 『일본』 잡지에 지속적으로 "일본국민의 신특성", "국민적 관념", "헌법 발포 후에 있어서 일본국민의 각오" 등을 썼다. 가쓰난은 국민주의에 대하여 다음과 같이 주석을 달았다.[75]

> 내가 여기서 사용하는 '국민주의'란 영어에서 말하는바 '내셔널리티'를 주장하는 사상을 가리킨다. 지금까지 내셔널리티란 원어는 국체, 국정, 국수, 국풍 등의 국어로 번역되었지만 이들 국어는 원래 고

73. 윤건차(1997), 앞의 책, p.105.
74. 鹿野政直(1971), 「臣民, 市民, 國民」, 橋川文三 · 松本三之介 編, 『近代日本政治思想史 I』, 有斐閣, pp.244~245.
75. 표세만(2006), 「구가 가쓰난의 '국민'문화」, 『인문과학연구』 제15집, p.189에서 재인용. 이하 가쓰난에 대한 내용은 이 글에 상당 부분 의존했음.

유의 의의가 있어 원어의 의미를 다 나타낼 수 없었다. 원래 내셔널리티란 국민(네이션)이란 것을 기본으로 하여 타 국민에 대하여 독립 특수의 성격을 포괄하는 것으로 임시로 이를 국민주의라 번역했다.

가쓰난은 스위스 출신 독일법학자인 블룬칠리J. C. Bluntschli의 개념을 원용했다. 블룬칠리의 사상은 이후 자유민권운동과 내셔널리즘 형성에 큰 영향을 미쳤다. 그는 스위스 출신이면서도 주로 독일에서 활동하면서 국내적으로 여러 nation을 하나로 통일시킨 다민족국가 스위스의 통합원리와 프랑스에 대한 독일인 Volk의 결속을 다지는 대외적 정치원리를 동시에 포착하려 했다. 즉, 블룬칠리의 내셔널리티 속에는 nation과 volk의 양 개념이 혼재되어 있었다. 그에게 nation은 독일어의 volk와 더불어 일종의 국가민족, 즉 정치적 범주를 의미했고 문화민족이라 할 독일어의 nation은 내셔널리티로 불렀던 것이다. 블룬칠리의 영향을 받은 가쓰난은 국민의 생활을 둘로 나눠 설명했다. 그 하나는 정치적 생활이고 다른 하나는 문화적 생활이다. 이때의 국민문화의 생활은 국민의 일치로 말미암아 유지되는 것으로 이를 국민공통의 원리라 칭했다. 따라서 가쓰난에게 문화란 '국민 특유의 성격을 이루는 것으로 언어, 풍속, 혈통, 습관 기타 국민 신체에 적합한 제도, 법률 등을 종합한 것'으로 내셔널리티를 형성하는 것이다. 다른 말로 하면 내셔널리티가 한 나라의 국민통합원리가 되는 것이다. 따라서 가쓰난의 국민주의에서 문화는 매우 중요한 비중을 점한다. 이후 가쓰난은 소약개정운동 과정에서 태서주의와 국민주의를 대립시키고 독자적인 자국중심의 자의식을 강조하는 방향으로 경도되었다.

대개 한 국민은 각각 그 판도 내에서 충분한 주권을 행할 수 있고 또 충분한 주권을 행해야만 한다. 이는 국제법의 통칙으로 누구도 반박할 수 없을 것이다. 이와 같은 평범한 원칙으로 말미암아 자국과 외국이란 두 사상이 생긴다. 즉 자국이란 생각이 없을 땐 외국이란 생각이 있을 수 없기 때문에 외국은 자국이란 사상의 결과다. (중략) 국민이란 사상이 존재하는 동안은 반드시 외국인이란 사상이 뒤따르며 오늘날 개명한 세상이라 하더라도 외국인에게 자국인과 동등하게 대우하지 않는 것은 원래부터 이상하게 여길 필요가 없다.[76]

중국의 경우도 근대로의 급격한 정치변화의 과정에서 국민 개념의 활용을 확인할 수 있다. 량치차오梁啓超는 무술변법운동 실패 후 일본에 망명하였는데 그 직후부터 여러 책들을 번역·소개했다. 그는 특히 블룬칠리의 「국가론」을 연재하고 1899년에는 「자유서」를 연재하기 시작했는데 이 책은 서양의 문화를 일본의 번역을 통해 단기간에 탐식한 량치차오가 다양하게 피력한 생각들을 담고 있다. 이 가운데서도 루소J. J. Rousseau를 비롯한 서구 계몽사상에 대한 량치차오의 관심이 잘 나타난다. 그는 천부인권론을 받아들이기보다는 스펜서H. Spencer의 사회진화론에 기초하여 국가의 중요성을 더욱 부각시켰다. 그의 다음 글은 전통적인 국과 민의 관계론을 반영하면서도 민의 주권적 성격이 중시되는 변화를 보여준다.

나라란 무엇인가? 민이 모여서 이루어지는 것이다. 나라의 정치란

76. 표세만(2006), 앞의 논문, p.202에서 재인용.

> 무엇인가? 민이 스스로 자신의 일을 처리하는 것이다. 애국이란 무엇인가? 민이 스스로 자신의 몸을 사랑하는 것이다. 그러므로 민이 흥하면 국권도 성립하고 민권이 사라지면 국권도 없어진다. 군주 재상으로서 민권을 억누르는 일에 힘쓴다면 스스로 그 나라를 포기하는 것이며 민으로서 각각 그 권리를 신장하기 위해 힘쓰지 않는다면 스스로를 포기하는 것이다. 그래서 애국은 반드시 민권을 일으키는 일에서부터 시작해야 한다고 하는 것이다.[77]

「자유서」에 실린 "국권과 민권"에서는 더욱 분명하게 "프랑스 국민이 국왕의 억압에 저항하여 획득한 국민의 자유"가 강조되고 "국민이 권리를 갖지 못한 죄와 나라를 갖지 못한 죄는 모두 국민이 포기한 데 있다"고 결론을 내리고 있다. 진화 역시 국가가 주체가 되기보다 국민이 자신의 생명과 재산을 지키기 위해 타국의 국민과 경쟁하는 데서 이루어진다고 보았다.[78] 이후 량치차오는 『중국적약삭원론中國積弱朔源論』(1900)과 『신민설新民設』(1902)을 통해 중국이 약화된 최대요인을 "천하와 조정은 있으나 국가가 없고 노예는 있으나 국민이 없는 상태"에서 구했다.[79] 그의 이런 평가는 후쿠자와의 견해와 다를 바 없다. 다시 말해 수동적인 인민을 교육을 통해 '애국심'을 지닌 '신민'으로 바꾸는 작업을 통해서 새로운 정치적 주체로서 '국민'이 형성되는 것을 강조했던 것이다. 량치차

77. 양계초, 『애국론』; 이혜경(2002), 『천하관과 근대화론: 양계초를 중심으로』, 문학과지성사, p.207에서 재인용.
78. 양계초, 「근세 국민경쟁의 대세 및 중국의 전도」; 이혜경(2002), 앞의 책, p.208에서 재인용.
79. 古廏忠夫(2000), 앞의 논문, pp.233~238. 이하 중국의 국민 개념에 관해서는 이 글에 많은 도움을 받았다.

오는 국민의 각성과 경쟁을 위해 국민을 구성하는 개개인의 분발을 촉구하는데 특히 새로운 덕을 중시한다. 이러한 새로운 덕을 지닌 국민의 주체로 량치차오는 '신민新民'을 주장했다. 그가 강조한 신민은 이전에는 없던 새로운 국민의 자격을 말하는데 중국 민족의 한 사람임을 자각할 뿐 아니라 민덕, 민지, 민력까지 갖춘 국민이라는 의미를 갖는다고 하였다. 량치차오는 국민을 중시하면서도 덕을 갖춘 신민을 강조하면서 강력한 훈련과 계몽의 필요성을 다음과 같이 역설하였다.

> 한마디로 말하면 오늘날 중국 국민은 다만 전제를 받을 수 있을 뿐 자유를 향수할 수는 없다. 나는 생각하고 생각하여 빌고 빈다. 우리나라에 오늘날 관자, 상군, 크크루고스, 크롬웰과 같은 사람이 있어서 천둥처럼 엄하게, 바람처럼 날쌔게, 불을 가지고 철을 단련하듯이 우리 국민을 20년, 30년 내지 50년 정도 단련해 줄 것을, 그런 다음 함께 루소의 책을 읽고 워싱턴의 일을 논할 수 있을 것이다.[80]

쑨원孫文을 비롯한 중국의 지식인들이 유럽식의 천부인권론에 기초한 국민 개념을 중시하지는 않았지만 국민 개념은 정치적으로 중요성을 획득해갔다. 비슷한 시기 '국민주의'를 강조했던 쑹자오런宋教仁은 그가 주도한 '중화민국임시약법中華民國臨時約法'(1912) 제정안에서 "중화민국의 주권은 국민 전체에 속한다"(제2조)라는 조항을 넣었다. 이것은 "중화민국은 중화 인민이 이를 조직한다"라는 제1조의 '인민'과 구별되지만, 주권의 수체로서 국민을 상정한 뚜렷한 사례

80. 이혜경(2002), 앞의 책, p.260.

이다. 대통령제에 대해서도 “대통령은 국민 전체에 책임을 진다”(제16조)라고 되어 있어 국민의 중요성이 강조되었다. 1931년 남경 국민정부가 제정한 임시헌법인 ‘중화민국헌정시기약법’ 제2조는 “중화민국의 주권은 국민 전체에 속한다. 이미 법률에 의해 중화민국 국적을 지닌 사람은 중화민국 국민이 된다”고 했다. 또 제6조에서는 “중화민국 국민은 남녀, 종족, 종교, 계급의 구별 없이 법률상 동일하게 평등하다”고 했다. 1936년에 발표된 ‘중화민국 헌법초안’에서도 제2조는 “중화민국의 주권은 국민전체에 속한다”라고 되어 있고, 제3조는 “중화민국의 국적을 소유한 자는 중화민국 국민이 된다”라고 했다. 하지만 개별적인 권리와 평등권을 서술하는 부분에서는 국민 대신 ‘인민’이라는 말이 사용되고 있다. 이처럼 20세기 이후에 국민은 새로운 중국정부, 특히 국민당의 주권담당자의 총칭으로 자리 잡게 되었던 것이다.[81]

이처럼 새로운 의미를 지닌 개념어로서 중국과 일본에서 논의되던 ‘국민’ 개념은 근대적 주권을 담지하는 정치적 주체로서, 국가공동체의 근간을 이루는 핵심 개념으로 제기된 것이었다. 그런 점에서 유럽의 계몽사상에서 강조된 nation의 번역어로서의 지위를 갖게 되었고 그런 의미를 공유한 상태로 동아시아 각국에 전파되었다. 그 시대적 배경이 19세기 말의 정치적 격변기로 중국이나 일본 모두 유사했고 또 한자문명권에 함께 속해 있어 한자어로 표기되는 개념과 의미를 공유할 수 있었다. 당시의 지식인들에게 한자어는 같은 의미를 지니고 동아시아 각국이 소통할 수 있는 보편적 어휘로 굳이 새로운 번역이라는 생각이 없이도 적극적인 수용

81. 이혜경(2002), 앞의 책, pp.233~238.

과 소개가 가능했던 것으로 보인다. 하지만 그 의미는 매우 새로운 것이었음은 두말할 필요가 없다.

구한말 정치변동과 국민 개념의 수용

19세기 후반 개항을 계기로 조선왕조는 급격하게 체제변화에 노출되었다. 외부로부터의 새로운 압력과 내부로부터의 체제개혁을 요구하는 힘이 합류되어 급속한 정치적·사상적 전환을 겪게 된 것이다. 이런 상황 속에서 정치적인 주체로서의 자의식과 개념적 재구성이 일어났는데 주로 일본에서 유입된 새로운 사상의 영향을 크게 받았다. 새로운 정치적 주체를 의미하는 개념어로 '국민'을 한국에 적극 소개한 것은 근대 사상을 수용하는 데 앞선 개화 지식인들이었다. 특히, 일본을 통해 새로운 변화상을 접한 사람들이 이러한 역할을 담당했다. 1897년 『대조선독립협회회보』 제11호에 실린 「국가와 국민의 흥망」이라는 글을 보면 다음과 같다.

> 서구 각국의 문명적 교화와 북미연방의 합중적 제도를 수용하야 대본을 확립하고 국민을 강성케 진하고 라마인종의 조직적 력力과 독일 인민의 자유적 권의를 효입하야 원기를 왕발케 하야 아국으로 세계상에 부강지국이라고 명을 선양케 하며 아 국민으로 세계상에 대국지민이라고 명을 비약케 하리로다.[82]

이 글에는 국민이라는 말이 여러 번 등장한다. 그것도 단순히

82. 필자미상(1897), 「국가와 국민의 흥망」, 『대조선독립협회회보』 제11호.

국가의 구성원임을 의미하는 것에 그치지 않고 성쇠와 흥망을 가르는 역량의 주체로 설정되어 있다. 즉, 강성하고 원기 왕성한 국민이어야 강력한 국가를 유지할 수 있다는 것이다. 이 시기 정치적인 변화를 추동한 대표적 세력이었던 독립협회와 이들이 간행한 『독립신문』에서도 국민 개념이 새롭게 나타나고 있다.[83]

하지만 정치적인 주체를 나타내는 말로 국민이라는 개념이 폭넓게 정착되기에는 시간이 필요했다. 19세기 말까지도 국민이라는 개념은 그다지 쓰이지 않았고 오히려 자주 등장한 것은 백성이라는 전통적 용어였다. 예컨대 『독립신문』의 1897년 3월 9일자에서 확인하듯 "우리가 백성이라고 말하는 거시 다만 벼슬 아니하는 사람만 가지고 말하는 거시 아니라 누구든지 그 나라에 사는 사람은 모두 그 나라 백성이라"고 한 부분을 보면 과거 피지배층을 지칭하던 백성 개념을 확대시켜 "누구든지 그 나라에 사는 사람" 전체를 가리키는 말로 사용하려는 시도를 읽을 수 있다.[84] 이화여자대학교 연구팀의 조사에 의하면, 『독립신문』에서 '백성'이라는 단어는 총 2,466회나 사용되었고, '인민'이라는 단어도 총 1,532회 사용된 것으로 드러난다. 하지만 '국민'이라는 단어는 98회에 그치고 있어서 상대적으로 이 단어가 그다지 큰 힘을 갖지 못하고 있었음을 잘 보여 준다.[85]

그럼에도 불구하고 새로운 개념어가 수용되고 그 정치적 함의가 부각되기 시작한 사실은 주목해야 한다. 전통적인 의식과 사고

83. 신용하(1975), 『독립협회연구』, 일조각.
84. 『독립신문』 1897년 3월 9일자.
85. 김동택(2003), 앞의 논문, p.116.

를 바꾸는 의미론적 전환과 사회정치적 변혁과정이 이러한 개념적 전환과 맞물려 있기 때문이다. 이 시기 일본에서 새로운 개념어를 수용하는 데 큰 역할을 했던 신해영申海永을 통해 보면, 그는 1895년 학부가 일본 게이오기주쿠慶應義塾에 위탁연구생으로 파견했던 관비유학생의 한 명으로 최초의 재일본조선인유학생단체였던 대조선일본유학생친목회에 적극적으로 참여하고 제4대 회장을 지낸 바 있다. 그는 이 친목회에서 간행한 『대조선일본유학생회보』에 일찍부터 글을 기고했는데, 글 속에서 당시 일본에서 새로이 수용한 개념들을 다수 활용하고 있다.[86] 그가 일본에 유학했던 1890년대 중반은 일본 조야에서 국체론이 활발하게 논의되던 시기로 많은 영향을 받았을 것으로 보인다.[87] 실제로 그가 보성전문학교 교장으로 재직하면서 서술한 『윤리학교과서』에는 국민의 의무가 강조되고 군주에 대한 충성과 복종이 특히 중시되었는데 이는 일본의 국체론으로부터 영향을 받은 것으로 해석될 수 있다.

1900년대 대한제국의 근대적인 국가체제 정비노력이 진행되는 다른 한편으로 대내외적인 위기감도 커지면서 정치적인 주체에 대한 논의들이 중요해지기 시작했다. 여기에 근대적인 지식과 사상의 영향이 더 커지면서 국민 개념이 더욱 힘을 얻었다. 특히, 당시 여론형성과 새로운 의식형성에 큰 역할을 했던 『황성신문』과 『대한매일신보』 또는 『서우학보』 같은 각종 계몽운동 잡지가 국민 개념을 가장 적극적으로 전파하고, 자리 잡게 만든 매체였다고

86. 박명규(2001), 앞의 논문 참조.
87. 김소령(2008), 앞의 논문, pp.277~278.

할 수 있다. 『황성신문』은 1905년 2월 14일자 기사에서 "인민의 자유란 국가 이전에 존재한 것으로… 각 개인이 국민적 사회에 대하여 능히 안전과 자유와 소유의 3개 원리를 향유함은 즉 일반 국민된 자의 천직이라…"라고 서술하고 있는데 국민 개념이 일정한 권리주체를 의미하는 용어임을 분명하게 보여 준다. 실제로 『대한매일신보』에서 국민 개념은 적극적으로 사용되기 시작하여 국한문판의 경우 1908년을 기점으로 국민 개념이 인민 개념을 능가하기 시작했다. 다음은 국한문판 『대한매일신보』의 관련 용어들의 출현 횟수를 조사한 김동택金東澤의 연구결과다.

국한문판 『대한매일신보』에서 사용된 개념어 빈도[88]

	1905	1906	1907	1908	1909	1910
국민	76	171	243	324	418	319
민족	–	26	47	139	126	79
인민	198	385	368	322	221	268
백성	3	5	3	7	5	1
동포	44	63	241	233	481	379
신민	12	20	20	20	11	5

굳이 일본 국체론의 영향을 지적하지 않더라도 당시의 상황에서 조선의 지식인들이 군주중심적인 국민 개념에 친화성을 보일 개연성은 충분히 있었다. 조선왕조는 1897년 대한제국으로 국호

88. 김동택(2008), 「『대한매일신보』에 나타난 '민족' 개념에 관한 연구」, 『대동문화연구』 제61집, p.430.

를 바꾸고 왕을 황제로 부르는 등 새로운 정치적 전환을 시도했다. 대한제국의 구성원은 곧 군주국가에 속한 자로서 국민범주를 사고해야 하는 특수한 조건을 부정할 수 없었을 것이기 때문이다. 실제로 당시의 많은 교과서들은 가족국가론 내지 군주주권론과 같은 국민 개념을 적극 강조했다. 예컨대 휘문의숙에서 펴낸 『중등수신교과서』에서는 제18과에 '국체國體'를 설명하고 있고, 제19과에 '충군忠君'을 다루고 있다. 또한 제31과에는 "고황제의 자손되는 국민"이라는 제목의 장을 배치하고 있다. 유길준兪吉濬이 펴낸 『노동야학독본』에도 비슷한 국체론적 사고가 등장하고 있다.

따라서 현재는 그다지 사용되지 않는 '신민臣民' 개념이 이 시기에는 적극 논의되었다.[89] 특히, 각종 법률서적에서 그런 경향이 나타나는데 일본의 영향과 함께 대한제국이라는 당시의 정치체제적 조건이 반영된 것이라 할 수 있다. 주정균朱定均이 저술한 『법학통론』을 보면 "신민의 권리의무"에 대한 장이 있는데, 여기서는 신민 개념을 다음과 같이 피력하고 있다.

> "主權이 全能無限흔 者－아님은 旣而屢述흔 바－니 抑 國家의 權力이 一個人의 權利에 比ᄒᆞ야 優越흔 者됨은 國家의 性質 及 目的上에 元來 明白흔 理라. 然이나 國家가 濫이 一個人權利를 抑壓흠도 또흔 國家의 性質 及 目的과 相反흔 바－니 是ᄂᆞᆫ 方今 立憲國의 憲法에 臣民의 權利를 規定ᄒᆞ야 國家와 臣民間에 權力의 限界를 分明케흔

89. 신민 개념의 중요성은 김효전 교수의 가르침에 힘입은 바 크다. 이 부분의 중요성을 깨우쳐 주시고 관련된 자료를 제공해 주신 김 교수께 감사드린다. 헌법 개념과 관련하여 이 당시 문헌자료에 대하여는 김효전(2009), 앞의 책, pp.97~121에 자세히 나와 있다.

바-라. 若 嚴正훈 法理를 依ᄒᆞ야 論홀진대 臣民은 國家에 對ᄒᆞ야 服從홀 義務가 有홀 뿐이오 權利를 主張ᄒᆞ기 不能ᄒᆞ다 홈이 穩當ᄒᆞᄂᆞ니 元來 憲法上 臣民의 權利라 稱ᄒᆞᄂᆞᆫ 者ᄂᆞᆫ 其 性質로브터 考察ᄒᆞ든지 及 其 制度의 淵源된 英國의 權利法典上 沿革을 徵看ᄒᆞ든지 正面的으로 臣民의 權利를 規定홈이 아니오 裏面的으로 統治權의 制限을 指示훈 者-라 解釋홈이 可홀지로다."[90]

유성준兪星濬 역시 『법학통론』에서 통치의 주체와 객체를 논하면서 주체는 정체에 따라 다르나 입헌군주정체의 국가에서 통치주체는 당연히 군주에 있고 이 군주의 통치권은 신성하다고 강조한다. 이에 비해 통치의 객체는 바로 '신민'이라고 규정하고 있다. 유성준은 신민과 국가의 관계가 국가에 대한 권리와 의무라고 하면서 국가의 권리와 의무를 공유하는 집단을 신민으로 규정했다. 또한 유성준은 신민의 성격으로 권리보다는 의무를 앞세웠는데 이는 신민 개념이 갖는 일정한 시대적 한계를 반영한다.[91] 이러한 시각은 이 시기에 저술된 헌법과 국가학 관련 저술에 일반적으로 나타나고 있다.[92] 흥미로운 것은 유럽의 국가학의 권위자인 근대 한국에서의 최초의 체계적인 국가학책이라고 생각되는 나진羅瑨 · 김상연金祥演의 『국가학』에는 신민에 대한 장이 나타나지 않는다는 사실이다. 1906년에 간행된 것이기 때문에 당시의 신민론을 모를 리 없

90. 주정균(1908), 『법학통론』, pp.205~206.
91. 유성준(1905), 『법학통론』, pp.58~61.
92. 몇 가지 대표적인 논저로는 조성구(1907), 『헌법』; 김상연(1908), 『헌법』; 유치형(1907), 『헌법』; 주정균 · 유옥겸(1911), 『법학통론』; 유성준(1905), 『법학통론』; 나진 · 김상연(1906), 『국가학』 등을 들 수 있다.

지만 여기서는 인민과 국민을 구별하는 장은 있지만 신민에 대한 논의가 없다.[93]

이처럼 대한제국이 군주국이라는 현실과 국권보호라는 당면한 과제로 신민 개념이 일정한 힘을 얻긴 했지만 역시 중요한 핵심은 국민 개념이었다. 새로운 정치적 범주와 개념으로서의 국민에 대한 본격적인 논의는 애국계몽운동기에 여러 계몽사상가들에 의해 주창되었다. 유길준은 『서유견문』에서 인민의 자유와 권리에 대해 상세히 논하고 이후 『노동야학독본』과 『정치학』에서 국민의 권리와 자유에 대해서 언급했다. 윤효정尹孝定은 다양한 글쓰기를 통해 이 개념의 대중적 확산에 노력했다. 1906년에 『대한자강회월보』에 "국민國民의 정치사상政治思想"이라는 제목으로 쓴 아래의 글[94]은 이 시기에 국민 개념이 얼마나 새로운 정치적 범주로 소개되고 있었는지를 잘 보여 준다. 다양한 국가가 그 모든 차이에도 불구하고 존속하고 발전할 수 있는 가장 핵심은 '국민'적 정신이라는 것이다.

> 夫國家ᄂᆞᆫ 各其位置와 風俗과 人種의 差異을 隨ᄒᆞ야 或 宗敎나 或 文이나 或 武로써 其國을 治ᄒᆞ니 所謂 統治의 政體 雖曰 千 種萬 樣이나 如何ᄒᆞᆫ 邦國을 不問ᄒᆞ며 古今을 不論ᄒᆞ고 苟其國安을 保持ᄒᆞ며 國威를 昂揭ᄒᆞ야 確固不拔 邦國을 建立ᄒᆞ기에 其國을 統治ᄒᆞᄂᆞᆫ 制度가 如何히 完美ᄒᆞᆯ지라도 國民의 政治的 思想「卽愛國之觀念」이 無ᄒᆞ고 且勇往果敢遠謀深慮의 精神이 無ᄒᆞᆫ則 決코 健全ᄒᆞᆫ 國家됨을 不能ᄒᆞᆯ

93. 나진 · 김상연(1906), 앞의 책, pp.24~33 참조.
94. 이하 윤효정(1906), 「國民의 政治思想」, 『대한자강회월보』 제6호 참조.

지니 蓋此가 無ᄒᆞᆫ則 國民的 共同一致의 精神이 無ᄒᆞᆫ 所以라.

윤효정은 현재 한국이 과거의 국가가 아니라 새로운 상황에 놓여 있는 까닭에 '국민'의 사상이 무엇보다도 중요하다고 강조한다.

竊惟今日我國은 往時의 我國이 아니오 內外의 交通이 頻繁홈을 隨ᄒᆞ야 民國思想의 變化ᄒᆞᄂᆞᆫ 狀態를 不免ᄒᆞ리니 國民의 思想이 一變ᄒᆞ기에 至ᄒᆞᆫ 則 國威를 顯揚키 不能홈온 勿論ᄒᆞ고 時或內爭의 擾亂을 生ᄒᆞ야 國民的 共同一致의 精神을 全失ᄒᆞ야 國家의 基礎가 危殆ᄒᆞ기에 至ᄒᆞᄂᆞᆫ지도 亦未可知也니 故로 今此多事之時에 際會 余輩國民된 者 맛당히 粉骨碎身忠君愛國의 思想을 涵養치 아니홈이 不可ᄒᆞ니 此實國民된 義務職分이라.

그러한 국민이 되기 위해 어떤 요소가 필요한가에 대해 윤효정은 모두 7가지를 들어 설명하고 있다.

余輩가 假令 最完全ᄒᆞᆫ 政治的 思想을 有ᄒᆞᆫ 國民이 되기에ᄂᆞᆫ 如何ᄒᆞᆫ 要素ᄅᆞᆯ 必要로 ᄒᆞᆫ가 問題를 揭起ᄒᆞ고 其 要素를 列擧 略論ᄒᆞ야 敢히 我同胞의 參考에 供ᄒᆞ노니. 一 國籍을 同히 ᄒᆞᆯ 事 二 同一主權의 下에 在ᄒᆞᆯ 事 三 邦土를 同히 ᄒᆞᆯ 事 四 言語를 同히 ᄒᆞᆯ 事 五 人種을 同히 ᄒᆞᆯ 事 六 宗教를 同히 ᄒᆞᆯ 事 七 習慣을 同히 ᄒᆞᆯ 事 蓋(一) (二)의 條項은 原來 國民된 資格에 必須ᄒᆞ고 且 明確ᄒᆞᆫ 者인則 特히 解說을 不要ᄒᆞ고 自三以下에 至ᄒᆞ야ᄂᆞᆫ 論議의 必要가 少有ᄒᆞᆫ지라 順序를 逐ᄒᆞ야 愚見을 請陳ᄒᆞ노라.

다시 말해 공통된 국적, 동일주권, 영토, 언어, 인종, 종교, 관습이 국민을 구성하는 중요한 요소라는 것이다. 이 가운데 국적과 동일주권이라는 두 요소를 가장 근본적이고 핵심적인 것으로 지적하였다. 그리고 나머지 요소들에 대해 나름대로의 설명을 추가하고 있다. 그에 따르면 영토를 공유하지 않으면 같은 국민으로서의 의식을 지속하기 어렵기 때문에 필수적이라 할 수 있다. 다음으로 언어는 일치협화의 정신과 애국적 기상이 구성되는 가장 중요한 요소인 만큼 공통된 언어도 국민을 구성하는 핵심요소라고 주장한다. 그는 인종, 종교, 관습 역시 현실적이고 정치적인 차원에서 국민적 정신을 강화하고 뚜렷이 하는 데 매우 중요한 요소임을 강조하였다.

'국민' 개념은 『국민수지』라는 저작에서도 잘 드러난다. 1907년에 간행된 이 책은 국민이 반드시 지켜야 할 권리와 의무에 대한 총체적인 논의를 담고 있다. 여기서도 국민은 권리의 주체라기보다는 의무의 담당자로 설명되는데, 특히 병역의 의무를 가장 중요한 도리로 강조하였다. 병역은 "내란을 진압하고 외국의 침입을 막아 국가의 안위를 담당하는 것으로 국민의 가장 큰 책임이며 빈부귀천을 막론하고 그 나라의 거주민이라면 모두 병역의 의무가 있다"는 것이 『국민수지』의 주요한 논점이었다.[95] 이와 함께 강조된 것이 납세의 의무인데 납세는 국가를 존립할 수 있게 하는 물질적 기반이었다. 남궁훈南宮薰은 납세와 관련한 '국민의 의무'를 1907년 다음과 같이 말하였다.[96]

95. 「국민의 의무」, 『國民須知』, pp.41~42.
96. 남궁훈(1907), 「국민의 의무」, 『대한자강회월보』 제10호.

以我國으로 論之라도 國庫의 一年歲入金額一千三百十八萬九千餘圜이 皆我國民之義務租稅者也니 租稅는 郎財政之元素오 財政은 郎國家之血脉이라 國之富强도 在此租稅ᄒᆞ고 貧弱도 在此租稅ᄒᆞ니 我國民이 旣行義務ᄒᆞ야 以國家安危로 委任政府者ㅣ니 國家興亡之責이 豈不先在於我民乎아 責旣先在於民인즉 政府의 行政之善不善을 我國民의 義務로 不得不保護監督ᄒᆞᄂᆞᆫ 權利가 自有ᄒᆞᆯ지니 法律之不公允과 財政之紊亂과 軍政之不振과 警察之不精과 實業之頓挫와 用人之不公을 不可視之以秦瘠이니 由來秕政을 務圖振興케 ᄒᆞᆷ이 惟我二千万國民의 義務라 ᄒᆞ오.

1908년 『대한협회회보』에 김성희金成喜가 쓴 “국민적 내치 국민적 외교”라는 글[97]에서도 국가의 흥망을 좌우하는 핵심은 국민적인 요소와 정신임이 강조되고 있다. 김성희는 ‘국민적’이라는 말을 통해 내치와 외교라는 당시의 중요한 정치적 과제를 강조하면서 다음과 같이 서술하고 있다.

國家ᄂᆞᆫ 乃人民共同之公産이오 非政府之私有어ᄂᆞᆯ 今於革舊就新整理之除에 瞑行獨裁라가 中之怪疾이 猝發ᄒᆞ야 補不得瀉不得에 莫可收拾ᄒᆞ니 此ᄂᆞᆫ 亡國之第二原因이라 誰爲爲此오. 嗚呼痛哉라 政府之罪歟아 民人之罪歟아 吾自斷案曰專制政體之罪也라 ᄒᆞ노라. 然則 國家體裁ᄂᆞᆫ 不得不 新造 然後에 可以得生存於二十世紀新世界也니 新造ᄂᆞᆫ 當如何오 第一은 國民的 內治오 第二ᄂᆞᆫ 國民的 外交也니 內治의 材料ᄂᆞᆫ 憲法上 監督之機關이 是也오 外交의 材料ᄂᆞᆫ 事實上 經驗之歷史가

97. 金成喜(1908), 「國民的 內治 國民的 外交」, 『대한협회회보』 제4호.

是也玆欲次第揭說于下ᄒᆞ노라.

또한 의회를 설명하면서 국민을 의회제도의 바탕을 이루는 선거권자로 설명하기도 했다.

第一. 議會ᄂᆞᆫ 國家의 機關이라. 議會의 制度ᄂᆞᆫ 元來 歐洲中世의 等族會議로브터 發達된 者ㅣ나 然이나 國法上 性質에 至ᄒᆞ야ᄂᆞᆫ 多少相異ᄒᆞᄂᆞ니 被等族會議의 時代에 在ᄒᆞ야ᄂᆞᆫ 統一的 團體된 國家의 觀念은 全然 發生치 아니ᄒᆞ야 國王과 國民은 互相對立ᄒᆞᆫ 權利主體로 國家ᄂᆞᆫ 卽 此 二者의 對立的 關係에 不外ᄒᆞ든 바ㅣ로되 近世에 至ᄒᆞ야ᄂᆞᆫ 議會ᄂᆞᆫ 君主와 互相對立ᄒᆞᆫ 權利主體가 아니며 國家ᄂᆞᆫ 오직 統一的團體로 君主와 議會가 共히 此 統一的 團體의 機關이니 因ᄒᆞ야 君主가 權利主體아임과 同時에 議會도 ᄯᅩᄒᆞᆫ 權利主體가 되지 아니ᄒᆞᄂᆞᆫ 바ㅣ며 且中世의 等族會議ᄂᆞᆫ 全國民을 代表ᄒᆞᆫ 者ㅣ아니오 國民 中 個個의 階級卽 貴族僧侶 市民及農民 等 三段階級의 各 代表者로 組織된 者ㅣ라. 故로 此 各 代表者ᄂᆞᆫ 各其 選擧人의 權利를 代表ᄒᆞ야 選擧人의 委任에 依ᄒᆞ야 代理權을 得ᄒᆞᆷ으로 其 會議에 在ᄒᆞᆫ 意見의 發表에 對ᄒᆞ야ᄂᆞᆫ 唯一히 選擧人의 指揮에 服從ᄒᆞᆷ을 要ᄒᆞᄂᆞᆫ 바ㅣ로되 是와 反ᄒᆞ야 近世議會의 議員은 國民 中 特種 階級의 代表者가 아니오 全國民 中 一定ᄒᆞᆫ 資格이 有ᄒᆞᆫ 者로 選出ᄒᆞᄂᆞᆫ 者ㅣ라. 故로 議員과 選擧人間에ᄂᆞᆫ 委任關係를 因ᄒᆞ야 其 權限을 得ᄒᆞᆷ이 아니오 憲法上 當然히 其 權限을 有ᄒᆞᆫ 者ㅣ니 從ᄒᆞ야 議員은 選擧人의 指揮에 依ᄒᆞ야 其 意見을 發表ᄒᆞᆷ이 아니오 自己의 獨立意見으로 其 議事에 參與ᄒᆞᆷ이니 此ᄂᆞᆫ 歐洲 諸國 憲法에 在ᄒᆞ야 往往明文으로 規定ᄒᆞᄂᆞᆫ 바ㅣ라.

『대한매일신보』 1908년 7월 30일자 논설에 '민족과 국민의 구별'이라는 유명한 글이 실리게 된다. 이 글은 한국의 근대적 정치 주체의 형성에서 나타나는 의미의 분화, 주체의 구성을 잘 보여준다.

국민이라는 명사는 민족 두 글자와 구별이 크게 있거늘 그것을 모르는 자들이 왕왕 이 두 용어를 혼칭하니 이는 불가한 일이라… 민족이란 것은 단지 동일한 혈통에 속하며 동일한 토지에 거주하며 동일한 역사를 가지며 동일한 종교를 받들며 동일한 언어를 사용하며 동일한 민족이라 가히 칭하는 바이거니와 국민 두 글자는 이처럼 해석하면 불가할지라. 대저 혈통, 역사, 거주, 종교, 언어의 동일함이 국민 되는 요소가 아님은 아니나 단지 이것만이 동일하다고 꼭 국민이라 말함은 불가능하나니… 민족을 가리켜 국민이라 칭함이 어떻게 가능하리요.

국민이란 것은 그 혈통, 역사, 거주, 종교, 언어의 동일한 것밖에 또한 필연적으로 동일한 정신을 가지며 동일한 이해를 느끼며 동일한 행동을 하여 그 내부의 조직이 한 몸의 골격과 흡사하며 그 대외의 정신이 한 병영의 군대와 흡사해야 이를 국민이라 말하나니….

오호라 고대에는 국민 자격이 없는 민족이라도 가히 한 구석에서 기반을 두어 토지를 경작하며 자손을 기르며… 생활을 했거니와 금일에 이르러서는 만일 국민 자격이 없는 민족이면 대지 위에 눌러 앉을 땅이 없을지라. 예컨대 미주의 인디언이 처음에는 번창하는 민족이었으며 호주의 흑인이 처음에는 역시 그 부리가 무성한 민족이었지만… 단지 국민 자격이 다 갖추어지지 못한 이유로 그들이 20세기의 우승열패의 시대를 만나서 자연 쇠퇴하였는데, 도태의 법칙을 피

하지 못한 소이가 아닌가….[98]

이 글에서 보면, 국민은 민족과도 뚜렷하게 구별되는 정치적인 실체이다. 즉, '국민 자격'이라는 것이 있어서 자격이 없는 국민은 국민으로 설 수 없다는 것이다. 필자는 마치 하나의 군대처럼 동일한 정신과 이해, 조직과 행동이 수반되는 것이 국민이라고 주장하는 것이다. 1909년 신채호申采浩가 『대한매일신보』에 쓴 "정신상 국가"라는 논설은 형식상 국가가 망해도 정신상 국가가 존속하면 결코 나라가 망하지 않는다고 주장하면서 국민에 대하여 다음과 같이 서술하고 있다.

> 독립, 자유 등 정신만 있으면 강토, 주권 등 형식이 없을지라도 그 눈 속에 마음속에 국가가 완전히 있으며 그 머릿속에 뱃속에 국가가 웅비하여 그 국민 머리 위에는 그 나라의 하늘이 있고 그 국민 발 아래에는 그 나라의 땅이 있으며 그 국민 한 몸에는 그 나라의 독립 자유 등의 실력과 광채가 있어서 마침내 그 국가를 건립할 날이 있을 것이니 이와 같은 나라는 오늘 세우지 못하면 내일 세우며 내일 세우지 못하면 또 다음날 세워서 반드시 세우고야 마는 것이다.[99]

신채호는 1910년 2월 일본의 식민지로 전락하기 직전 「20세기 신국민」이라는 장문의 글을 『대한매일신보』에 발표했다. 이 글은 국가의 소멸 위기를 눈앞에 보면서 20세기의 새로운 상황에 대응

98. 『대한매일신보』 1908년 7월 30일자 논설.
99. 신채호(1995), 『신채호 역사논설집』, 현대실학사, p.301.

할 정치적 주체로서 '국민'을 부각시킨 중요한 논설이다.[100] 이 글에서 신채호는 "국민동포가 20세기 신국민이 되"는 것을 강조했는데 '국민동포'라는 말은 전통적으로 사용되던 단어의 의미로, '신국민'이라는 말은 nation에 담긴 정치적 주체로서의 의미를 내포한 새로운 개념어로 이해될 수 있다. 국민동포라는 말은 동포라는 혈통적인 범주와 국가구성원의 상호연계성을 중시한 것이라 하겠고 실제로 이 시기에 민족과 국민이 혼용되거나 겨레나 동포 개념이 함께 쓰인 예가 적지 않다. 신채호의 이 글 속에서도 동포, 민족, 인민, 한국인, 국민 등이 함께 사용되고 있지만 전체를 관통하는 기본 개념으로 국민이 사용된다.

> 그러므로 우리들은 일컫기를 국민동포가 20세기 신국민이 되지 아니할 수 없다 하는 바이며, 대저 20세기의 국가경쟁은 그 원동력이 한두 사람에게 있는 것이 아니고 그 국민 전체에 있으며, 그 승패의 결과가 한두 사람에게 있지 아니하고 그 국민 전체에 있어서 정치가는 정치로 경쟁하며 종교가는 종교로 경쟁하며 실업가는 실업으로 경쟁하며 혹은 무력으로 혹은 학술로 하여 그 국민 전체가 우수한 자는 이기고 열등한 자는 패하나니 저 세상을 뒤덮은 영웅인 징기스칸, 알렉산더 대왕이 매우 씩씩하고 매우 강하여 수백만 건아를 채찍질하여 수만리 토지를 개척한다 할지라도 그것은 개인의 경쟁인 것이다. 그러므로 그 세력이 길지 못하며 그 위력이 쉽게 무너져 한때 그의 뜰 아래에서 절을 올리던 민족도 쉽게 그 머리를 다시 쳐들고 길게 휘파람을 불며 옛날의 세력을 다투어 회복하였거니와 오늘날은 그와 같

100. 신채호(1995), 「20세기 신국민」, 앞의 책, pp.306~324.

지 아니하여 그 경쟁이 곧 전 국민의 경쟁이기 때문에 그 경쟁이 치열하며 그 경쟁이 오래 걸리며 그 경쟁의 피해가 크기 때문에 국민동포가 20세기 신국민이 되지 아니하면 안 된다 하는 바이다.

신채호의 「20세기 신국민」은 크게 제7장으로 나누어지는데 각 장의 제목을 보면 제1장 '국민과 각오', 제2장 '국민과 도덕', 제3장 '국민과 무력', 제4장 '국민과 경제', 제5장 '국민과 정치', 제6장 '국민과 교육', 그리고 제7장 '국민과 종교'이다. 모든 영역에서 국민이 새로운 주체로 부각되어야 함을 역설한 것으로 볼 수 있다. 국민과 각오에서는 세계의 추세를 제국주의, 민족주의, 자유주의로 설명하고 문명의 발달과 세계 속의 한국의 낙후한 지위를 서술하고 있다. 도덕과 관련해서는 "현재 국민동포에게 가장 필요한 것"으로 평등, 자유, 정의, 의용, 공공의 다섯 가지를 강조했다. 특히, 한국인이 '공공심이 거의 없는 국민'이라고 통탄하면서 "개인이 있는 줄만 알고 사회가 있는 줄을 모르며 가족이 있는 줄만 알고 국가가 있는 줄은 모르"는 상태를 새로운 평등, 자유, 정의, 의용, 공공의 사상을 통해 신국민으로 거듭나야 한다고 주장했다. 또한 국가의 무력을 키우고 국민경제의 발전을 주장하였으며 입헌정치를 펼칠 것을 강조했다. 또 상무정신을 중시하는 국민교육과 유교의 개량과 예수교의 확장을 통한 국민종교를 강조했다. 신채호의 이 글은 20세기 초 거의 모든 영역에 걸친 혁신과 변혁의 주체로서 국민이 상정되고 있음을 명시적으로 보여 준다고 할 것이다.[101]

101. 신채호가 1923년에 쓴 "조선혁명선언"에는 국민 개념이 보이지 않는다. 여기에는 민중이라는 개념이 주로 사용되고 있다. 국민에서 민중으로의 개념적 전환은 식민지 이전과

이처럼 국민 개념은 새로운 정치적 중요성을 지닌 개념어로 등장했지만 여전히 백성이나 인민에 비해 널리 사용되지는 못했다. 또 사용되는 경우에도 오늘날과 같이 정치적 주체로서의 국민보다는 군주나 지배자에 복속되는 신민적인 존재로서 규정되었다. 한 연구자의 말대로 한말 계몽운동기 교과서에서 발견되는 '국민'은 "군주와 국가에 대해 복종하고 충성하며 의무를 다하는 '신민으로서의 국민'으로 규정되었던 것"이라 할 수 있다.[102]

식민지의 국민 개념

1910년 일본이 조선을 강압적으로 병합하여 일본제국의 식민지로 만든 이후 한국인들에게 '국민' 개념은 또 한 번의 큰 변화를 겪게 되었다. 한국인들은 지금까지 존속했던 자신의 국가가 사라지고 빼앗겼기 때문에 그 국가의 실체로서의 '국민'을 말하기가 어려워진 것이다. 반면 일본제국주의자의 입장에서는 조선이 일본의 새로운 부분이 되었고 조선인이 일본국민의 일부가 되었음을 의미했다. 따라서 일본제국의 입장에서 사용되는 '국민'이란 개념은 더욱 강조되고 확산되었다. 다시 말해 일본제국의 신민을 의미하는 국민 개념 속에 조선인도 강제적으로 포함되는 상황이 생겨났다. 일본제국은 식민지 통치를 위해 '국민'의식을 주입하고자 노력했고 보통교육의 확산이나 각종 매체를 통해 이 의식을 확

이후라는 시대적 차이를 반영함과 동시에 민족주의자에서 아나키스트로 옮겨가는 신채호의 사상적 전환을 드러낸다.

102. 김소령(2008), 앞의 논문, p.295.

대시켰다. 일본이라는 국가에 대한 정치적 종속과 충성을 내면화하려는 노력으로서 일본에 의한 조선인의 '국민화'가 추진되었다.

조선교육령 제1조는 "교육은 교육에 관한 칙어의 취지에 의거하여 충량한 국민을 육성하는 것을 본의로 한다"고 되어 있다. 물론 이 표현이 어느 정도의 '동화'를 실질적으로 의도한 것인가에 대해서는 여러 이견이 있지만, 적어도 '국민'이라는 표현이 갖는 일본주도적 함의는 명백하다. 즉, '국'과 '국민'이라는 말의 실질적 내용을 규정하는 힘을 일본제국이 갖게 된 상태에서 모든 주민을 통제하려는 의도가 반영된 것이다. 학교교육에서 '국어'는 일본어를 의미했고 국민적 자각을 한다는 것은 일본신민으로서의 정체성을 획득하는 것을 의미했다. 따라서 조선인들이 '독립국가로서의 국민적 감정'을 가지려는 것을 철저하게 억압할 수밖에 없었다. 1928년 조선총독부는 '간이국민학교'를 창설하려는 계획을 수립했는데[103] 이 계획에 따르면 보통학교보다는 좀 더 단순화된 방식으로 많은 아이들에게 '국민'교육을 실시하려는 것이었다. 이 계획은 실현되지 않았지만 교육을 통해 국민 개념을 일본화하려는 노력이었다고 할 수 있다.

1919년 3·1운동이 한국의 근대사에서 매우 중요한 분기점이 된 것은 두말할 필요가 없다. 한국인의 정치의식에 큰 각성과 성숙의 계기가 되었고 그로부터 임시정부의 수립, 다양한 민족운동의 출현이 가능해졌다. 그런데 '기미독립선언서'에는 '국민'이라는 단어가 나타나지 않는다. 이 사실이 말하는 바가 무엇일까? 합방 직전까지 '국민'을 강조하고 정치적 독립의 주체로까지 간주되

103. 오성철(2000), 『식민지 초등 교육의 형성』, 교육과학사, p.61.

었던 '국민'이 부각되지 않았던 이유는 아무래도 '국민'이라는 말이 식민지 하에서는 조선인의 정치적 주체성을 드러내는 데 불충분하고 오히려 '민족'이라는 개념이 더욱 적실성이 있었기 때문이었다고 해야 할 것이다. 이미 국민과 민족 개념의 차이를 잘 알고 있던 한국의 지식인들이었지만, 또 그렇기 때문에 식민지 상황에서는 오히려 민족 개념을 더욱 앞세울 수밖에 없었던 것이다.

국내에서는 이러한 일본의 강압적 지배 때문에 더 이상 조선인을 독자적인 국민으로 지칭하기 어려웠지만 해외에서는 상황이 달랐다. 도산 안창호安昌浩가 미주에서 결성한 한인들의 단체는 1905년 '공립협회'라는 명칭으로 출범했는데 『공립신보』를 발간하면서 힘든 생활을 하고 있는 한인들이지만 스스로 역사적 주체가 되어야 함을 깨우치는 역할을 수행했다. 마침내 1908년 장인환張仁煥, 전명운田明雲이 일본의 식민화에 앞장서던 스티븐스D. W. Stevens를 저격하고 독립운동에 적극 참여했다. 이런 동력을 바탕으로 1909년 2월 '국민회'라는 이름을 내걸었는데 이 말 속에는 새로운 국가를 건설하는 주체로서의 '국민'의식이 내포되어 있었다고 할 수 있다. 이 국민회는 상해의 임시정부를 재정적으로 뒷받침한 가장 강력한 후원자였을 뿐 아니라 그들 스스로가 국민으로서의 정체성을 공유하고 독립언론과 교육사업을 수행하려 했다.[104]

또 상해를 비롯하여 1919년 이후 활발해진 해외 독립운동 세력들의 논의 속에서는 새로운 국가건설 방안과 더불어 국민에 대한 논의들이 지속되었다. 1919년 10월 31일 김구金九는 박은식朴殷植 등과 함께 선언서를 발표하여 "전 국민 일치로 독립의 요구를 강하

104. 국가보훈처 편(2008), 『'무형의 정부', 국민회 100년』 참조.

게 표하되, 최후의 일인까지 할 것"이라는 공약 제3장을 제창하였다.[105] 임시정부에서 만들어진 약헌 제2장은 '국민의 권리의무'에 대하여, 제4조 제1항은 '국민의 기본생활을 확보할 계획경제의 수립'으로 되어 있었다. 1921년 임시정부의 개조와 독립운동 진영의 통합을 논의하기 위한 노력이 전개되는데 이것은 "국민대표회의" 개최론으로 불렸다. 김창숙金昌淑, 박은식 등이 "아 동포에게 고함"이란 선언문을 발표했는데 여기서 "임시의정원은 국민을 대표하여 정부를 감독하는 기관임에도 목하 그 자체의 실권을 행사하여 정부의 득실을 교정하고 시국의 문제를 해결하기 어려운 지역에 처했다"고 당시의 현실을 평가했다. 안창호는 이후 지속적으로 국민대표회의 개최 필요성을 역설했다. 여운형呂運亨, 안창호, 김규식金奎植 등이 '국민대표회기성회' 조직위원으로 선출되고 5월 10일에는 '국민의 대결속'을 제창하는 '국민대표회 주비위원회 선언서'가 발표되었다.[106] 결국 1923년 1월 3일 국민대표회의는 상해에서 개막되었고 약 한 달간 자격심사 등을 거친 후 3월 5일에 시국문제에 대한 토론을 전개했다. 임시정부에 대한 개조파와 창조파가 대립하여 별다른 성과를 얻지 못한 모임이 되고 말았지만 이 시기 다양한 민족 독립운동 지도자들이 '국민대표자'라는 이름으로 결집했다는 사실은 주목할 만하다. 이미 이 시기에 국내에서는 국민이 아닌 '민족'을 강조하던 때였음을 고려할 때 해외로 나간 민족운동 진영에서 장차 건설된 국가의 국민자격으로 스스로를 의식

105. 손과지(2007), 「상해 임시정부 시기 백범 김구와 한인교민사회」, 『백범과 민족운동연구』 제5집, p.112.

106. 박찬승(2007), 『민족주의의 시대』, 경인문화사, pp.216~226.

했던 뚜렷한 사례로 꼽을 만하다.

하지만 기본적으로 식민지 시대의 국민 개념은 일본제국의 통치와 관련된 정치적 범주였고 식민지 당국이 공적으로 활용하던 개념이었다. 아무런 정치적 권리도 인정받지 못했던 조선인이 현실적으로 스스로를 국민으로 인식할 가능성은 없었다. 일본은 제국적 통합을 위해 국가권력의 절대적 팽창과 전 구성원의 정치적 통합을 강조했다. 보편적으로 중시되는 국가 개념이 현실적인 일본제국과 동일시되도록 국어와 일본어, 국사와 일본사가 일치되도록 하는 개념적 전환이 적극 모색되었다.

철학자 이노우에 데쓰지로는 일본의 국체, 신도, 무사도, 충효 등과 결부시켜 새로운 형태의 정치윤리로서의 국민도덕을 구성하려 했다. 그가 1911년 저술하고 1918년에 다시 수정 증보한 『국민도덕개론』은 국민도덕, 국민교육, 국민윤리, 민족정신과 같은 것을 만세일계의 황통, 국체, 신도, 충군애국 및 일본역사에 등장하는 무사집단의 윤리들을 결합시키고 있다.[107]

한국인들은 그러한 식민지의 개념을 내면화하는 데 저항하고 독자적인 정체성과 민족의식을 강조함으로써 일본의 자발적 국가통합 시도를 오랫동안 거부했다. 하지만 권력과 개념의 주도권이 함께 연결되어 작동하는 지배력은 매우 컸다고 할 수 있다. 특히, 1930년대 이후에 내선일체를 표방하면서 강조된 '국민' 개념은 매우 강압적인 통제정책을 뒷받침한 것으로 국체론적 국민론이 1930년대 일본의 군국주의화와 함께 강화된 것이라 할 수 있다.

1937년 중일전쟁 발발 이후 일본은 다양한 인적 · 물적 자원을

107. 井上哲次郎(1918), 『國民道德槪論』, 三省堂.

동원하기 위해 소위 '국가총동원법'을 1938년 4월 1일에 제정했다. 이 법의 제목에서 보듯 '국가'를 위해 인적 · 물적 자원을 동원하는 것으로 이에 부응하여 강조된 것이 "국민정신총동원운동"이었다. 국가총동원을 위해서는 국민정신이 강조되고 국민적 동원이 필요하다는 것이다. 이런 맥락에서 1938년에는 "국민정신총동원근로보국운동에 관한 건"이 내무부장 명의의 통첩으로 나오고 1941년에는 '국민근로보국협력령'이 칙령으로 제정되었다. 이 법은 일본과 조선에 동시에 시행되었다.[108] 근로보국이라는 인적 동원이 '국민정신'과 관련하여 강조되었던 것을 볼 수 있다. 그리고 점차 근로보국은 "국민개로" 운동으로 이어지면서 파시즘적 동원체제의 담론이 되었다. 국민된 의무로서 무상으로 국가에 봉사하고 노무에 응해야 한다는 발상으로 나치즘의 '노동봉사단' 과 유사한 맥락이라 할 것이다.[109]

문학의 경우 『국민문학』이라는 것이 1920년대와 1940년대에 강조되었다. 1920년대의 『국민문학』은 프로문학에 대한 대항적 의미를 지녔다면, 1940년대의 『국민문학』은 황국신민을 강조하는 일본제국의 신민의식을 반영하는 것이었다. 1940년대 『국민문학』은 전시체제로 접어든 일본제국민의 주체성을 강화시키려는 문화적 기획의 일부였다. 일본문화에 대한 일방적인 동화가 아니라 일본문화와 조선문화를 포괄하는 일본제국의 문학을 '국민문학'이라 부르고, 따라서 '조선문학'의 특수성이나 독창성을 강조하려는 시도

108. 김윤미(2008), 「총동원체제와 근로보국대를 통한 "국민개로": 조선에서 시행된 근로보국대의 초기 운용을 중심으로(1938~1941)」, 『한일민족문제연구』 제14권, p.122.

109. 김윤미(2008), 앞의 논문, p.127.

가 있었지만 '국민'이라는 범주 자체가 일본제국의 신민으로 전제된 틀을 벗어날 수는 없었던 것이다.[110] 최재서崔載瑞는 이 '국민문학'의 요체를 국체관념 명징, 국민의식 양양, 국민사기 진흥, 국책에 대한 협력, 지도적 문화이론 수립, 내선문화 종합, 국민문화 건설로 설명했다.[111] 결국 이 시기에 강조된 '국민'이란 전통적인 민족관념, 개인주의나 자유주의로 표상되는 근대주의를 뛰어넘어 일본제국의 신민, 천황의 신민으로서의 황국신민의 정체성을 지닌 주체를 표방하는 것이었다. 20세기 초 신채호가 강조했던 '신국민'이나 해방 이후 국가건설기에 강조되던 '국민' 개념과는 그 함의나 정치적 지향이 크게 달랐다. 교육 영역에서도 그동안 보통학교로 부르던 초등학교를 1941년 '황국신민의 학교'라는 의미에서 '국민학교'로 개칭했다. 당연히 '국민교육'이라는 것도 이런 맥락에서 강조되었고 황국신민으로서의 정체감이나 충성심이 없는 사람들을 '비국민'이라고 불렀다. 이런 맥락에서 보면 일제 하에서의 '국민' 개념은 애국계몽운동기의 그것과 사상적으로는 연속성이 있을지 모르나 정치적 범주로는 매우 다른 종류의 것이었다. 해방 직후 일부 지식인이 국민 개념에 거부감을 보였던 이유도 일제말기에 독특하게 사용된 황국신민으로서의 국민에 대한 저항감 때문이었다.

110. 이원동(2008), 「'국민문학'의 좌담회 연구」, 『어문논총』 제48권, pp.232~234.
111. 윤대석(2009), 「1940년대 '국민문학'」, 민족문학사연구소 편, 『새 민족문학사 강좌 2』, 창비, pp.253~255.

해방과 건국과정의 국민 개념

식민지에서 해방된 한국인에게 독립국가의 건설은 당연한 것으로 여겨졌다. 오랜 역사성을 지닌 한민족으로서 한국인이 독립국가를 건설하기 위해서는 그 정치주체에 대한 새로운 개념이 필요했다. 하지만 해방 시점까지 정치주체에 대한 개념은 명확하게 단일화된 것이 아니었다. 1919년 임시정부가 발표한 '임시헌장'에서는 제1조 "대한민국은 민주공화제로 함"을 규정하고, 제3조에서 "대한민국의 인민은 남녀, 귀천 및 빈부의 계급이 없고 일체 평등함"이라고 함으로써 그 주체를 인민으로 표기했다. 해방 직후 여운형이 한 연설에서는 민족과 민중이라는 용어가 사용되었고 당시 뿌려진 전단에는 "조선동포"라는 단어가 등장한다.

하지만 건국과정이 난항을 겪고 이념적으로, 또 남북으로 분열이 심화되면서 이 정치주체에 대한 개념도 분화되기 시작했다. 식민지 하에서는 독립국가의 부재로 제대로 된 정치적 주체의 성장이 불가능했다면 분단상황 하에서는 두 개의 서로 다른 정치체제가 수립됨에 따라 단일한 정치주체의 개념화가 곤란한 상황을 맞게 되었다. 민족, 민중, 국민, 인민, 시민 등 다양한 개념들이 각축하다가, 국민과 인민이라는 두 개념이 남북 양쪽에서 힘을 얻기 시작했다. 1945년 9월부터 정치사회가 좌우로 분화하면서 국민과 인민이라는 용어가 매우 분명한 이념적 · 정치적 개념으로 재구성되었던 것이다.

1945년 9월 1일 대한민국 임시정부를 지지하는 정당이 창당되는데 그 명칭이 "조선국민당"이었다. 이 당은 신생민주주의의 이념 아래 민족총의에 기초한 자주독립적 민권본위 정체의 확립을 주장하였고 '국민소득', '국민재교육운동' 등의 용어를 사용하였다. 이후 여러 정당과 통합하여 '국민당'으로 개칭했는데 그 정강에서 "국민개로의 신민주주의"를 표방했다.[112] 1945년 9월 16일 한국민주당이 출범하는데 이 출범선언문에서 "국민의 생활과 교양을 향상시키며", "전 국민의 자유로운 발전을 보장" 등을 표방함으로써 새로운 국가의 주체를 국민으로 호명했다. 미군정기에 확대된 대한독립촉성국민회는 전국적인 "국민운동"을 강조하였고, 특히 "방공과 건설을 통한 대한민국의 육성"을 앞세웠다. 이처럼 국민 개념을 새로이 부각시키면서 정치적인 주체로 강조했던 것은 대체로 범우익세력이라 할 수 있는 민족진영이었다. 이에 비해 좌익은 인민이라는 개념을 강조하였다. 김성보金聖甫에 의하면 해방 이후 좌익 측 문건에는 국민이라는 용어가 거의 보이지 않으며, 1945년 10월 김일성金日成이 한 연설에도 민족, 민중, 대중, 인민 등의 용어가 고루 보이지만 국민이라는 용어는 보이지 않는다고 한다.[113]

1948년 남북에 별개의 정부가 수립되면서 국민 개념과 인민 개념은 정치적으로 매우 대립적인 성격을 지닌 것으로 재구성되었다. 대한민국 정부가 수립되면서 제정된 헌법은 '국민'이라는 존재를 정치적으로 가장 중요한 범주로 강조했다. 1948년의 대한민국 제헌헌법은 "대한민국은 민주공화국이다"라는 것과 "모든 권력은 국민으로부터 나온다"는 것을 기본정신으로 표명했다. 헌법의 주요 내용이 '국민'의 권리와 의무에 대한 것이고 모든 '국민'

112. 김성보(2009), 앞의 논문, p.73.
113. 김성보(2009), 앞의 논문, pp.74~75 참조.

에 대한 기본권 보장을 담고 있었다. 다음은 제헌헌법의 전문과 총론부분이다.

前文

悠久한 歷史와 傳統에 빛나는 우리들 大韓國民은 己未 三一運動으로 大韓民國을 建立하여 世界에 宣布한 偉大한 獨立精神을 繼承하여 이제 民主獨立 國家를 再建함에 있어서 正義人道와 同胞愛로써 民族의 團結을 鞏固히 하며 모든 社會的弊習을 打破하고 民主主義 諸制度를 樹立하여 政治, 經濟, 社會, 文化의 모든 領域에 있어서 各人의 機會를 均等히 하고 能力을 最高度로 發揮케 하며 各人의 責任과 義務를 完遂케 하여 안으로는 國民生活의 均等한 向上을 期하고 밖으로는 恒久的인 國際平和의 維持에 努力하여 우리들과 우리들의 子孫의 安全과 自由와 幸福을 永遠히 確保할 것을 決議하고 우리들의 正當 또 自由로히 選擧된 代表로서 構成된 國會에서 檀紀 4281年 7月 12日 이 憲法을 制定한다.

檀紀 4281年 7月 12日

이 전문에는 국가의 구성과 헌법제정의 주체를 '대한국민'으로 명시하고 있다. 유구한 역사와 전통을 갖고 있고 기미독립선언으로 대한민국을 건립한 민족으로서, 다시 민주독립국가를 재건하는 주체로서 '국민'이 또렷하게 명기되어 있다. 헌법의 가장 주요한 두 원칙이 '대한민국은 민주공화국'이며(제1조), '주권은 국민에게 있고 모든 권력은 국민으로부터 나온다'(제2조)에 담겨 있다.

第1章 總 綱

第1條 大韓民國은 民主共和國이다.

第2條 大韓民國의 主權은 國民에게 있고 모든 權力은 國民으로부터 나온다.

第3條 大韓民國의 國民되는 要件은 法律로써 定한다.

(중략)

第2章 國民의 權利義務

第8條 모든 國民은 法律 앞에 平等이며 性別, 信仰 또는 社會的 身分에 依하여 政治的, 經濟的, 社會的 生活의 모든 領域에 있어서…(중략)

第9條 모든 國民은 身體의 自由를 가진다. 法律에 依하지 아니하고는 逮捕, 拘禁, 搜索, 審問, 處罰과 强制勞役을 받지 아니한다.

第10條 모든 國民은 法律에 依하지 아니하고는 居住와 移轉의 自由를 制限받지 아니하며 住居의 侵入 또는 搜索을 받지 아니한다.

第11條 모든 國民은 法律에 依하지 아니하고는 通信의 秘密을 侵害받지 아니한다.

第12條 모든 國民은 信仰과 良心의 自由를 가진다.

第13條 모든 國民은 法律에 依하지 아니하고는 言論, 出版, 集會, 結社의 自由를 制限받지 아니한다.

第14條 모든 國民은 學問과 藝術의 自由를 가진다. 著作者, 發明家와 藝術家의 權利는 法律로써 保護한다.

第15條 國民의 財產權을 收用, 使用 또는 制限함은 法律이 定하는 바

에 依하여 相當한 補償을 支給함으로써 行한다.

第16條 모든 國民은 均等하게 敎育을 받을 權利가 있다. 적어도 初等 敎育은 義務的이며 無償으로 한다.

第17條 모든 國民은 勤勞의 權利와 義務를 가진다.

이런 점에서 국민은 대한민국이라는 정치공동체의 법적 주체로서 자리 잡았다. 물론 이 과정이 자연스러운 것은 아니었다. 오히려 정치적 논란의 과정에서 인민 개념이 폐기되거나 부정되고 국민 개념이 채택되었다.[114] 유진오가 만든 헌법 초안 제2조는 "국가의 주권은 인민에게 있고 모든 권력은 인민에게서 나온다"고 되어 있었다. 신익희申翼熙가 주도하여 작성한 행정연구회의 초안은 "한국의 주권은 국민으로부터 발함"으로 되어 있었고, 유진오는 행정연구회 초안을 협의 후 '국민'을 주권담당자로 수정안을 제출한 것으로 알려져 있다. 그런데 1948년 1월 1일자로 조봉암曺奉巖 의원이 제기한 문제는 인민과 국민의 개념을 둘러싼 당시의 정치적 성격과 논란을 잘 보여 주고 있다. 조봉암은 주권의 국민보유설을 위험한 초안이라고 비판하면서 "주권이 국민에게 있고 모든 권력은 국민으로부터 발한다"는 조항은 세계 공통의 '인민'이라는 말을 기피한 것이라고 지적하고, "최근에 공산당 측에서 인민이란 문구를 잘 쓴다고 해서 일부러 인민이란 정당히 써야 될 문구를 쓰기를 기피하는 것은 대단히 섭섭한 일"이라고 비판했다. 또한

114. 이 부분은 대한민국 국회 속기록에 나오는 내용이며 김성보, 「남북국가 수립기 인민과 국민 개념의 분화」에 상세하게 서술되어 있다. 이 부분은 김성보 교수의 글에 많이 의존했다.

이날 시작된 헌법 조문 제2독회에서 진헌식陳憲植 외 44명이 일부 조항 이외에는 인민 개념을 사용하자는 수정안을 제출했다. 이들의 논지는 중화민국 헌법에서 보듯 국가와 개인의 관계에서는 인민이라는 용어가 적합하다는 것이었다. 유진오 역시 인민 개념이 국민보다 더 적합하다는 의견을 개진하였다. 그러나 윤치영尹致暎 의원을 비롯한 많은 의원들이 논리적인 차원을 떠나 인민 개념에 대해 거부감을 드러내어 결국 인민 개념의 사용은 거부되었다. 이 변화는 매우 작은 일화 같지만 엄청난 변화를 담고 있는 것이었다. 이 변화 이후 한반도에서는 '국민'과 '인민'이 크게 다른 정치적 함의를 가진 말로 자리 잡았다.[115] 이후 유진오가 이 부분에 대해 아쉬워하며 말한 다음의 내용은 국민·인민·시민 개념에 대한 당시의 복잡한 상황을 잘 보여 주는 사례이다.

> 인민이라는 말은 구대한제국 절대군주제 하에서도 사용되던 말이고 미국 헌법에 있어서도 인민people, person은 국가의 구성원으로서의 시민citizen과는 구별되고 있다. '국민'은 국가의 구성원으로서의 인민을 의미하므로, 국가우월의 냄새를 풍기어 국가라 할지라도 함부로 침범할 수 없는 자유와 권리의 주체로서의 사람을 표현하기에는 반드시 적절하지 못하다. 결국 우리는 좋은 단어 하나를 공산주의자에게 빼앗긴 셈이다.[116]

115. 뒤에서 살펴보겠지만 국민과 인민의 이런 분기는 중국에서도 동일하게 나타났다. 즉, 국민당 정부와의 차별을 부각시키려던 마오쩌둥의 공산당 정권은 국민이라는 말 대신 인민을 강조하고 있다.

116. 유진오(1980), 앞의 책, p.65; 김성보(2009), 앞의 논문, p.84에서 재인용.

이러한 과정을 거쳐 국민 개념은 대한민국의 정치적 주체를 지칭하는 개념으로 자리 잡았다. 1949년 새로운 독립국가의 교육에 관한 책자를 서술한 이해남李海南은 저서의 제목을 『국민교육학』이라고 붙였다.[117] 그와 함께 인민이라는 개념은 한반도 남쪽에서는 퇴출되었다. 이런 분화와 대립은 한국전쟁을 겪으면서 더욱 심화되었다. 전쟁을 거치면서 대한민국 정부는 국민통합을 주된 목표로 내세웠고 이를 위해 교육과 대중적인 교화를 강조했는데, 특히 '민주적인 국민의 양성'이라는 목표 아래 도의교육을 강조했다. 그리하여 1950년대에는 국민 개념이 체제정당성과 관련된 의미로 정착했다고 할 수 있다. 조봉암도 1952년 8월 5일 정부통령 선거에서 "국민총력 집결의 체제를 확립"할 것과 "동포가 서로 사랑하고 아끼는 정신을 크게 일으키어 국민의 사상을 순화시키고 억지로 반대파를 공산당으로 만들려는 죄악적인 파쟁을 근절할 것"을 강조했다.[118] 헌법 제정과정에서 인민 개념에 애착을 보였고 남북한의 분단에 비판적이면서, 특히 평화통일론을 강조했던 그가 '국민총력'을 주장한 것은 다소 의아하지만 그만큼 국민적인 것이 갖는 시대적 의미가 컸다는 점을 반영한다. 역시 조봉암이 중심이었던 진보당도 1955년 12월 22일에 발표된 발기취지문에서 스스로를 "국민대중의 토대 위에 선 신당"이라 했다. 즉, 기본적으로 '국민정당'을 표방했는데 이는 전체 국민의 공동선에 기여한다는 의미와 함께 의회주의를 인정하고 선거를 통하여 다수당이나 집권당이 되려는 체제내적 성격을 드러내는 것이었다.[119] 공교육의 차원

117. 이해남(1949), 『국민교육학』, 문화당.
118. 서중석(1999), 『조봉암과 1950년대(상)』, 역사비평사, pp.223~224.
119. 서중석(1999), 앞의 책, p.375.

에서도 이 시기부터 도의교육을 중심으로 강력한 국민화 담론이 생산되고 확산되었다. 이 교육의 목표는 "모든 국민에게 공통한 도덕규범", 곧 '국민도덕'을 수립하는 것이었다.[120] 이러한 새로운 국민윤리는 1958년부터 '국민윤리강령'이라는 이름으로 구체화되었다. 이 강령은 "전 국민의 생활과 행동의 가치기준을 제정함으로써 국민도덕의 현양을 촉진시킴을 목적"으로 했다. 하지만 이 강령의 제정은 쉽게 이루어지지 못하고 4월 혁명으로 흐지부지되었다. 국민도덕을 수립하려는 의도는 결국 5 · 16 쿠데타 이후 박정희朴正熙 정권 하에서 비로소 실현된다. 1968년 12월 제정된 '국민교육헌장'은 국민으로서의 교육내용과 도덕덕목을 구체화하고 이를 교육과 사회에 적용하려는 강력한 국가의지를 드러내었다. 이 헌장은 일제 하의 황국신민서사를 연상케 한다는 비판을 받았지만 정부의 강력한 통제로 교육현장에 강요되었고 박정희 시대 권위주의 체제를 뒷받침하는 주요한 공공담론으로 기능하였다.

이처럼 분단국가의 수립과 더불어 진행된 '국민'의 형성과정은 인민 개념을 배제할 뿐만 아니라 대한민국체제 내에서 국민이 되기를 거부하는 사람들을 억압 · 배제 · 차별화하는 작업과도 연관되어 있었다.[121] 김동춘金東春에 의하면 분단국가에서 '국민'이라는 정치적 범주가 대한민국에서 주로 통용되는 법적 · 정치적 주체이고 그런 점에서 반공과 반북의 함의를 뚜렷하게 담고 있었던 것이다. 실제로 박정희 정부 하에서 국가주도의 강력한 권위주의적 억압과 통제가 강조될 때 '국민'은 정치적으로 매우 강력한 도구로

120. 서중석(1999), 앞의 책, p.201.
121. 김동춘(2000), 「20세기 한국의 국민」, 『근대의 그늘』, 당대, p.178.

활용되었다. 정권은 국민을 국가에 속한 개인의 충성과 의무 차원에서 부각시켰다. 그 대표적인 것이 국민윤리 교육의 강화인데 그 핵심인 반공 · 애국 · 애족은 대한민국에 살고 있는 구성원들이 지켜야 할 도덕적 · 윤리적 덕목에 대한 교육을 말하는 것이었다. 국민으로서의 의무와 자격을 강조하는 것은 곧 정치적 순응과 국가 권력에 대한 수용을 강요하는 측면이 있었던 것이다.

바로 이 때문에 분단국가의 반통일지향성이나 억압적인 측면에 대해 비판적이었던 세력들은 국민이나 국가라는 것을 앞세우는 논의에 대한 거부감을 강하게 드러냈다. 분단체제 하에서의 국가정당성이 내면적으로 확고하지 않은 상태에서 국민이라는 정체감을 적극적으로 내면화하지 못했던 것이다. 이들은 대신 민족, 시민, 민중과 같은 개념을 강조했고 그런 정체성을 근간으로 현존하는 국민의식을 해체하거나 변화시키려 애썼다. 그 대표적인 사례가 국민교육헌장에 대하여 반발했던 일부 지식인들의 문제제기라든지 국민윤리를 체제 이데올로기라고 폄하했던 젊은 세대의 반응이었다. 국민교육헌장에 대하여 문제를 제기했던 1970년대 반정부지식인들의 주장은 국민에 대한 국가주의적 강요가 일제시대의 천황칙어를 연상케 할 뿐만 아니라 집단주의적 가치를 강조하는 편향을 지니고 있다고 비판했다. 또 정부가 강조한 국민윤리 교육을 국가주의적 정신교육으로 간주하고 이에 대한 강한 거부감을 피력했던 1980년대의 정서도 국민 개념에 대한 비판의식을 동반했다. 1980년대에 널리 확산된 비판적 역사해석도 같은 맥락에서 설명될 수 있다. 주로 '민중사학'이나 '민족사학'으로 일컬어졌던 새로운 역사해석은 국민이라는 범주 대신 민중과 민족이라는 주체를 통해 한국 근현대사를 이해하고 설명하려는 시각을 공유했다. 이러한 시각에 따르면 민중과 민족을 주체로 볼 때 해방 이후의 역사는 분단의 역사가 되고 이 '분단시대'를 극복하고 넘어서는 것이 시대사적 과제로 제기된다. 사회과학 분야에서도 민중, 계급, 민족이 강조되었고 그런 견해들은 대체로 분단된 정치현실에 대해 비판적이기 때문에 국민이라는 개념과는 거리를 두었다. 실제로 1980년대의 비판적 담론 속에 국민이라는 개념이나 범주가 긍정적으로 평가되는 경우는 많지 않았다.

국민 개념의 억압성을 비판하는 논의는 민주화 이후에는 주로 생태주의, 페미니즘, 탈근대론 등에서 발견된다. 환경과 생태를 무시한 개발주의는 국가의 강력한 정책과 이념에 의해 추동되었고 이것은 '국민'적 동의를 만들어 내는 논리에 기반한다는 것이다. 권혁범權赫範은 이런 의미에서 한국사회에서 반공주의, 국가주의, 개발주의가 서로 밀접하게 맞물려 있다고 강조하고 국민이나 민족이 집단적 동원의 개념적 도구가 되는 것을 비판했다. 흥미롭게도 권혁범은 '국가주의'나 '애국' 담론에 대해 강한 비판을 하면서도 이를 주로 '부국강병식 민족주의'로 해석했고 '국민' 개념이 갖는 의미에 대해서는 깊은 분석을 보여 주지 않고 있다. 하지만 전체 논지로 볼 때 그의 주장은 개발주의 전략과 부국강병론을 근본적으로 폐기할 수 없는 국민국가의 발전전략 하에서 활용되는 국민 개념에는 비판적일 수밖에 없어 보인다.[122] 페미니스트들은 한국사회의 오랜 가부장적 성차별이 국민이라는 집합 개념과 결합하

122. 권혁범(2000), 『민족주의와 발전의 환상』, 도서출판 솔, pp.59~60. 실제로 그는 '우리'에 대한 강조가 '국가의 이익'과 결합할 때 민족=국가=정부=대기업=국민=개인이라는 등식이 성립하고 이것은 '부국강병론의 이데올로기'가 된다고 비판한다.

여 억압적인 현실을 정당화했다고 비난했다. 한 여성학자의 다음과 같은 말은 국민 개념에 대한 이런 거부감을 잘 보여 준다.

> 한국인은 '개인'을 기초로 한 정체성을 발달시키기보다는 '우리'라는 집단적 정체성을 발달시키는 경향이 있다. 단일민족이 구성하는 한국민으로서의 국민적 정체성은 '개인'을 쉽게 민족이나 국가공동체와 동일시하고 개인을 민족이나 국가로 환원시키는 것이다. …개인은 없고 '우리', 즉 민족이나 국민으로 표상되는 '우리' 만 존재할 뿐이다.[123]

하지만 국민 개념이 이처럼 억압적이고 이데올로기와 관련해서만 사용된 것은 아니다. 일본의 경우 신민의식과 국민의식이 결합되었지만 국민이란 개념이 담고 있는 계몽적 성격을 무시할 수 없었던 것처럼 한국의 경우도 '국민' 개념이 갖는 정당성과 보편적 함의는 강력한 것이었다. 국민 개념은 주권의 보유자로서 정부 정책을 비판하고 저항하는 정당한 근거로서 가장 중시되었다. 해방 직후는 말할 것도 없고 1960년 4 · 19 혁명을 겪은 직후에도 국민에 대한 개념적 지지는 거의 변화가 없었다. 박정희 정권에 대해 매우 강한 비판자였던 함석헌咸錫憲은 "마땅히 넓고 철저한 국민정신의 개혁운동이 일어났어야 할 것이었다"고 주창했는가 하면 『사상계』의 발행인이던 장준하張俊河는 4월 혁명 1주년을 맞는 1961년 4월의 『사상계』 권두언에 "양식 있는 국민대중"의 역할을

123. 오장미경(2007), 「페미니즘과 한국사회 60년」, 참여연구사회소 편, 『다시 대한민국을 묻는다』, 한울, p.531.

높이 평가하면서 다음과 같이 쓰고 있다.[124]

이 날은 우리나라 민권운동 사상에서 새로운 기원을 획한 4·19 혁명 1주년과 더불어 기념하게 되니 우리의 감개는 더한층 새로운 바가 있다… 국부적인 혼란과 동요가 있기는 하나 그래도 국가의 기능이 정상적으로 작용하고 사회의 질서가 유지되는 것은, 현 정부의 선정과 민활한 행정력에 의해서가 아니라, 양식 있는 국민대중의 자 중에 의한 것임을 알아야 한다.

1960년대 한일국교정상화를 둘러싼 저항운동이 벌어졌을 때 재경 대학교수단이 발표했던 반대성명서는 다음과 같이 시작한다.[125]

대한민국의 주권자는 엄연히 국민이다. 국민은 정부의 정책을 언제나 자유로이 비판하는 권리를 갖는다. 그럼에도 불구하고 정부는 국민의 비등하는 여론을 최루탄과 경찰봉에 의한 폭압 및 가식에 찬 선전으로 봉쇄하는 한편 일본에 대해서는 이해할 수 없는 초조와 애걸로써 굴욕적인 협정에 조인하고 말았다.

한편 1976년 박정희 정권이 유신체제를 선포하고 장기집권의 길로 접어들었을 때 함석헌, 윤보선尹潽善, 김대중金大中 등이 명동성

124. 함석헌(1961), 「새 나라를 어떻게 세우나」, 『사상계』 4월호, p.102; 장준하(1961), 「권두언」, 『사상계』 4월호, pp.34~35.

125. 「한일국교정상화 반대성명서」; 권태억 외(1994), 『(자료모음)근현대한국탐사』, 역사비평사, p.387.

당에서 '3·1민주구국선언'을 발표하였다. 이것을 흔히 명동사건이라고도 부르고 유신체제에 대한 저항과 이후 십여 년간 지속된 민주화 투쟁에 상당한 영향을 미쳤다. 이 구국선언에서도 국민은 민주주의의 기반이자 중요한 저항의 주체로 자리 잡았다.

> 민주주의는 '국민을 위해서'보다는 '국민에게서'가 앞서야 한다. 무엇이 나라와 겨레를 '위해서' 좋으냐는 판단이 '국민에게서' 나와야 한다는 말이다. 그 판단에 귀를 기울이지 않고 국민을 위한다는 생각만으로 민주주의는 결코 이루어지지 않는다.…국민은 복종을 원하지 않고 주체적인 참여를 주장한다. 국민은 정부를 감시하고 비판할 기본권을 포기할 수 없다. 그것은 민주주의를 포기하는 길이기 때문이다. 그러므로 우리는 국민의 자유를 억압하는 긴급조치를 곧 철폐하고 민주주의를 요구하다가 투옥된 민주 인사들과 학생들을 석방하라고 요구한다. 국민의 의사가 자유로이 표명될 수 있도록 집회, 출판의 자유를 국민에게 돌리라고 요구한다.[126]

1980년대 일본의 잡지 『세카이世界』를 통해 한국 민주화운동의 내용들이 해외에 소개되었는데, 그 가운데서도 국민 개념은 종종 중요하게 사용되고 있다. 몇 가지 예를 들어 보면, "저 도덕적인 분노, 그리고 국민적인 거부가 결국 지금의 폭력현상을 무찌를 것이다. 그것은 마침내는 두 번 다시 군인의 폭력적 지배를 허용하지 않겠다는 국민적 결의와 행동으로 열매 맺을 것이다", "악과 대결하고 있다는 자긍심, 도덕적인 자부심이 있으며 국민은 우리 편

126. 「민주구국선언서」; 권태억 외(1994), 앞의 책, p.407.

이라고 하는 확신이 있다."[127] 1984년 5월 16일 홍남순洪南淳 등의 시국선언은 "오늘의 민주국민선언"이라는 이름으로 발표되었다.[128]

이런 국민의식이 새롭게 사회구성원에게 받아들여진 것은 1987년 이후 한국사회가 민주화되고 시민적 자유가 제도적으로 확보된 이후였다고 할 수 있다. 이와 더불어 경제성장의 효과와 탈냉전의 분위기가 영향을 미쳐 '대한민국'이라는 국호가 자발적인 대중들의 슬로건이나 구호에 등장하게 되고 스스로를 국민으로서 의식하는 데 큰 거부감을 느끼지 않게 된 것이다. 올림픽 개최와 경제성장, 민주주의의 심화를 거치면서 한국인들은 자신이 속한 국가에 대한 과거의 콤플렉스를 벗어날 수 있었고, 대한민국이라는 국가에 대한 새로운 인식이 요구되었다. 여전히 분단된 상황에 대한 비판과 국가적 억압성에 대한 염려가 사라지지 않았지만 대한민국이라는 국가에 대한 정당화 및 동일시가 훨씬 더 강화되었던 것이다. 2002년 월드컵에서의 '대한민국' 열기와 미국에 대한 대중적 비판의식의 성장은 그러한 변화를 극적으로 보여 준 것이었다. 사실 이전까지 대중들이 자발적으로 대한민국이라는 국호를 연호하는 경우는 거의 없었고 대한민국의 일원이라는 정체성을 자랑스럽게 내놓는 경우도 거의 없었다. 2002년의 사건은 이런 흐름을 사회적으로 확산시키는 중요한 전환점이었다고 할 수 있다. 여기에 2000년 남북정상회담과 뒤이은 남북교류의 진전이 북한에 대한 오랜 콤플렉스를 상당 부분 완화시켜 준 것도 큰 변수가 되었다.

127. 지명관(2008), 『한국으로부터의 통신』, 창비, pp.173~174.
128. 지명관(2008), 앞의 책, p.187.

21세기 현재 한국사회에서 국민 개념에는 역사적으로 형성된 두 의미가 함께 포함되어 있다. 대한민국이라는 국가에 대한 자부심, 헌법이 부여한 주권자로서의 자긍심과 정당한 민주사회의 시민으로서의 주체성을 내포한 '국민'의식이 한편에 있다면 다른 한쪽에는 분단된 반쪽 국가, 여전히 억압과 불평등이 만연한 체제, 엘리트적 지배를 정당화하는 현실에 대한 비판과 연결된 '국민'의식이 존재한다. 이런 긴장은 해방과 건국 60주년을 맞으면서 한국사회 내에서 벌어진 논란에서 잘 드러난다. 2008년 8월 15일 소위 해방이냐 건국이냐를 놓고 한국사회가 보여 준 지적 갈등은 정치적 논란이면서 동시에 국민과 민족의 상이한 범주 가운데 어느 것을 더욱 중시할 것인가라는 역사해석의 대립이기도 했다. 이미 이런 갈등은 『해방전후사의 인식』을 둘러싼 현대사 논쟁에서 뚜렷하게 나타난 바 있다. 1980년대 한국사회의 자기인식에 큰 영향을 미쳤던 위의 책은 해방전후사의 역사적 성격을 '분단시대의 시작'에서 찾음으로써 건국이나 대한민국 체제 그 자체의 의미를 긍정적으로 평가하지 않았다. 이런 시각을 지나친 민족주의적 폐해로 비판한 이영훈李榮薰은 그에 대한 비판서에서 대한민국이란 국가건설의 문명사적 의의를 강조하고 국민범주를 민족범주보다 더 중시해야 함을 강조하고 있다. 그는 "오늘날 보통의 한국인들은 대한민국의 국민이기 이전에 한민족이란 민족의 일원으로" 자기를 인식하고 있고 이것은 잘못된 역사해석의 영향이라고 본다.[129] 대한민국의 건국을 문명사적으로 긍정하고 민족중심의 분단시대론이나 민중중심의 국가비판론에 대해 강한 비판을 피력한다. 이

129. 이영훈(2007), 『대한민국 이야기』, 기파랑, p.34.

런 논리는 학문적 영역에 머무르지 않고 보수적인 대중운동의 이념으로까지 활용되고 있는데 소위 좌파 진영에 반대하는 보수 시민단체들이 자신의 논리를 '대한민국 국민'이라는 데서 찾으려는 모습에서 개념의 정치화 현상을 재삼 확인하게 된다.[130]

국민 개념을 둘러싼 한국사회의 논란은 사회사적으로 볼 때 세계화로 인한 정체성의 변화와 밀접하게 연결되어 있는 현상이다.[131] 탈냉전과 세계화를 경험하면서 한국인들은 국적과 민족적 정체성이 일치하지 않는다는 점, 역사문화적 범주와 정치공동체 구성원 자격이 반드시 동일하지 않는다는 점을 실감하게 되었다. 그 결과는 '네이션' 내지 '내셔널'한 것에 대한 의미의 복합화이고 이를 둘러싼 긴장의 증대였다. 민족과 국민이 서로 다르다는 것, 국민을 강조하는 것이 시민적 자유나 세계적 개방에 부정적일 수도 있다는 논의도 다수 등장했다. "국민이라는 괴물"을 벗어날 것을 강조하는 책도 번역 소개되었고 국민을 넘어서는 시민적 정체성이나 민중적인 성격, 나아가 다중적인 정체성을 옹호하는 글도 다수 산출되고 있다.[132] 분단된 상황 때문에 여전히 국민과 민족이 밀접한 관련성을 갖는 것으로 간주되고 있지만 남북관계를 둘러싸고 나타나는 대립과 긴장에 대한 이해도 점차 높아지고 있다. 한 연구는 세계화 시대 한국인의 정체성이 변화하는 특징으로 국민과 민족의 불일치성이 점차 크게 드러나는 가운데 국민정체성

130. 예컨대 보수적인 한 잡지에 실린 글은 "국민정서를 인민정서화"하는 것에 대한 강한 분개를 표출하고 있다. 민중현(2005), 「'국민정서'를 '인민정서'화한 '대한인민공화국'을 고발한다」, 『한국논단』 제187권.

131. 박명규(2008), 「한국 내셔널 담론의 의미구조와 정치적 지향」, 『한국문화』 제41집.

132. 니시카와 나가오(2002), 『국민이라는 괴물』, 윤대석 역, 소명출판 참조.

이 민족정체성보다 우위에 있다는 현실을 인정하는 것을 들고 있다.[133] 이 시기의 변화에 대해 필자는 다음과 같이 지적한 바 있는데 당분간 이번 흐름은 계속될 것으로 생각된다.

> 1990년대 이후 대한민국 사회에서 뚜렷이 발견되는 이 정서는 반세기 이상 살아온 대한민국을 중심으로 형성된 자부심과 정체감에 바탕을 둔다. 이 정서는 통일을 반대하지 않고 반북 이데올로기를 요구하지도 않지만 그렇다고 북한을 포괄하는 문화적, 인종적 일체감을 절실하게 요구하지도 않는다. 오랜 투쟁으로 성취한 민주화, 중진국의 대열에서 벗어날 정도로 급성장한 한국의 경제력, 여기에 탈냉전과 북한의 경제난으로 인한 대북 콤플렉스에서의 해방이 겹쳐진 상황에서, 분단체제를 정상적인 삶의 조건으로 경험하고 살아온 세대의 감수성이 이러한 자부심을 구성하는 기본 질료가 된다.[134]

이상에서 살펴본 바와 같이 국민 개념은 한국의 오랜 역사와 더불어 여러 가지 정치적 함의를 동반한 것이었고 지금도 그러하다. 탈냉전 이후 남북관계의 진전, 세계화의 심화, 동북아의 지역주의 확대 등과 더불어 국민국가를 경계로 하는 국민의식에도 일정한 변화가 나타나고 있고 '국민' 개념에 대한 여러 형태의 비판과 논란도 점차 확대되고 있다. 뿐만 아니라 외국인 노동자의 증대, 국제결혼가정의 증가 등으로 한국사회의 내부구성이 다양해지면서

133. 전재호(2006), 「세계화시대 한국의 정체성 변화」, 손호철 엮음, 『세계화, 국가, 시민사회』, 이매진, pp.251~252.

134. 박명규(2007), 「21세기 한반도와 평화민족주의」, 참여사회연구소 편, 『다시 대한민국을 묻는다』, 한울.

전통적으로 강조되던 국민정체성에도 중대한 변화가 불가피해지고 있다. 여전히 분단된 상태로 대한민국의 정체성을 중시해야 하는 필요성으로 국민 개념은 당분간 힘을 유지할 것이지만 언젠가는 마주칠 남북관계의 근본적 재편성이나 다문화 상황의 급진전, 세계화의 심화와 더불어 국민 개념은 지속적으로 논란의 대상에서 벗어나기 어려운 것도 사실이다. 21세기의 사회변동은 우리로 하여금 다시 한 번 국민 개념의 성찰과 새로운 정립을 요구할지 모른다.

3. 인민의 개념

인민 개념은 국민이나 시민이라는 용어에 비해 매우 오랫동안, 빈번히 사용되어 온 개념이다. 지금도 북한에서는 가장 많이 사용되는 단어이지만 남한에서는 좀처럼 쓰이지 않고 있다. 남북한 간에 정치적 함의가 뚜렷하게 구별되는 어휘의 하나인 셈이다. 하지만 『조선왕조실록』에서 보면 인민이라는 말은 가장 많이 등장하는 어휘이다. 국민이라는 단어가 163회, 시민이라는 단어가 395회 등장하는 데 비해 백성이라는 단어가 1,718회 등장하고, 인민이 2,504회 등장한다. 국민이나 시민이라는 용어와 비교할 수 없을 정도로 압도적이고 가장 빈번히 등장하는 백성 개념보다도 훨씬 더 많이 사용된 단어다. 적어도 조선시대 전반을 통해 인민이라는 말은 어떤 단어보다도 더 집합적인 사회구성원 일반을 지칭하는 말로 쓰였다고 할 수 있다. 이처럼 역사가 오래된 인민 개념이 20세기에 들어오면서 국민 개념과 갈등하는 의미를 지니게 된 것은 그 개념적 의미 자체에도 기인하는 바가 있지만 그보다 근대국가 형성과정에서 크게 부각된 이데올로기적 분열이 더 큰 이유로 작용했다. 현재 남한과 북한에서 인민 개념이 매우 대조적으로 취급되는 것은 중국에서 공산당 정부와 국민당 정부 사이에 벌어졌던 정치적 · 개념적 투쟁과도 비교된다. 또 일본에서의 전후 좌파운동의 사상적 지향성 속에서도 유사한 개념적 긴장을 발견할 수 있다. 인민 개념의 역사는 앞서 살펴본 국민과는 또 다른 차원에서 개념사와 사회사, 언어와 정치, 말과 사물의 역사적 연관성을 잘 드러내 준다.

한자문명권의 인과 인민

앞서 본 바대로 인人이나 민民이라는 단어는 매우 오래된 한자문명권 내의 핵심단어이다. 원래 '인'이란 말은 이종족異種族을 지칭하는 경우가 많았다고 하는데 춘추시대 말기에 이르면 인은 노예주로, 민은 노예로 지칭되었다고 한다. 다시 말하면 인과 민은 노예주와 노예의 관계이면서 동시에 통치계급과 피통치계급의 관계였다는 것이다.[135] 조선에서도 인과 민은 서로 구별되어 사용되었는데 인은 주로 관리를 지칭하였다. 이와는 달리 '인'이 사람 일반을 의미하는 보통명사로서 개인, 타인, 집합체로서의 인간 등을 모두 의미하는 데 비해 '민' 은 정치공동체 내에 살고 있는 평민, 피

135. 이석규(2004), 앞의 논문, p.46에서 재인용.

치자로서의 서민 일반을 지칭하는 경우도 있었다.

이 '인'과 '민'을 조합한 '인민' 개념은 일찍부터 사용되었다. 『맹자』의 '진심장구하盡心章句下'에는 "제후지보삼諸侯之寶三, 토지土地, 인민人民, 정사政事"라 되어 있어서 제후의 가장 중요한 보물 중 하나로 서술되어 있다. 『관자』의 '7법제6'에는 '인민조수초목지생人民鳥獸草木之生'이라 되어 있다. 맹자孟子가 말하는 제후의 세 보물은 오늘날 국가의 구성요소라 하는 토지, 국민, 주권의 내용과 유사하다. 다만, 이때의 인민은 아무런 관직이나 지배층으로서의 특권을 가지지 못한 평민, 피지배층 일반을 의미한다. 실제로 거의 2000년에 이르는 중화제국에서 민중 개념으로 사용된 가장 대표적인 어휘는 '인민'이었다. 「이십오사」를 기초자료로 하여 검토하면 인민의 사용빈도가 304회인 데 비해 국민은 13회, 민족은 겨우 2회 사용되었다고 한다.[136] 단순히 빈도에서만 그런 것이 아니고 그 의미에 있어서도 황제-인민이라는 일군만민체제의 한 극을 이루는 용어로 자리 잡고 있었던 것이다. 일본의 경우도 일찍부터 '인민' 개념이 사용되었다.[137] 중국과 일본 모두 왕과 고위 양반관료는 포함하지 않는 피치자, 통치대상자라는 의미로 인민이란 단어가 사용되었던 것이다.

『조선왕조실록』을 검색해 보면 인민 개념이 매우 광범위하게 사용되었음을 보게 된다. 가장 빈번하게 나타나는 용례는 포로가 되거나 약탈을 당한 대상을 지칭할 때 주로 사용되는데, 다음과 같은 표현이 그 대표적인 사례이다.

136. 古廏忠夫(2000), 앞의 논문, pp.230~231.
137. 石塚正英 · 柴田隆行 監修(2002), 앞의 책 , p.169.

신우辛禑 6년(1380) 경신 8월, 왜적의 배 5백 척이 진포鎭浦에 배를 매어 두고 하삼도下三道에 들어와 침구侵寇하여 연해沿海의 주군州郡을 도륙하고 불살라서 거의 다 없어지고, 인민人民을 죽이고 사로잡은 것도 이루 다 헤아릴 수 없었다.[138]

일본 축주태수筑州太守 장충가藏忠佳가 중 장주藏主 · 종순宗順 등을 보내어 사로잡혀 갔던 우리의 인민人民들을 돌려보내고 또 수호修好하기를 청하였다.[139]

신우辛禑 8년(1382) 임술 가을 7월, 태조를 동북면 도지휘사東北面 都指揮使로 삼았다. 이때 여진女眞 사람 호발도胡拔都가 동북면의 인민人民을 사로잡아 가니, 태조가 그 도道의 군무軍務를 대대로 관장하여 위신威信이 본디부터 나타난 이유로써, 보내어 그들을 위로하고 어루만져 주게 하였다.[140]

한편 이성계의 위화도 회군시 최영崔瑩과 이성계의 다음의 대화는 '국가'라는 말과 '인민'이라는 말이 함께 사용된 흥미 있는 사례에 해당한다. 이 대화는 고려시대 말 조선시대 초의 중대한 정

138. 『조선왕조실록』, 太祖 1卷 總序
원문: 辛禑 六年庚申八月, 倭賊 五百艘, 維船於 鎭浦, 入寇下三道, 屠燒沿海州郡殆盡, 殺虜人民, 不可勝數.
139. 『조선왕조실록』, 太祖 2卷, 1年(1392 壬申) 10月 19日(丁卯)
원문: 日本筑州 太守 藏忠佳 遣僧 藏主宗順 等, 歸我被虜人民, 且請修好。
140. 『조선왕조실록』, 太祖 1卷 總序
원문: 辛禑 八年壬戌秋七月, 以 太祖 爲東北面都指揮使。時 女眞 人 胡拔都, 擄掠東北面人民而去, 以 太祖 世管其道軍務, 威信素著, 遣以慰撫之。

치적 격변기에 두 개념이 어떻게 사용되었는지를 보여 주는 좋은 예다.

> 태조가 최영에게 말하기를, "이 같은 사변은 나의 본심에서 한 것은 아닙니다. 그러나, 다만 대의大義에만 거역했을 뿐만 아니라, 국가가 편치 못하고 인민이 피곤하여 원통한 원망이 하늘까지 이르게 된 까닭으로 부득이한 일이니, 잘 가시오. 잘 가시오" 하면서 서로 마주 보고 울었다. 마침내 최영을 고봉현高峰縣에 유배流配시켰다.[141]

태종太宗 때인 1402년 2월 4일자와 8월 1일자의 다음 기사들은 '본국 인민'이라는 말로 조선국 내에 속하는 평민들을 가리켰을 뿐 아니라 인민이 국가의 가장 중요한 자원인 군역과 부세의 부담층으로서 항상 정확한 파악과 관리의 대상이었음을 보여 준다.

> 본국本國의 인민人民으로 요동에서 돌아온 사람은 충청 · 전라 · 경상도에 두라고 명하였다. 서북면 경차관西北面 敬差官 정혼鄭渾이 보고하기를, "본국의 인민人民으로 도망하여 요양遼陽으로 들어갔던 자들이 근자에 굶주림과 정역征役으로 인하여 그 처자를 이끌고 도로 강을 건너오는 자가 길에 연달았습니다…."[142]

141. 『조선왕조실록』, 太祖 1卷 總序
원문: 太祖 語 瑩 曰: "若此事變, 非吾本心。然非惟逆大義, 國家未寧, 人民勞困, 冤怨至天, 故不得已耳。好去好去." 相對而泣, 遂流 瑩 于 高峯縣。

142. 『조선왕조실록』, 太宗 3卷, 2年(1402 壬午) 2月 4日(丁巳)
원문: 命置本國人民自遼陽還者於忠淸, 全羅, 慶尙道。西北面敬差官鄭渾報曰: "本國人民逃入遼陽者, 近因飢荒征役, 携其妻子, 還渡江者, 絡繹於路…."

군정軍丁의 성적법成籍法을 정하였다. 승추부承樞府에서 아뢰기를, "지금 중국에 군사가 일어났으니 염려하지 않을 수 없습니다. 마땅히 국내 인민人民의 수를 알아서 갑수甲首와 조호助戶를 실實한 것으로 택하여 차정差定하는 것이 오늘날의 급무입니다. 무릇 중외中外의 인민에게 모두 호패號牌를 주고, 인하여 명수를 기록하여 장적帳籍을 만드는 것이 어떠합니까? 경작耕作하는 것의 다소多少를 상고하여 장적을 만드는 것이 어떠합니까?" 하였다. 삼부三府에 명하여 회의하게 하고, 각사各司에 가부可否를 물으니, 의논이 분운紛紜하였다. 마침내 경작耕作의 다소多少를 상고하여 성적成籍하는 것이 좋다고 아뢰고, 행이行移하였다.[143]

세종世宗 때에 이르면 '인민' 개념은 훨씬 많이 등장한다. 세종 때에만 무려 517회 발견될 정도로 이 말은 자주 사용되고 있다. 선조 때 358회, 성종 때 258회, 중종 때 221회 등장한다. 대체로 국가 체제를 제도화하고 백성들에 대한 정치 개입이 많았던 시기에 '인민' 개념이 자주 사용되었음을 짐작하게 된다.

경상도 수군 도절제사水軍 都節制使가 계하기를, "거제巨濟와 남해南海 두 섬은 왜적이 지나다니는 곳으로 근년 이래로 왜적의 변이 좀 가라앉았음으로 말미암아 인민들이 나라의 구실을 피하여 두 섬으로 들어가니, 남해에는 2백여 호戶가 되고, 거제에는 3백 60여 호가 되었사

143. 『조선왕조실록』, 太宗 4卷, 2年(1402 壬午) 8月 1日(壬子)
원문: 定軍丁成籍之法。承樞府啓: "今中國兵興, 不可不慮。宜知國內人民之數, 甲首助戶, 擇實差定, 今日之急務也。凡中外人民, 皆給號牌, 因錄其名數而成籍如何? 所耕多小, 相考成籍如何?" 命三府會議, 取可否於各司, 議論紛紜, 卒以考其所耕多小成籍事, 啓聞行移.

온데, 만일 변이 일어나면 이들은 반드시 노략을 당할 것이오니, 두 섬의 백성들을 그 곳에 있지 못하게 금하지 않는다면, 마땅히 성을 지키는 군사를 두어 엄밀하게 수어守禦하여야 할 것이요, 남해南海의 동쪽 적량赤梁 및 서쪽 노량露梁과 거제의 서쪽 견내량見乃梁에는 마땅히 모두 병선兵船을 두어야 할 것입니다. 수영水營 내이포乃而浦로부터 거제에 이르는 수로水路는 50여 리나 되오니, 만일에 왜적의 변이 있을 때에 쫓아가 구원하기 어려울 것입니다. 전자에 영등포 만호永登浦 萬戶를 자산도玆山島로 옮겨 갔사온바, 청컨대 이제 다시 영등포로 돌아오게 하여 백성들의 생업을 편안하게 하여 주시옵소서."[144]

호조에서 계하기를, "전일 내리옵신 교지에 '충청도에 흉년이 들었으니, 그 전에 충청도에서 세전歲前에 바치던 조세 미곡租稅 米穀을 명년明年 해빙解氷할 때를 기다려 상납하도록 함이 편하다.' 하옵신바, 교지를 받들어 통문을 발송하여 충청도로 하여금 경원慶源의 덕은창고德恩倉庫의 미곡을 전에 상납하던 수량대로 세전에 수로로 운반하게 하려 하였사오나, 다만 염려되는 것은 충청도의 백성들이 이미 실농失農하였으므로 만일 세후歲後를 기다려 조세租稅를 걷는다 하면, 장차 모두 소비하여 거진 다 없어지게 된다면 수량대로 받아들이지 못하게 될까 걱정이 됩니다. 그러하오니 충청도의 각 고을에 명령하여 금년의 밭세 가운데서 정고正庫에 상납할 미곡은 제하여 놓고, 그 밖의 남는

144. 『조선왕조실록』, 世宗 1卷, 卽位年(1418 戊戌) 8月 19日(丙申)
원문: 慶尙道 水軍都節制使啓: "巨濟, 南海 二島, 倭賊 往來之地, 近年以來, 賊變寢息。因此, 人民避役于二島, 南海 二百餘戶, 巨濟 三百六十餘戶, 萬一有變, 則必爲所掠。若不禁二島居民, 則當置守城軍, 以嚴守禦。南海 東面 赤梁, 西面 露梁, 巨濟 西面 見乃梁, 竝宜置兵船。自水營 乃而浦 至 巨濟, 水路五十餘里, 倘有賊變, 未易赴援。前者移 永登 萬戶于 玆山島, 請復還 永登浦, 以安民業."

미곡은 각각 가까운 경원慶源 덕은창德恩倉 및 연해沿海창고에서 반드시 세전歲前에 정한 수량대로 징납하여 두었다가, 본조本曹에서 보내라는 통문을 기다려 배로 운반하여 상납하게 함이 어떠하올는지요." 하니, 임금이 그대로 좇았다.[145]

인민은 반드시 조선 내 모든 주민을 총칭하지 않는 경우도 있었다. '여진 인민', '경내 인민', '본도 인민', '평안도 인민', '경상도 인민' 등의 말에서 보듯 이것은 특정한 범주나 공동체에 속한 일반인 내지 평민을 지칭하는 말로 쓰였던 것 같다. 또한 '기근 인민', '유리 인민', '피난 인민' 등과 같이 피지배적 위치에서 곤핍한 삶을 살고 있는 존재임을 보여 준다. 한 연구에 따르면 조선시대 초기에는 '인민'이, 후기에는 '민인'이 더 자주 사용되었고 숙종대에 이르면 대소민인이라는 표현이 사용되었다.[146] 대체로 민인과 인민이 피치자 일반을 의미하는 말로 혼용되었고 그리고 이런 용례는 19세기 후반까지 큰 변화 없이 유지되었던 것으로 보이지만 개항 이후 외국과의 조약이 체결되고 새로운 법적 규정들이 만들어지면서 새로운 의미변화가 나타나기 시작한다.

145. 『조선왕조실록』, 世宗 1卷, 卽位年(1418 戊戌) 9月 11日(戊午)
원문: 戶曹啓: "前以 忠淸道 年歉, 在前本道歲前漕運租稅米穀, 待明年解氷後上納爲便, 受敎行移。乞令本道, 將 慶源德恩倉 米麪, 據在前上納之數, 歲前漕運。但慮本道人民, 旣失農務, 若待歲後收稅, 則恐將糜費殆盡, 不得依數輸納。其本道各官今年田稅內, 除供正庫上納供上米麪外, 其餘米麪, 各以附近於 慶源德恩倉 及沿海倉庫, 須及歲前, 依數徵納, 以待本曹移文, 漕運上納何如?" 上從之.

146. 김윤희(2009), 「근대 국가구성원으로서의 인민 개념 형성(1876~1894)」, 『역사문제연구』 제21호, p.309.

서구사상과 인민 개념

영어의 people, 프랑스어의 peuple은 모두 라틴어 populus에서 유래했다. 이 단어는 통상 '인민', '민중'으로 번역되고 있는데 어원적으로는 평민, 대중, 군집의 의미도 포함되어 있다. 독일어의 volk는 영어의 folk와 함께 게르만계의 언어에 어원을 갖고 있다. 고대 로마시대의 라틴어의 plebs(평민)은 patrici(귀족)에 대한 개념으로 사용되었다. 근세 절대주의 국가의 성립시기에 이들은 국가를 구성하는 내적인 존재, 권리를 지닌 집단으로 간주되지 않았다. '인민'으로 번역되는 이 말은 어원적으로 두 가지의 의미를 지니고 있다. 하나는 그리스의 demos를 의미하는 것으로 민주적 정당성의 원천인 전체 시민을 의미하면서 동시에 평민plebs의 의미도 내포한다. 다른 하나는 문화적이거나 인종적인 공동체를 지칭하는 ethnos의 의미를 지니기도 했다. people의 위상이나 비중에 대한 논의가 시작된 것은 유럽이 교황의 절대적인 지배권으로부터 벗어나 세속적인 권력이 국가의 형태로 등장하면서이다.

대표적인 경우가 14세기 이탈리아 사상가로서 인민주권론의 선구자로 알려진 파두아의 마르실리우스Marsilius of Padua이다.[147] 그는 교황권과는 달리 세속국가가 평화를 위해 수행하는 역할을 중시하면서 세속통치자의 지배정당성을 논증하려 했던 인물이다. 그는 육체를 갖고 있는 인간의 삶은 정신을 다루는 교회나 교권에 의해 충분히 다루어질 수 없다고 보았다. 이런 맥락에서 그가 던

147. 이화용(2001), 「중세에서 근대로? 마르실리우스 인민주권론에 관한 하나의 역사적 이해」, 『정치사상연구』 제5권.

진 질문은 세속적 권력으로서의 국가를 조직하고 이를 조절하는 권한과 책임이 어디로부터 유래하는가였다. 그는 두 가지 답을 내놓았는데 그 하나가 '인민집단 전체populus, universitas civium'라는 것이고 다른 하나는 '정부 내지 통치자 부분prinipatus, pars principans'이다. 인민집단 전체는 곧 '모든 사람omnes persona'을 의미한다고 본 그는 인간의 본성적 욕구를 낙관적으로 보았고 다수의 판단이 소수의 판단보다 건강하고 낫다는 믿음을 갖고 있었다. 그는 "성직자 계층을 포함한 사회 각 부분들의 개별적 판단에 비해서, 일반인vulgus을 포함한 인민집단 전체의 판단이 정치적, 지적, 도덕적으로 우월하다"고 주장하였고 이 점에서 '인민'을 폭넓은 정치적 권한의 주체로 설정했다. 교회공동체의 경우 그리스도교적 인민 전체universitas civium fidelium의 정치적 비중과 역할을 크게 인정했다. 그는 입법권이나 권력의 위임도 인민으로부터 유래한다고 보고 다음과 같이 말했다.[148]

> 인민집단 전체가 사회의 정의, 공익, 공통적 난제, 의무 및 기타 유사한 사항들에 관한 기준, 미래의 법률 또는 규칙들의 조사, 발견, 검토를 분별력 있고 경험이 많은 자들에게 위임하는 것은 적절하고 또한 매우 유용하다. 이 분별력 있고 경험이 많은 사람들 가운데 일부는 국가의 주요 부분들에 의해 그 비율에 따라 선출되거나 혹은 이들 모두가 인민 전체의 집회에서 선출될 수도 있다.

148. 박은구(1994), 「Marsilius of Padua의 인민주권론: 정부론을 중심으로II」, 『서양사론』 제44집, p.61에서 재인용.

마르실리우스는 이렇게 형성된 정부를 건강한 유형과 병든 유형으로 나누었는데 전자를 폴리티politia라 하고 후자를 민주정democratia이라 했다. 그가 민주정을 부정적으로 본 이유는 그것이 공동체 전체의 이익이 아닌 '대중 내지 가난한 다수들'만의 이익을 추구한다고 보았기 때문이다. 그가 건강한 정부로 지칭했던 폴리티의 특징은 (1) 인민이 통치자를 선출하고 (2) 인민이 법률을 제정하고 (3) 통치자의 지배는 반드시 법률에 부합되어야 하고 (4) 인민은 법률을 위반한 통치자를 교정, 폐위, 징벌할 수 있다는 것이다.[149] 그의 정부론은 오늘날의 관점에서 '인민주권론'의 입장에 투철했다고 볼 수 있는데 다음의 글은 그의 인민주권론을 명확하게 보여 준다.

> 통치자는 인민집단 전체의 선거에 의해 그 권위를 부여받는다. 한 사람을 실제의 통치자로 만드는 것은 바로 이 권위이다. 법률에 대한 지식, 분별력 및 도덕적 덕성이 완전한 통치자의 자질인 것은 사실이지만, 이 자질들을 갖춘 사람이 이 같은 권위를 가지지 못할 경우, 그들은 통치자가 아니다. …선거는 항상 입법권자의 권위에 의해 시행되어야 하며, 입법권자는 우리가 누누이 지적해온 바와 같이 시민집단 전체 혹은 그 중요한 부분이다.

이처럼 중세에도 인민 개념의 중요성이 일부 인지되었지만 본격적으로 사상과 정치 영역에 커다란 영향을 미친 것은 프랑스 혁명을 전후한 근대형성기였다. 프랑스 혁명은 구체제에 저항하던

149. 박은구(1994), 앞의 논문, pp.69~70, 주95 참조.

소시민층, 노동자, 농민 등을 모두 인민이라 하였으며 이후 근대적 국민국가가 보편적인 정치체제로 자리 잡게 되는 과정에서 사회나 국가를 구성하는 피지배자 전체를 인민이라 하였다. 당연히 이런 변화의 배후에는 계몽사상이 크게 작동했다. 루소는 이 점에서 핵심적인 인물이라 할 수 있다. 루소는 국가를 개개인의 구성체로 파악하면서도 일반의지를 바탕으로 공통자아로서의 집합성을 지닌 공동체라고 보았다. 그에 따르면 인민peuple이란 국가의 영토에 거주하고 있는 개개인의 총체로서 일반의지에 복종할 것을 수락한 사회계약 참여자를 말한다. 이들은 주권의 일정지분을 보유하는 자로서 사회계약을 통해 일반의지를 형성할 권리를 가진 자들이다.

하지만 루소가 인민들의 지향이나 성향을 무조건적으로 옹호한 것은 결코 아니었다. 그는 사적인 존재로서의 인간과 공적인 시민의 차이를 민감하게 인식했다. 근대는 욕망의 주체이면서 절대적인 자유를 옹호하는 개인주의를 옹호했지만 이런 자유주의는 고대 그리스 민주주의에 기반을 둔 시민적 자유와는 반드시 일치하지 않는다.[150] 소위 고대적 자유와 근대적 자유 사이의 긴장과 갈등이 나타나는 것이다. 루소가 인간homme과 공적 시민citoyen을 구분한 이유가 여기에 있다. 루소는 근대인들이 고대인들에게서 보이는 공동체에 대한 헌신이나 조국애를 결여하고 있고 단지 '상업과 돈'에만 관심을 갖고 있다고 비판했다. 시민적 덕과 애국심은 근대 시민사회에 대한 루소의 비판 근거였다. 전반적으로 루

150. 나종석(2008), 「고대 그리스 민주주의에 대한 헤겔의 비판과 근대 주체성의 원리」, 『헤겔연구』 제24권, pp.52~53.

소는 근대의 소유지향적 개인주의를 타락한 형태로 비판하고 고대 도시국가의 덕성을 찬양했다. 실제로 루소는 조국애와 인간성이 통일될 수 없는 덕이라고까지 보았다. 이 때문에 루소가 고대적 자유와 근대적 자유의 갈등을 해소하는 과정에서 낭만주의적 경향을 지녔다는 비판을 받는 이유이기도 하다.

루소의 영향을 강하게 받으면서도 근대적인 자율성을 더욱 중시한 헤겔G. W. F. Hegel은 다른 관점에서 이 문제를 해결하려 했다. 헤겔 역시 직접민주주의를 비판적으로 보았는데 그것은 규모에 있어서나 기능의 분화와 복잡성의 증대로 고대 직접민주주의가 불가능하다는 차원 이상의 이유가 있었다. 즉, 고대 아테네에서 실현된 직접민주주의가 사실상 배타성을 지녔다는 점과 사람들이 보여 주는 이질적이고 다양한 삶의 방식을 허용하지 않고 모든 인간을 동질적인 것으로 간주하는 오류가 있다고 보았기 때문이다. 헤겔은 고대 아테네가 '시민'을 중시했을 뿐 '인간'을 알지 못했다고 본다. 인간이 인간으로서 누리는 인격적 존엄성과 자유로운 개체성을 제대로 이해하지 못한 것이 노예제를 바탕으로 한 고대 사회였다. 또한 인민대중의 이름으로 혹은 인민의 이름으로 행사되는 전제정이 나타날 수도 있다고 헤겔은 보았다. 루소의 일반의지 개념은 자칫 그러한 민주적 전제정을 뒷받침하는 논리가 될 수도 있기 때문이다. 때문에 헤겔은 시민보다도 인간 그 자체, 신분적 차별과 억압으로부터 벗어나 자유로운 인격으로서의 개별성을 인정받는 것을 중시했다. 이러한 근대적 자유는 고대인의 자유에 비해 훨씬 다양하고 개별적이며 사적인 욕망의 충족을 지향하는 성격을 갖는다. 인간의 사적 이익추구와 탐욕성, 욕망에 대한 긍정이 정치적 정당성과 어떻게 연결될 것인가에 대해서는 이후 줄곧 유럽 정치사상사의 핵심 쟁점이 되었다.

헌법적 논의에서는 이것이 '인민주권론'과 '국민주권론'의 대립으로 이해된다. 인민주권론에 따르면 사회단체를 형성하는 각 개인은 주권의 일정지분을 보유하는 자이며 전체적인 의사를 도출하려면 구체적 개개인에게 의사를 타진해 보아야 한다. 결국 인민주권은 모든 사회구성원들의 자유로운 의사결정인 사회계약에 따라 국가가 성립하고, 이 국가의 설립목적인 전체의 공동이익을 위하여 국가를 지도하는 것이 일반의지이며 이러한 국가의 최고 이념으로서의 일반의지를 행사하는 것이 인민주권이라는 것이다. 반면 국민주권론에 의하면 주권이 그를 구성하는 개인과 명백히 구별되는 법률적 실체인 nation에 있기 때문에 어떠한 개인이나 집단도 그 자체로서 주권을 행사하는 주체가 될 수 없다고 본다.[151] 인민주권론이 직접민주주의와 친화력이 있다면 국민주권론은 대의제 민주주의와 좀 더 친화력이 있다. 프랑스 혁명 이후의 헌법제정권과 관련하여 국민주권론이 국민nation을 상정한 것은 앞서 살펴본 바와 같다. 하지만 1946년 헌법제정시 초안에는 '주권은 프랑스 인민에게 귀속한다'는 규정이 있었다. 이로부터 선거인단을 구성하는 '인민'과 역사적 총체로서의 '국민' 사이의 관계에 대한 논란이 나타난 것이다. 결국 타협적으로 '국민의 주권은 인민에 속한다'고 하였지만 여기에는 양립하기 어려운 주권의 범주설이 결합되는 애매함도 있었다고 평가된다. 다만, '인민주권론'의 경우도 그것이 각 개인에게 분할 가능한 것이 아니

151. 정종길(2006), 「우리 통치구조 기본원리에 수용된 18세기 후반의 프랑스 헌법사상」, 『공법논총』 제2호, p.85.

라 공동체에 속하는 것이기 때문에 '전체로서의 인민'을 주권자로 파악하는 것이 된다. 이것이 '인민 전체로서의 국민peuple-Nation'이다.

단독자로서의 개인이 어떻게 사회를 형성하여 살게 되는가에 대한 계몽사상의 해답은 사회계약이었다. 개인들의 자유로운 선택과 의지에 의해 자연상태에서의 절대적 자유를 유보하고 계약적인 '사회적 상태'를 구성하게 되었다는 것이다. 홉스T. Hobbes는 자연상태를 만인의 만인에 대한 투쟁으로 보고 생명에 대한 위협을 해소하기 위해 사회계약을 하게 되었다고 보았다. 로크J. Locke는 재산권의 보호를 위해, 그리고 루소는 인간의 타락한 현실을 새로운 방향으로 되돌리기 위해 사회계약을 하는 것으로 설명된다. 홉스의 계약이 자유와 생존을 맞바꾸고 로크의 계약이 자유의 일부와 생활의 편의를 교환하는 것으로 비교적 단선적이며 단순하다. 반면 루소의 사회계약은 자유와 자유를 교환한다는 특이한 공식을 보여 준다.[152] 이를 위해 루소는 자연적 자유와 시민적 자유를 구분하여 하나의 자유를 포기하는 대신 또 다른 자유를 획득한다고 본다. 루소의 다음 글을 보면,

> 「사회계약을 통해」 인간은 자연상태에서 가졌던 많은 것을 빼앗기기도 하지만, 많은 것을 얻기도 한다. 인간의 능력은 향상되고 발전되며, 생각은 넓어지고 감각은 고상해진다. 영혼 전체가 고양되기에 새롭게 얻은 조건의 남용으로 이전의 자연상태로 타락하는 일만 발생

152. 박의경(2008), 「참여민주주의를 위한 루소의 역설」, 『사회과학연구』 제16권 제2호, pp.80~82.

하지 않는다면, 인간은 자연상태에서 벗어나 어리석은 동물로부터 지적인 존재인 인간으로 변화된 이 행복한 순간을 끊임없이 축복하게 될 것이다.

로크는 자연상태를 부정적으로 보지 않았다. 로크는 자신이 '소유'라고 불렀던 가치들, 즉 생명, 자유, 재산 등을 최고의 가치로 간주하면서 이러한 포괄적 소유가 자연법의 기초가 된다고 보았다. 따라서 자연법이 행사되는 상태는 기본적으로 선한 평화상태인 것이다. 하지만 이러한 가치들의 소유를 충분히 보장하기에는 불안정한 상태일 수도 있기 때문에 그 불안정성과 불확실성을 극복하기 위하여 국가가 필요하다고 로크는 보았다. 당연히 그 근거는 사회적 동의에 근거한다. 즉, 시민적 동의에 근거할 때에만 국가가 성립가능하다고 보았다. 로크는 이것이 인민으로부터 주권이 신탁되는 것으로 보았고 일단 어떤 주권기구에게 주권이 위탁되고 나면 일반 인민은 정부가 해체될 때까지 일체의 권력으로부터 단절된다는 것이다. 이처럼 로크의 인민주권론은 실질적으로는 신탁이론에 의해 인민을 권력으로부터 단절시키고 입법부주권을 강화하는 논리가 되기도 했다.[153] 물론 로크는 인민이 입법권 자체까지 변경시킬 가능성을 부인하지는 않았다. 즉 인민의 혁명권 · 저항권을 인정함으로써 궁극적으로 인민주권론을 고수했다. 로크는 인민이 국가권력에 대한 복종의무에서 해방되어 이에 저항하는 경우를 포괄하여 '정부의 해체'라 불렀다. 결국 시민적 불복종이라 할 수 있는데 이러한 저항권이 정당화되는 것은

153. 최양수(1998), 「존 로크 헌법사상의 재조명」, 『연세법학연구』 제5권 제2호, pp.13~14.

국가권력의 신탁위배가 나타날 때이다. 중대한 신탁위배가 존재하는가의 여부는 결국 인민 전체의 판단에 맡겨진다.

인민 개념이 다소 다른 맥락에서 널리 확산된 것은 러시아의 인민주의운동에서였다. 서유럽에 비해 정치경제적으로 낙후하고 차르체제의 억압에 신음하던 러시아의 급진파 지식인들은 복잡한 정치사회적 분석대신 매우 단순하면서도 명료한 저항이념으로서 인민주의를 추구했다. 인민주의는 정교한 강령이나 현실인식의 틀 대신 루소가 말했던 "고상한 야만상태의 인간", 즉 "완전히 내면적인 빛에 의해 완전한 인간, 즉 인민이 되며 이 같은 전제하에서 인민의 목소리만이 사회의 불의와 모순을 해결하는 새로운 세력이 될 수 있다"는 사상을 견지했다. 이런 점에서 '인민'은 권위에 대한 도전, 엘리트에 대한 거부, 평등주의, 모든 지배자에 대한 저항 등을 담는 개념이었다. 계급이나 대중의 개념과는 달리 '압제자-피압제자'라는 이분법을 수용하고 간결한 평등주의에 입각한 실천성을 중시했다. 1870년대 러시아 전역에 벌어졌던 "인민에게로", 즉 브나로드운동은 이런 인민에 대한 막연한 신뢰와 기대감을 반영한 것이었다. 이들은 루소가 그러하듯 과거의 전통적 공동체를 높게 평가하였고 러시아 농민들의 순수함과 미르공동체의 건강함을 강조했다. 체르니셰프스키N. Chernyshevsky의 말에 의하면,

> 러시아 인민은 온갖 고난에도 불구하고 공동체 생활양식을 존속시켜 왔다. 그 공동체는 러시아 인민을 구원할 것이다. 이것을 파괴한다는 것은 인민을 억압하여 지주와 경찰에게 넘겨주는 것이다. 또 유럽이 농촌토지의 분할을 후회하며 다시 공동체 질서를 확립하려고 노

력할 때 우리는 오히려 공동체에 손을 댄다는 것을 의미한다.[154]

러시아 공산주의자들은 이들 인민주의자들을 비판하면서 여전한 계급적 분석과 계급투쟁의 중요성을 강조했지만 인민주의적 전통은 러시아의 사회변혁 과정에 중요한 동력을 제공했고 사상적 · 정치적으로 적지 않은 영향을 미쳤다. 러시아뿐만 아니라 비슷한 시기 미국에서도 인민주의는 큰 호응을 얻었는데 "인민당People's Party"이 만들어진 것과 러시아의 브나로드운동이 벌어진 것이 같은 시기였다. 인민주의의 흐름에서 상정되는 인민은 대체로 다음과 같은 속성을 지닌 것으로 간주된다.[155]

인민은 항상 절대 다수이기 때문에 인민의 이름으로 발언하는 쪽은 그만큼 확실한 정당성을 요구하는 셈이 된다. 그런데 포퓰리스트들이 내세우는 인민은 그 수적인 풍부함에도 불구하고 다양한 존재가 아니라 일원적이고 동질적인 존재이다. 그것은 본원적으로 통일되어 있으며 연대하는 실체이다. 또 그것은 수적으로 우위에 있을 뿐만 아니라 도덕적으로도 부패하고 타락한 소수의 엘리트 계층에 대해 절대적인 우위에 서 있다. 인민은 처녀지와 같이 무구하며 이들의 감정은 항상 올바르고 이들의 분노는 항상 정당한 것으로 묘사된다.

154. 이정희(1992), 「19세기 후반 서구사회주의와 러시아 인민주의 운동」, 『인문연구』 제13권 제2호, p.276에서 재인용.
155. 주정립(2006), 「포퓰리즘에 대한 이론적 검토」, 『시민사회와 NGO』 제4권 제1호, p.48.

이런 인민 개념은 이후 반엘리트주의적인 민중적 저항운동, 지배/피지배의 이분법적 사고를 동반하면서 집합적인 정치 선동에 종종 활용되었다. 다수의 피해자들을 동질적으로 호명함으로써 그들에게 동일범주에 속한다는 소속감을 제공하고 이를 단순한 지배층에 대한 거부감과 연결시키게 된다. 흥미롭게도 파시즘의 논리에도 인민 개념이 활용되고 좌파들의 통일전선에도 인민전선의 이름으로 활용되곤 한다. 현대에도 포퓰리즘으로 불리는 여러 형태의 대중적 정치동원에 이런 인민의 개념이 등장하곤 한다.

번역어 인민 개념과 동아시아

일본에서 인민은 'people'의 번역어로 알려져 있다. 물론 일본의 경우 제2차 세계대전 후 헌법 제정과정에서 맥아더 헌법의 'people'은 '국민'으로 번역되는 부분이 있었지만, 대체로 국민은 'nation'의 번역어로, 인민은 'people'의 번역어로 받아들여진다. 그런데 서구사상의 조류와 관련하여 두 흐름을 주목할 필요가 있다. 즉, 사회계약론적인 자유주의의 흐름과 계급론적 사회주의의 흐름이 그것이다. 번역과정에서 어떤 사상적 조류와 연결되는가에 따라 각기 상이한 함의를 갖게 되었던 것이다. 1974년 판『일본사사전』(角川書店)에는 인민이 다음과 같이 설명되어 있다.

> 인민: 민중이 자기를 정치적 주체로서 자각적으로 확인하는 개념 또는 피치자신분의 총칭. 고대 중국의 정치사상에서 동치대상이었던 民의 별칭. 일본에서도 고대 이래 피치자신분으로서의 인민관이 유교적 정치사상의 가운데 정착. 명치유신 후 정부는 인민이란 말을 사용

하여 국민의 천황제 국가에의 귀속의식의 육성을 시도했다. 일방 구미정치사상의 섭취 속에서 people의 역어로서 사용되었고, 특히 자유민권파는 인민을 피치자신분의 뜻과는 달리 정치적 주체, 천부인권의 보유자로서 자리매김하였다. 이후 천황제의 확립에 따라 정부는 신민이란 말을 사용하고 인민이란 말은 민주주의, 사회주의의 입장에서 정치적으로 소외된 민중을 가리키는 개념으로 사용되었다. 국민이 국가적, 민족적 제약을 받는 개념이었던 것에 비하여 이러한 제역을 뛰어넘는 피지배층을 총괄하는 개념이 되었다. 제2차 세계대전 직후 반체제운동의 측에서 많이 사용했지만 최근에는 그다지 사용되고 있지 않다. 역사학에서는 다이쇼 말기 이래, 羽仁五郎이 적극적으로 사용했다. 1960년대 후반에는 인민투쟁사 연구가 활발하였다.[156]

여기서 보듯 자유주의는 루소의 인민주권론에 기초하여 국가에 대립하여 존재하는 자유로운 사람들의 총칭으로 인민 개념을 이해했다. 일본에서는 메이지 시기에 창간되었던 자유당, 정우회계의 매체들에서 적극적으로 내세웠고 자유와 권리를 행사하는 정치적 주체로서의 성격을 강조했다. 프랑스 혁명이나 미국의 독립혁명사의 서술에서 주권적 주체로서 인민이 강조되었고 이런 점에서 인민은 국민의 의미와 크게 다르지 않았다. 실제로 일본의 근대화 과정에서 서구의 주요한 사상과 개념을 번역하는 데 지대한 영향을 미친 후쿠자와 유키치는 그의 저서에서 지금 같으면 국민이라는 말을 썼을 부분에서 인민이라는 개념을 매우 많이 사용하고 있다. 그의 『문명론의 개략』에 나타나는 몇 가지 예를 들어

156. 高柳光壽 · 竹內理三 編(1974), 『日本史辭典(第二版)』, 角川書店, pp.508~509.

보면 다음과 같다.

국체란 무엇인가… 국체란 한 종족의 인민이 서로 모여서 근심과 즐거움을 같이하며, 다른 나라 사람에 대해서 우리와 남의 구별을 지어 스스로 서로를 보기를 다른 나라 사람들을 보는 것보다 두텁게 하고 스스로 서로 힘을 다하는 것을 다른 나라 사람을 위해서 하는 것보다 힘써서, 한 정부 하에 있어서 스스로 지배하고 다른 정부의 제어를 받는 것을 좋아하지 않으며, 화와 복을 모두 스스로 짊어지고 담당해서 독립하는 것을 말하는 것이다. 서양말에 '나쇼나리티'라 부르는 것이 바로 그것이다.[157]

"언어나 종교가 있다 하더라도, 그 인민이 정치의 권을 잃어버려 다른 나라 사람의 제어를 받을 때는, 곧 그것을 이름하여 국체가 단절되었다고 해야 할 것이다."[158]

후쿠자와는 이 책의 제4장을 또한 '일국 인민의 지덕을 논함'이라고 제목 붙였다. '일국 인민'이라는 말은 현재 '국민'을 의미하지만, 같은 책에서 그는 "일본에 정부는 있으나 국민은 없다"는 유명한 말을 했던 것으로 미루어 양자가 동일한 의미를 지닌 것이라 보기는 어렵다. 굳이 구별한다면 '일국 인민'이란 아무런 정치적, 문명사적 성격을 고려하지 않은, 일국 내에 거주하는 사람들의 단순한 총칭이고 '국민'이란 그 국가공동체에 대한 정치

157. 마루야마 마사오(2007), 앞의 책, p.156에서 재인용.
158. 마루야마 마사오(2007), 앞의 책, p.159에서 재인용.

적 · 사회적 책임의식과 주인의식을 지닌 문명적 단위를 말하는 것이라 할 수 있다. 이런 맥락에서 "미국은 인민의 국이다. 인민으로 시작하고 인민으로 끝나는 국이다"라고 할 수 있었던 것이다. 메이지 시대 간행된 잡지 『인민』에는 "인간이 모여서 단결하는 것에 인민이 있는 것이다. 인민이라고 하면 자유를 추구하는 인간과 인간이, 그 자유의지로써, 사회를 조직하고 있는 것을 말한다. 따라서 인민은 먼저 국가가 없어도 사회를 만드는 것이다. 환원하면, 사회라는 것은 자유의 인민이 서로 독립의 생을 추구하기 위해 조직한 질서 있는 평등관을 기초로 한 것이 되어야 한다"고 설명되어 있다.[159]

또 하나의 흐름은 일본 공산당에서 보이는 인민 개념이다. 20세기 사회주의의 사상적 · 실천적 영향을 크게 받으면서 인민 개념은 일본 정치사에서 중요한 역할을 했다. 먼저 마르크스주의 관점을 수용하고 있는 1967년 판, 『사회과학사전』(신일본출판사)에서 인민이 어떻게 규정되었는지를 보면 다음과 같다.[160]

> 인민: 지배되고 억압되고 착취당하는 계급, 계층으로 혁명을 수행할 능력을 가진 사회적 · 정치적 세력의 총칭이다. 따라서 인민 속에 포함된 사회적 · 정치적 세력은 그 나라의 역사적 발전단계나 당면한 혁명의 성격의 차이에 의하게 된다. 부르주아 혁명과 제국주의 단계와 그 이전의 단계와는 다르다. 전반적 위기 하의 현재의 독점자본주

159. 加藤哲郎(2001), 「二〇世紀日本における'人民'概念の獲得と喪失」, 『政策科學』 第8巻 第3號, 立命館大學政策科學會, p.88.
160. 社會科學辭典編輯委員會 編(1967), 『社會科學辭典』, 新日本出版社.

의국에서는 노동자, 농민, 도시노동자만이 아니라 중소자본가 계급도 인민 속에 포함된다.

여기서 보듯 사회주의자들에게 인민 개념은 피지배적 상태에 있는 계급적 존재이다. 또 정치적 역할도 일반적인 권리와 자유의 주체로서가 아니라 혁명을 수행할 역량으로 설정되어 있다. 따라서 일반적으로 '혁신세력'이라고 불리는 사회세력 전반을 인민으로 총칭하기도 했다. 1970년 제11회 당대회부터 일본 공산당은 인민과 국민을 동의어로 간주하고 사용했다고 한다. 실제로 이런 인민 개념은 20세기 전반기 내내 사용되고 널리 확대되었다. 인민투쟁, 인민전선, 인민민주주의 등의 개념들이 모두 이와 연관되는 것이라 할 수 있다.

중국에서도 인민 개념은 이런 두 사상적 조류 및 정치적 흐름과 연결되어 있었다. 국민당 정부 하에서 인민은 늘 국민 개념과 비슷하게 사용되었다.[161] 1912년 '중화민국임시약법'을 제정하는 주도적 역할을 했던 쑹자오런은 중화민국임시약법 제1조에서 "중화민국은 중화인민이 이를 조직한다"라고 했다. 물론 제2조에서 "중화민국의 주권은 국민전체에 속한다"라고 해서 국민 개념을 주권체로 사용하고 있지만 중화민국이라는 국가를 조직하는 주체는 '인민'이라는 말을 썼던 것이다. 이것은 용어상의 혼용이었다기보다 자생적 존재로서의 '천하인민'과 정치적인 범주로서의 '국민'을 구별하려는 의도적인 사용이었다고 볼 수 있다. 국민은 "불가분이며 영속적인 집합체로서 일정 시점에 그것을 구성하

161. 이하는 古廐忠夫(2000), 앞의 논문, p.233~238 참조.

는 제 개인과는 구별되는 하나의 법인을 형성한다"고도 하고 따라서 시민을 초월하여 존재하는 '정신적 인격'으로까지 일컬어졌다. 곧 국민 개념은 통일성 · 추상성 · 영속성을 특징으로 하는 이념적 총체 개념이라 할 수 있다. 반면 인민 개념은 루소의 '사회계약론'에 기초하여 국가를 사회계약에 의해 출현시키는 '정신적 · 집합적인 단체'로서 사회계약의 근간을 이루는 참가자의 총체인 것이다.

하지만 중국 공산주의자들은 점차 인민을 국민으로부터 분리시키고 대립적인 범주로 정의했다. 인민은 개별적이고 구체적인 인간존재이면서 지배계급에 대한 저항의 논리를 지니는 존재로 간주되었다. 통일성 · 추상성을 특징으로 하는 이념으로서의 국민에 대하여 인민의 개별성 · 구체성은 직접적 정치참가, 혁명봉기를 정당화하는 데 적합하다. 총체 개념으로서의 국민에 대하여 '적 배제의 논리'를 포함하는 인민은 계급투쟁을 뒷받침한다.[162] 레닌 V. I. Lenin에 의해 소비에트 혁명이 성공하고 '인민민주주의'가 구체화되면서 국민에 대체하는 인민 개념은 중국 내에서도 점차 힘을 얻게 되었다. 중국 공산당도 적극적으로 이 개념을 활용하여 국민당과의 투쟁과 협력의 줄타기를 전개했다. 실제로 중국에서 인민 개념은 반드시 번역어라고 하지 않아도 좋을 정도로 전통적인 함의와 상통하는 점이 있었다. 후루마야 다다오古廄忠夫에 의하면 "중국에 있어서 인민 개념은 프랑스 혁명－코민테른 경유의 서구적 인민 개념과 중국 구래의 전통 개념의 아말감이었다."[163] 국민당과

162. 古廄忠夫(2000), 앞의 논문, p.239.
163. 古廄忠夫(2000), 앞의 논문, p.240.

의 대항성을 앞세워 더욱 국민 개념을 배척하려 했던 공산당은 인민 개념을 '적배제의 논리'를 강조하는 것으로 적극 활용했다. 이후 인민 개념은 마르크스주의의 사상 및 무정부주의로부터 지속적으로 민중적, 평민적, 피지배층으로서의 위상을 뜻하는 의미를 부여받았던 것이다.

일제의 패망은 미국 · 소련 연합국에 의한 것이었지만 점차 미국과 소련은 체제와 이념을 달리하는 두 세계로 분리되기 시작했고 이는 중국의 공산화와 한국전쟁을 거치면서 고착화했다. 중국의 공산화는 세계사적으로도 큰 전환이었지만 개념적인 차원에서도 중요한 변화의 계기를 이룬다. 항일전쟁기 중국에서 사용된 인민 개념은 대체로 국민 개념과 가까웠다. 하지만 전쟁이 종결된 후 친일 부역자들에 대한 처벌 내지 배제의 방식을 둘러싸고 인민과 국민 개념이 분리되고 논란이 지속되었다. 중국에서는 '일본지배 하에 수동적으로 살아가지 않을 수 없었던 다수'를 어떻게 처리할 것인가를 둘러싸고 논란이 벌어졌다. '소한간小漢奸'으로 지칭되었던 이들에 대해 국민당 정부는 여전히 '국민' 개념을 적극적으로 사용했다. 1946년 1월의 정치협상 회의결의도 국민정부, 국민대회와 같은 말을 사용했다. 하지만 국공합작이 깨진 이후 공산당은 더 이상 국민 개념을 사용하지 않았다. 중국 공산당으로서는 국민당이 강조하는 국민 개념을 폐기하고 인민을 강조할 정치적 필요성이 매우 컸던 것이다. 인민공화국 건설강령이 된 1949년 9월의 '중화 인민정치 협상회의 공동강령' 초안에는 저우언라이가 다음과 같이 말했다고 한다.

> 관료부르주아계급과 토지를 몰수당한 지주계급은… 인민의 범주

에 들어가지 않지만 중국의 국민의 일원이기는 하다. 현재 그들에게 인민의 권리를 부여할 수 없지만 국민으로서의 의무는 지키지 않으면 안 된다. 그것이 인민민주독재이다.[164]

1949년 9월 마오쩌둥은 서구의 부르주아 혁명시대의 '진화론, 천부인권설, 부르주아 공화국 등의 사상적 무기'에 파산을 선고하고 마르크스-레닌주의를 무기로 할 것을 선포했다. 마르크스주의의 인민 개념이 채용되었던 것이고 중화인민공화국은 '인민국가'로 출발하게 되었다. 1954년 첫 헌법에는 인민의 개념과 공민의 개념이 함께 사용되고 있다.

제1조 중화인민공화국은 노동자계급이 지도하고 노농동맹을 기초로 하는 인민민주주의 독재국가이다.
제2조 중화인민공화국의 모든 권력은 인민에 속한다.
제85조 중화인민공화국의 공민은 법률상 일체 평등하다.
제87조 중화인민공화국의 공민은 언론, 출판, 집회, 결사, 가두행진, 시위운동의 자유를 갖는다.

이처럼 인민 개념은 제2차 세계대전 이후의 동아시아 재편과정에서 새로운 정치범주로서의 성격을 뚜렷하게 지녔던 것이다.

164. 古廏忠夫(2000), 앞의 논문, p.243에서 재인용.

구한말 정치변동과 인민 개념의 수용

개항 후, 특히 갑오개혁 이후 한국에 소개된 번역어로서의 인민 개념은 초기에 사회계약론적 자유주의와 연결되어 소개되었지만 점차 사회주의적 영향을 받은 의미로 확산되었다. 이런 변화는 이 시기 다양한 형태로 서구사상이 유입되면서 계몽사상에서 논의되는 집합적 주체에 대한 개념 내지 담론의 영향을 받은 것이라고 해야 한다. 실제로 가장 앞서 서구사상을 수용하는 데 앞장섰던 『독립신문』에는 인민 개념이 널리 사용되고 있는데 이 경우 인민은 국민 개념과 치환가능한 정도의 의미를 지닌 것이었다. 김윤희金允姬는 갑오개혁 이후 인민 개념이 부상하는 이유로 근대 조약체결의 영향을 들었다.[165] 1876년에서 1883년까지 청, 일본과 맺은 조약문에서 국가구성원을 지칭할 때 사용한 용어는 '인민'이었다. 청과 일본에서 사용된 용어를 그대로 활용하는 것은 같은 한자문명권에서 손쉽고도 당연한 것이었다고 볼 수 있다. 이들 조약에서는 통치대상을 가리키는 'subject'가 일관되게 '민인'으로 번역되어 있고 'people'이나 'citizens'는 인민 또는 민인으로 번역되어 있다. 1876년에 일본의 미야모토 고이치宮本小一와 조선의 조인희趙寅熙 사이에 체결된 조일수호조약의 부속문서에는 인민 개념이 매우 중요한 위치를 점하고 있다.

제1관 각 항구에 주재駐在하는 일본국 인민의 관리관管理官은 조선국 연해 시방에서 일본국 배가 파선되어 긴급할 경우 지방관에게 알

165. 김윤희(2009), 앞의 논문, p.310.

리고 해당 지역의 연로沿路를 통과할 수 있다.

제2관 사신使臣 및 관리관이 발송하는 공문, 서신 등 우편을 통한 비용은 사후에 변상한다. 인민을 고용하여 보낼 때에는 각각 그 편의에 따른다.

제3관 의정議定된 조선국 각 통상 항구에서 일본국 인민이 택지를 빌려 거주하는 자는 땅 주인과 상의하여 금액을 정해야 하며 관청에 속한 땅에 있어서는 조선국 인민과 동등하게 조세를 바친다.

부산釜山 초량항草梁項의 일본관日本館에 종전에 설치한 수문守門과 설문設門은 지금부터 철폐하고 새로이 정한程限에 의하여 경계상에 푯말을 세운다. 다른 두 항구도 이 규례에 따른다.

제4관 이후 부산 항구에서 일본국 인민이 통행할 수 있는 도로의 이정里程은 부두로부터 기산起算하여 동서남북 각 직경 10리로【조선의 이법里法】 정한다. 동래부東萊府 중의 한 곳에 있어서는 특별히 이 이정 안에서 오갈 수 있다. 일본국 인민은 마음대로 통행하며 조선 토산물과 일본국 물품을 사고팔 수 있다.

제5관 의정된 조선국 각 항구에서 일본국 인민은 조선국 인민을 고용할 수 있다.

조선국 인민이 그 정부의 허가를 받은 경우 일본국에 가는 데에도 장애가 없다.

제6관 의정된 조선국 각 항구에서 일본국 인민이 병으로 죽었을 때에는 적당한 땅을 선택하여 매장할 수 있으나 초량草梁 부근에 의거한다.

제7관 일본국 인민은 본국의 현행 여러 화폐로 조선국 인민이 소유한 물품과 교환할 수 있으며, 조선국 인민은 그 교환한 일본국의 여러 화폐로 일본국에서 생산한 여러 가지 상품을 살 수 있다. 이러므로 조선국의 지정된 여러 항구에서는 인민들 사이에 서로 통용할 수 있다.

조선국 동전은 일본국 인민이 운수 비용에 사용할 수 있다. 양국 인민으로서 감히 사적으로 전화錢貨를 주조한 자에게는 각각 그 나라의 법률을 적용한다.

제8관 조선국 인민이 일본국 인민으로부터 사들인 상품이나 받은 각종 물건은 마음대로 사용해도 무방하다.

(중략)

그러나 이 각관各款 가운데 양국 인민이 교제 무역을 실천함에 있어 지장이 있다고 인정될 경우에는 개정치 않으면 안 된다. 양국 정부는 속히 의안議案을 작성하여 1년 전에 통보하고 협의하여 개정한다.[166]

이 조약문에서 가장 두드러진 것은 '일본국 인민'과 '조선국 인민'이 주요한 두 축으로 설정되어 있다는 점이다. 이것은 이전까지

166. 『조선왕조실록』, 高宗 13卷, 13年(1876 丙子) 7月 6日(甲子)
원문: "第一款, 各港口駐留日本國人民管理官, 於朝鮮國沿海地方, 日本國諸船致敗緊急, 得告地方官, 往過該地沿路。第二款, 使臣及管理官所發之文移書信郵致費銀, 事後辨償, 或雇人民專差, 各從其便。第三款, 在議定, 朝鮮國通商各口日本國人民之租賃地基居住者, 須與地主商議, 以定其額, 屬官地者納租, 與朝鮮國人民同。若夫釜山草梁項日本館, 從前設有守門, 設門, 從今廢撤, 一依新定程限立標界上。他二港口, 亦照此例。第四款, 嗣後於釜山港口, 日本國人民可得間行道路里程, 自埠頭起算, 東西南北各直徑十里【朝鮮里法】爲定。至於東萊府中一處, 特爲往來於此里程內, 日本國人民隨意間行, 可得賣買土宜及日本國物産。第五款, 在議定, 朝鮮國各口日本國人民, 可得賃雇朝鮮國人民。若朝鮮國人民得其政府之允准, 來於日本國, 亦無礙。第六款, 在議定, 朝鮮國各口日本國人民, 如病故, 可得撰適宜之地以埋葬, 一依草梁遠近爲之。第七款, 日本國人民, 可得用本國現行諸貨幣, 與朝鮮國人民所有物交換。朝鮮國人民, 用其所交換之日木國諸貨幣, 以得買日本國所産之諸貨物。以是在朝鮮國指定諸港, 則可得人民互相通用。朝鮮國銅貨幣, 日本國人民得使用運輸之事。兩國人民, 敢有私鑄錢貨者, 各用國律。第八款, 朝鮮國人民所買得於日本國人民貨物, 或其贈遺之各物, 隨意使用無妨。(중략) 然而此各款中, 若兩國人民於交際貿易實踐, 有認頓爲障礙, 不可不釐革, 則兩國政府速作議案, 前一年報知之, 以協議改立."

지배층에 대비하여 피지배층을 의미하던 인민 개념과는 상당히 다른 것으로 다른 나라와의 관계에서 특정 국가에 속해 있는 주민 일반을 지칭하는 것이 되었다. 오늘날의 용어로 본다면 일본국 국민과 조선국 국민에 해당하는 의미를 지니는 것과 유사하다. 비슷한 용례가 미국과의 조약문서에도 나타난다. 즉, 조미수호조규에도 '미국 인민'과 '본국 인민'이 함께 사용되고 있고 중국과 맺은 조청수륙무역장정에서도 중국 인민과 조선 인민이 무역과정에서 부딪칠 수 있는 여러 경우를 적시하고 있다. 불평등한 조약관계로 조선 인민과 중국 인민이 법적 갈등에서 각기 누릴 수 있는 권리의 차이가 서술된 다음의 글에서도 인민 개념이 오늘날의 의미로 보면 국민과 동의어로 사용된 사례라 할 수 있다.

> 이 밖에 재산 문제에 관한 범죄 사건에 조선 인민이 원고가 되고 중국 인민이 피고일 때에는 중국 상무위원이 체포하여 심의 판결하고, 중국 인민이 원고가 되고 조선 인민이 피고일 때에는 조선 관원이 피고인의 범죄 행위를 중국 상무위원과 협의하고 법률에 따라 심의하여 판결한다.[167]

『한성순보』에서 보이는 인민이란 용어도 유사하다. 1882년에서 1890년까지 쓰인 윤치호尹致昊의 일기에도 '인민'이라는 개념은 조선인이라는 의미를 내포하는 것으로 피통치자로서의 의미보다는

167. 『조선왕조실록』, 高宗 19卷, 19年(1882 壬午) 10月 17日(庚午)
원문: 此外財産罪犯等案, 如朝鮮人民爲原告, 中國人民爲被告, 則應由中國商務委員追拏審斷, 如中國人民爲原告, 朝鮮人民爲被告, 則應由朝鮮官員, 將被告罪犯交出, 會同中國商務委員, 按律審斷。

일정한 지역에 속해 있는 일반적인 구성원을 총칭하는 것으로 사용되고 있어서 일종의 '국민' 개념에 선행하는 정치적 주체로서 부상하는 경향을 보여 준다고 할 수 있다.[168] 1884년에 체결된 인천제물포의 각국 조계장정에서도 각국의 사람들을 "각국 인민"으로 지칭하였다.[169] 갑신정변을 주도한 개화파들 역시 인민 개념을 강조했는데, 갑신정변 정령 제2조는 '문벌을 폐지하여 인민평등권을 제정하고 사람으로써 관을 택하고 관으로써 사람을 택하지 말 것'이라는 조항이었다. 박영효朴泳孝의 상소문 역시 '민'을 나라의 근간으로 세워야 함을 강조했다. 박영효의 "개화에 대한 상소"에는 "국가는 제왕의 국가가 아니고 인민의 국가이며 제왕은 나라를 다스리는 직책"이라고 했다. 이러한 박영효의 인민 중시는 유길준에게서도 나타난다. 1889년 탈고한 유길준의 『서유견문』은 인민의 개념을 매우 분석적인 개념으로 사용하고 있다. 그의 목차구성은 근대세계－국가－인민－정부의 순을 보여 주는데 이것은 정치적인 틀이 구성되는 수준 내지 상호관계성을 보여 주는 것이라 할 수 있다. 『서유견문』에서 유길준은 "國家의 富强이 人民의 勤怠에 在ᄒᆞ고 物産의 豊歉에는 不由ᄒᆞ는" 것이라고 해서 인민을 가장 중요한 것으로 강조했다.[170] 다음과 같은 유길준의 글은 인민과 정부의 관계에 대한 그의 생각을 잘 보여 준다.

國의 政體ᄂᆞᆫ 恒常 其 人民의 學識階梯를 隨ᄒᆞ야 其制度의 等級이

168. 김윤희(2009), 앞의 논문, p.314.
169. 『조선왕조실록』, 高宗 21卷, 8月 15日.
170. 유길준(1971), 『유길준전집』 제1권(「세계의 물산」, 『서유견문』), p.84.

成ᄒᆞᄂᆞᆫ 故로 政體의 種類가 如何ᄒᆞ든지 其實은 此 人民의 自取ᄒᆞᆫ 者니 泰西의 舊日學者가 日호대 善民上의 惡政府가 無ᄒᆞ고 惡民上에 善政府가 無ᄒᆞ다ᄒᆞ니 誠然ᄒᆞᆯ진져.[171]

갑오개혁 이후 정부의 각종 제도개혁의 논의 속에서도 인민 개념은 뚜렷하게 나타나고 있다. 1894년 12월 12일에 반포한 '홍범 14조'는 인민을 납세의 주체이자 정부로부터 보호받아야 할 대상으로 규정하고 있는데 해당하는 조문만 보면 다음과 같다.

홍범洪範

1. 인민人民이 내는 세금은 모두 법령法令으로 정한 비율에 의하고 함부로 명목을 더 만들어 불법적으로 징수할 수 없다.

1. 민법民法과 형법刑法을 엄격하고 명백히 제정하여 함부로 감금하거나 징벌하지 못하게 하여 인민人民의 생명과 재산을 보호한다.…[172]

또한 1896년에 반포된 호구조사규칙에는 '인민'이라는 말이 좀 더 분명하게 전국에 거주하는 모든 사람을 포괄하는 말로 사용되고 있다. 여기에는 국가의 보호대상이자 납세의무를 진 사람이고 일정한 권리를 지닌 존재이기도 하다.

戶口調査規則: 第一條, 全國內戶數와 人口를 詳細히 編籍ᄒᆞ야 人民

171. 유길준(1971), 앞의 책(「정부의 종류」, 『서유견문』), p.152.
172. 『조선왕조실록』, 高宗 32卷, 31年(1894 甲午) 12月 12日(甲寅)
원문: 洪範: "…一, 人民出稅, 總由法令定率, 不可妄加名目, 濫行徵收。… 一, 民法, 刑法嚴明制定, 不可濫行監禁懲罰, 以保全人民生命及財產。"

으로 ᄒᆞ야금 國家에 保護ᄒᆞᄂᆞᆫ 利益을 均霑케 ᄒᆞᆷ。第二條, 十戶ᄅᆞᆯ 聯合ᄒᆞ야 一統을 作ᄒᆞ고 該統內에 文筭이 有ᄒᆞ고 行爲端正ᄒᆞᆫ 人으로 統首ᄅᆞᆯ 定ᄒᆞ야 一統內人民을 領率ᄒᆞᆷ。第三條, 戶籍과 統表ᄂᆞᆫ 漢城 五署와 各府牧郡에셔ᄂᆞᆫ 每年一月內로 收聚修正ᄒᆞ야 二月內로 漢城府과 各該道觀察府에 送致ᄒᆞ면 漢城府 ᄂᆞᆫ 三月內로 內部에 呈納ᄒᆞ고 各道觀察府에셔ᄂᆞᆫ 四月內로 內部에 呈納ᄒᆞ면 內部에셔 五月內로 戶籍과 統表ᄅᆞᆯ 編集ᄒᆞ야 上奏케 ᄒᆞᆷ。第四條, 人民中에 原戶ᄅᆞᆯ 隱匿ᄒᆞ야 漏籍ᄒᆞ거나 原籍內에 人口ᄅᆞᆯ 故意漏脫ᄒᆞᄂᆞᆫ 者ᄂᆞᆫ 人民의 權利ᄅᆞᆯ 許有치 아니ᄒᆞᆯ ᄲᅮᆫ 아니라 法律에 照ᄒᆞ야 懲罰ᄒᆞᆷ。第五條, 本規則을 故違ᄒᆞ거나 期限을 違越ᄒᆞᄂᆞᆫ 時ᄂᆞᆫ 人民은 該長官이 處罰ᄒᆞ고 主務官吏ᄂᆞᆫ 漢城 判尹과 該觀察使가 內部에 轉報ᄒᆞ야 懲罰ᄒᆞ고 漢城 判尹과 各觀察使ᄂᆞᆫ 內部大臣이 輕重을 隨ᄒᆞ야 懲戒ᄒᆞᆷ。第六條, 戶籍, 統表, 戶牌式樣을 執行ᄒᆞᄂᆞᆫ 細則은 內部大臣이 隨時ᄒᆞ야 部令으로 ᄒᆞᆷ.[173]

1898년 독립협회운동이 전개되면서 인민은 대회를 열고 자신들의 요구를 정부에 제출하는 존재로 등장하기 시작했다. 다음 글은 관민공동회에 대한 소식을 조정에 전한 실록의 기록인데 인민들이 모여 국가의 폐단을 없애 줄 것을 요구하고 있다.

"이달 29일에 백성들(人民)이 종로 거리에 크게 모여 '관민공동회官民共同會'라 일컬으며 나라의 폐단과 백성들(民)의 고통에 대해 의논하여 제거할 것이 있다고 하면서 의정부의 여러 신하들이 함께 모인에 참가할 것을 요구하였습니다.

173. 『조선왕조실록』, 高宗 34卷, 33年(1896 丙申) 9月 1日(陽曆).

신들이 삼가 생각건대 관리(官)와 백성(民)의 협상이 비록 처음 있는 일이기는 하지만 백성들(人民)이 이미 나라의 폐단과 백성들(民)의 고통에 대해 의논하여 제거할 것이 있다고 말하였기 때문에 의정부의 직책에 있으면서 도리상 배척해 버리기가 곤란하여 서로 이끌고 회의에 갔습니다. 회의에 참가한 백성(人民)으로서 여섯 가지 조항의 강령으로 된 의견을 올린 사람이 있었는데 모두 다 일제히 좋다고 외쳤으며, 또한 신들에게 이것을 상주할 것을 요구하였습니다.…"[174]

실제로 뒤이은 중추원 관제는 그 위원의 반수를 '인민협회'에서 선출하는 것으로 되어 있었고 이는 인민이 본격적으로 정치적 주체로 인정받았음을 의미한다고 볼 수 있다.[175] 뒤이어 고영근高永根 등이 '민회'를 인정할 것을 상소했는데 인민들의 정치적 모임을 공인할 것을 의미한다.

흥미 있는 사실은 이 시기에 활동하던 서구 기독교 선교사들 역시 '인민' 개념을 가장 강조하고 즐겨 사용했다는 점이다. 류대영柳大永의 연구에 의하면 『조선그리스도인회보』와 『그리스도신문』의 기사에서는 '인민' 개념을 통해 근대국가 내지 문명개화의 함의를 전달하고 있었다. 이 두 신문은 대한제국으로 국호가 바뀐 이후에는 조선 대신 '대한'이라는 이름을 줄곧 사용했고 대한제국의 성립을 환영했다. 그런데 그러한 독립이 외부의 도움이나 힘에 의

174. 『조선왕조실록』, 高宗 38卷, 35年(1898 戊戌) 10月 30日(陽曆).
원문: 本月二十九日, 人民等大會于鍾街, 稱以 '官民共同會', 謂有國弊民瘼可以議祛者, 要政府諸臣, 一同赴會。臣等竊伏念官民協商, 雖係創有, 人民等旣以議祛國弊民瘼爲辭, 則職在政府, 理難排却, 相率往會矣。會中人民, 有六條綱領獻議者, 萬口齊聲, 一辭唱可, 且要臣等將此上奏.

175. 『조선왕조실록』, 高宗 38卷, 35年(1898 戊戌), 11月 2日.

해서이고 정작 내부에서의 각성이나 주체의 형성은 미비한 점을 지적하였다. 이런 논의 가운데서 두 신문이 사용한 주체는 백성, 신민, 국민, 인민 등이었는데 앞의 두 단어는 주로 국왕의 피지배자를 의미할 때 사용했고 뒤의 두 단어가 근대적인 국가건설과 관련하여 사용한 개념어이다. 여기서 인민은 불특정한 여러 사람을 지칭한다는 점에서 백성과 유사했지만 지배층과 피지배층 전체를 포괄한다는 점에서 분명히 구별되었다. 특히, 인민은 문명개화를 소개하는 데 주로 사용되었고 근대국가와 관련하여 의도적으로 사용된 용어였다고 류대영은 분석한다. 서구의 문명을 인민이 받아들이고 각성하는 것이 중요하다는 지적이 많았다. 가장 중요한 것은 인민의 수가 아니라 "인민의 기상과 총명"이며 "인민의 학식이었다."[176] 그런 점에서 국민과 인민은 큰 차이가 없이 혼용되었다.

애국계몽운동기로 알려진 1905년 이후에 인민 개념은 더욱 활발히 소개되고 활용되었다. 여기서 사용되는 인민은 앞서 살펴본 전통적인 유학적 인민 개념과는 그 내용을 달리하는 것이 뚜렷하다. 인민주권론의 관점에서 정치적 주체로서 설정된 자유주의적인 인민 개념으로서 법치와 사회계약의 맥락과 연계되어 사용되고 있다. 예컨대 1907년 윤효정은 형법과 민법을 구별하는 논의에서 법률의 적용대상이 되는 범주 전체를 '인민'이라는 개념으로 설명하고 있다.

176. 류대영(2008), 「한말 기독교 신문의 근대국가론: 인민을 중심으로」, 『한국기독교와 역사』 제29호, pp.12~15.

國이 有ᄒᆞᆫ 則 必也 法律이 有ᄒᆞ니 法律은 人民을 治理ᄒᆞ난 要具요 其 目的은 國家의 安寧을 維持ᄒᆞ기에 在ᄒᆞᆫ지라 ……公法은 國家와 人民의 關係를 規定ᄒᆞ고 私法은 人民 互相間의 關係를 規定ᄒᆞᆷ이라.[177]

다음의 글은 1908년에 국가를 구성하는 요소를 설명하는 변덕연卞悳淵의 글인데 인민과 사회계약적 사고, 국가의 연관성을 잘 보여 준다. 이 글에서는 국가를 가옥에 비유하면서 인민이 곧 초석이고 동량이라고 말하면서 초석이 박약하고 동량이 조잡하면 그 가옥은 견고할 수 없다고 강조한다.

大抵 國家라 ᄒᆞᆷ은 一定ᄒᆞᆫ 土地가 有ᄒᆞ고 一定ᄒᆞᆫ 人民이 有ᄒᆞ야 國權으로 統治ᄒᆞᄂᆞᆫ 者ㅣ라. 故로 國家에ᄂᆞᆫ 主權을 總攬ᄒᆞᆫ 者 卽 君主가 有ᄒᆞ고 次에 主權의 管轄을 受ᄒᆞᄂᆞᆫ 者 卽 人民이 有ᄒᆞ고 其 間에 介在ᄒᆞ야 國家의 機關으로 政務ᄅᆞᆯ 辦理ᄒᆞᄂᆞᆫ 者 卽 政治家가 有ᄒᆞ니라. 然이나 此ᄂᆞᆫ 他의 目的을 爲ᄒᆞᆷ이 아니라 卽 國家와 人民을 維持 保護ᄒᆞ기 爲ᄒᆞ야 存在ᄒᆞᆫ 者라 何者오. 民은 維邦本이니 本이 固ᄒᆞ여야 邦이 寧이라 ᄒᆞᆷ은 千秋由來의 格言이오 國이 泰平ᄒᆞ여야 民이 安業이라 ᄒᆞᆷ은 萬世不易ᄒᆞᆯ 原則되ᄂᆞᆫ 所以라. 故로 國家의 政務ᄅᆞᆯ 大別ᄒᆞ며 國權의 獨立 及 維持와 人民의 保護 及 發達 二者에 不出ᄒᆞᄂᆞ니 何則고. 大凡 國家된 以上 外交, 軍事, 財政을 依ᄒᆞ야 國權의 獨立과 維持ᄅᆞᆯ 防衛ᄒᆞ며 內務行政으로 人民의 安寧幸福을 發達케 ᄒᆞ고 司法事務로 人民의 自由權利ᄅᆞᆯ 保護ᄒᆞᄂᆞ니 然則 政治家로 當局ᄒᆞᆫ 者ᄂᆞᆫ 엇지 此ᄅᆞᆯ 愼重히 아니ᄒᆞ리오. …嗚呼 同胞아 國家ᄂᆞᆫ 譬컨ᄃᆡ 吾人의 住居ᄒᆞᄂᆞᆫ 家屋과

177. 윤효정(1907), 「형법과 민법」, 『대한자강회월보』 제11호.

如ᄒᆞ니 人民은 礎石이오 棟樑이라. 礎石이 薄弱ᄒᆞ고 棟樑이 粗雜ᄒᆞ면 工匠이 如何히 絕妙ᄒᆞᆫ 技術이 有ᄒᆞᆯ지라도 着手치 못ᄒᆞᄂᆞ니 此ᄂᆞᆫ 善良ᄒᆞᆫ 家屋이 堅牢ᄒᆞᆫ 礎石과 精美ᄒᆞᆫ 棟樑을 由ᄒᆞ야 建設되ᄂᆞᆫ 者ㅣ 됨을 知得ᄒᆞᄂᆞᆫ 所以라.[178]

물론 이 시기의 인민 개념은 여전히 강력한 자유주의적인 관점보다는 국가중심적인 시각이 강했고 따라서 권리보다는 의무가 더욱 강조되는 경향이 있었다. 이런 속에서 인민의 절대적 자유가 가져올 혼란과 무질서를 염려하고 인민은 반드시 국가의 권위에 복종해야 한다는 논의도 나타나기 시작했다. 다음의 글은 옥동규玉東奎가 1907년 1월 『서우』 제2호에 실은 것인데 소위 천부인권설에 입각한 개인적 자유의 강조가 갖는 문제점을 지적하면서 인민은 절대적으로 국가에 복종할 의무를 갖는다는 점을 역설하고 있다.

或이 云호ᄃᆡ 人은 天賦의 權利가 各有ᄒᆞ야 出生時로 브터 自由라. 人類가 아즉 國家를 形成치 아니ᄒᆞ고 所謂 自然의 狀態로 棲息ᄒᆞ기에 當ᄒᆞ야 人人이 絕對的으로 此 自由를 享有ᄒᆞᆫ지라. 故로 各人의 自由ᄂᆞᆫ 平等이라 云云ᄒᆞ얏스나 若 如斯ᄒᆞ면 國家의 秩序를 維持ᄒᆞ기 難ᄒᆞᆯ지라. 何故오 凡人과 人이 交通ᄒᆞᆷ에ᄂᆞᆫ 腕力及 智力으로 優劣差等이 有ᄒᆞᄂᆞ니若此를 各人의 自由擅恣에 放任ᄒᆞᆯ진ᄃᆡ 必然各人은 平等ᄒᆞᆫ 分子로 社會的 團結을 完全케 ᄒᆞ기 不能ᄒᆞ고 貧者ᄂᆞᆫ 富者에 壓倒되며 弱了ᄂᆞᆫ 强者에 呑餌되ᄂᆞᆫ 結果가 生ᄒᆞᆯ지라.… 故로 人民은 絕對的으로 國權에

178. 卞悳淵(1908), 『대한협회회보』 제7호.

服從ᄒᆞᄂᆞᆫ 義務가 有ᄒᆞ니 此ᄂᆞᆫ 壓制의 思想이 有ᄒᆞᆯ 듯ᄒᆞ나 決코 不然ᄒᆞ니 此에 服從ᄒᆞᄂᆞᆫ 目的 精神은 他에 在치 아니ᄒᆞᆫ지라. 大抵 人民은 國權을 依ᄒᆞ야 自己의 安寧幸福을 保護코져ᄒᆞᆷ에 在ᄒᆞ고 且個人이 各自腕力으로 自己의 身體 財産을 保護ᄒᆞᆷ 보담 國家의 勸力을 依ᄒᆞ야 保護ᄒᆞᆷ이 優勝ᄒᆞᆫ 所以오… 然則 人民의 自由ᄂᆞᆫ 法律範圍以內에셔 完全保有ᄒᆞᆫ다 謂ᄒᆞᆯ지라. 然而 吾人은 自由權을 法律이 人에게 許與ᄒᆞᆷ을 不知ᄒᆞ고 但히 自由權은 天賦人權이라 各自 有之ᄒᆞ니 孰敢制限이리오. 以此 主張ᄒᆞ야 德義를 背ᄒᆞ고 社會에 損害를 與ᄒᆞ면 刑法의 拘束을 難免ᄒᆞᆯ지오 他人의 物權을 惡意로 取得ᄒᆞ든지 他人의 債權을 不履行ᄒᆞ면 民法에 制裁를 未免ᄒᆞᆯ지오 他國領內에 土地權과 鑛山權을 所有ᄒᆞ면 國際私法의 適用을 受ᄒᆞᆯ지라. 然則 吾人은 自由權을 伸張코져 ᄒᆞᆯ진ᄃᆡ 몬져 法律을 硏究ᄒᆞ야 國家가 人民을 保護ᄒᆞᄂᆞᆫ 目的으로 出ᄒᆞᆫ 法律範圍以內에셔 自由權을 活動ᄒᆞ면 他國의 壓制도 可히 排斥ᄒᆞᆯ지오. 個人 間에 侵害도 不受ᄒᆞᆯ지라. 故로 自由의 限界ᄂᆞᆫ 法律範圍內에 在ᄒᆞ다 謂ᄒᆞᆯ지라.[179]

하지만 이 시기 대부분의 글에서는 국민 개념과 함께 인민 개념이 혼용되고 있었다. 간간이 양자의 대립적인 성격이 강조되기는 했지만 국가중심적인 논의가 주도하는 속에서 그 목소리는 크지 않았다. 일본에서 발견되는 자유주의적인 사상이 한국의 상황에서 크게 부각되지 못한 현상의 반영이기도 하다. 인민이 국민과 개념적으로 명료하게 분리되는 것은 사회주의 사상이 큰 영향력을 발휘하면서이다.

179. 玉東奎(1907), 「人民自由의 限界」, 『서우』 제2호.

식민지의 인민 개념과 사회운동

식민지 하에서 민족해방을 지향하던 조선에서 인민 개념은 보다 확실한 정치적 함의를 갖기에 이르렀다. 1920년『개벽』창간호에 실린 다음의 창간사는 민족이나 국민 개념이 아닌 '인민' 개념을 적극적으로 내세우고 있다.[180]

> 소리-있어 넓히 세계에 전하니 온 세계 모든 인류-이에 응하야 부르짖기를 시작하도다. 강자도 부르짖고 약자도 부르짖으며 優者도 부르짖고 劣者도 부르짖도다. 동서남북, 사해팔방이 다 같이 소리중에 묻혀 있도다. 霹靂이냐 地震이냐 神籟이냐 魔哭이냐 우리는 아즉이 소리의 正邪를 판단할 수 없도다. 좌우간 다수가 渴仰하고 다수가 요구하는 인민의 소리임은 명백하도다. 哲人은 말하되 다수 인민의 聲은 곳 신의 聲이라 하엿나니 신은 스스로 요구가 없는지라 인민의 소리에 응하야 其 요구를 발표하는 것이요, 신은 스스로 渴仰이 없는지라 인민의 소리에 응하야 또한 其 渴仰을 나타내는 것이라, 다수 인민의 渴仰하고 且 요구하는 소리는 곳 신의 渴仰하고 요구하는 소리니 이곳 세계 開闢의 소리로다. … 인민의 소리는 이 개벽에 말미암아 더욱 커지고 넓어지고, 철저하야지리라. 오호라 인류의 출생 수십만 년의 오늘날, 처음으로 이 개벽 잡지가 나게 됨이 어찌 우연이랴.

여기서 발견되는 한 현상은 인민의 논의가 더 이상 국가 내지 국민과 연결되지 않는다는 점이다. 인민은 그 자체로서 부르짖고

180. 『개벽』 창간호(1920).

소리를 발하는 존재인 것이며 자유와 자율의 주체로 설정되고 있다. 아마도 1919년 3 · 1운동의 경험이 이 배후에 강하게 자리 잡고 있었을 것이다. 남녀노소 할 것 없이 수많은 대중들이 하나의 목소리로 조선독립을 외쳤던 경험은 지식인들에게 '인민'의 거대한 힘을 느끼게 만들었기 때문이다. 루소의 사상이 부각되면서 적극적인 평등주의로 소개되는 가운데서도 인민 개념이 적극 활용되기도 했다.

「루소」의 民約論은 그 根柢를 전혀 인민의 자유와 평등에 置하얏는지라. 그의 주장점은 언제던지 인민의 자유에 繫하얏나니 日 인민은 결코 국가에 예속한 것이 아니며 또 예속할 것이 아니라 오즉 인민 스스로의 자유에 의하야 스스로 계약하고 그 계약에 의하야 법률을 정하고 그 법률에 의하야 생활을 規矩하는 것이며 결코 자기의 자유를 捨하고 국가나 정부의 권위에 복종하는 것은 아니라. 고로 혹 군주가 비범한 人이라 하면 군주의 모범-즉 법률을 作하는 인민은 더욱 비범할 것이다. 요컨대 인민은 유일한 입법자이며 군주와 정부는 인민이 與한 此 모범에 從하는 자 뿐이니 更言하면 一은 기계를 作하는 기계공이며 一은 그 기계에 매어달려 사는 一職工 뿐이라고 又日 자유로부터 民約 · 民約으로부터 법률 · 자유와 법률은 互相 終始하며 운명을 共히 할 것이나 양자는 공존하던지 不然하면 共倒하는 것뿐이리라. 고로 법률 중 最 중요한 것은 대리석에나 黃銅에 조각한 것이 아니오 唯人民의 衷心에 조각한 것이 有할 뿐이라고.[181]

181. 묘향산인(1920), 『개벽』 제5호.

하지만 이런 인민주권론적 개념이 식민지 상황에서 큰 힘을 발휘하지는 못하였다. 민족해방을 이루지 못하고 식민지의 억압상태에 있던 집단에게 인민주권론 그 자체는 사상적인 차원을 넘어서 실질적인 힘을 얻기가 어려웠기 때문이다. 이런 상황에서 정치적으로 보다 뚜렷한 함의를 갖게 된 것은 사회주의 진영의 인민 개념이었다. 마르크스주의가 확산되면서 지배층과 피지배층을 구별하지 않는 국민 개념과 구별되는 함의로서 인민 개념이 강조되기 시작했다.

1920년대부터 마르크스주의는 식민지 억압을 토대로 하여 지적인 영향력을 확대해갔다. 1920년대 한국 공산주의운동에서는 인민 개념보다도 무산대중, 무산계급, 노동자, 농민, 계급, 프롤레타리아 등의 개념이 더 많이 등장한다. 또 민족과의 관련성을 어떻게 설정할 것인가를 두고 민족해방론과의 논의가 적지 않았다. 문학의 영역에서도 프로문학을 강조하는 움직임이 인민주의적 영향을 드러냈다. 이 당시는 인민주의적 경향과 사회주의적 경향을 구분하는 것 자체가 힘들 정도로 착종되거나 혼합되는 경우들이 적지 않았기 때문이다. 소위 신경향파문학은 식민지 현실의 피폐함과 고통스러움에 대한 즉자적인 거부감과 감정적인 반응을 담고 있다. 근대적인 면모를 동반하는 식민지적 현실을 악마의 얼굴을 한 도시로 설정하고 훼손된 농촌공동체를 이상화하는 경향, 무엇보다도 땅과 더불어 살아온 전통적 농민의 삶을 인민의 전형으로 예찬하는 특징이 나타난다.[182] 이기영李箕永의 『민촌』(1926)이나 『고향』(1933) 등은 이러한 농촌공동체에 대한 유토피아적 정서가 짙게 나타나는

182. 김병길(2002), 「프로문학과 인민주의」, 『현대소설연구』 제16호, pp.193~197.

데 이러한 인민주의적 사고가 빚어낸 상상이라 할 것이다.

사회주의자들에게서 인민 개념이 적극적으로 등장한 것은 1935년 코민테른 제7회 대회에서 반파시즘 인민전선론이 정립된 이후의 일이다. 이 대회에서는 세 종류의 통일전선론이 제기되었는데 자본주의 국가의 노동자통일전선, 식민지 종속국의 반제국주의 민족통일전선, 그리고 각 계급 · 계층의 통일전선인 반파시즘 인민전선이 그것이다. 앞의 두 통일전선은 1920년대에 이미 제기되었고 식민지 조선에서는 특히 두 번째의 논의가 영향을 미쳤다. 하지만 전 세계적인 경제위기와 파시즘의 대두 상황에서 사회주의자들은 세 번째의 통일전선을 강조했다. 1936년과 1937년 『사상휘보』에는 '반파쇼인민전선'에 대한 조사자료가 실려 있다. 이 시기 반파시즘을 내세운 반제투쟁의 논리들은 일종의 국가 대 국가의 투쟁이 아닌, 파시즘체제에 대한 반파시즘 연대를 강조하였고 그런 주체로서는 인민이 강조되었던 것이다. 한편 이 영향을 받았던 경성콩그룹에 대한 연구는 이들이 식민지 하에서 인민전선론을 어떻게 적용하려 했는지를 보여 준다.[183] 인민전선론은 공산당과 다른 합법정당과의 공동행동협정으로 이해되었기 때문에 일부에서는 반대를 표명했고 실제로 그 논리 자체가 유럽적 배경을 갖고 있기도 했다. 하지만 박헌영朴憲永은 전쟁 상황을 내세워 이를 옹호했다. 경성콩그룹은 인민전선부를 두고 인민전선운동을 전개하려고 했으며 장래의 정권형태로 '인민정부'를 고려했다고 한다.

일제하의 공산주의운동의 주요 인물이었던 박헌영은 인민전선 전술의 핵심이 아래로부터의 통일전선만이 아니라 위로부터의 통

183. 이애숙(2004), 「일제 말기 반파시즘 인민전선론」, 『한국사연구』 제126호.

일전선도 허용한 것이었다고 보았다. 다시 말해 당면한 공동목적을 실현하기 위해 사회민주주의, 개량주의 그룹과도 통일전선을 결성하는 전술이라는 것이다. 노동조합운동에서도 개량주의적인 간부들과도 상층 통일전선을 구사할 수 있다고 주장했다. 따라서 기독교 · 천주교 같은 종교조직에서도 반제국주의적 · 반전적 색채가 있을 경우는 위로부터의 통일전선을 결성하는 데 주저할 필요가 없다고 박헌영은 주장했고 이러한 입장을 인민전선으로 이해했다.[184] 같은 관점에서 인민정부라는 것은 노동자, 농민만이 아니라 광범위한 소시민, 유산계급, 양심적 기업가까지 참여하는 부르주아 민주주의 혁명을 통한 정치체라고 주장했다. 물론 그 과정에서 무산계급의 주도권이 관철되어야 한다는 주장을 빠뜨리지 않았지만 대체로 광범위한 통일전선에 기초하여 수립되는 인민정권을 수립할 것을 주장했다. 이들은 이 단계를 진정한 노농민주독재 권력으로 나아가는 과도기적 성격을 지닌 것으로 판단했다. 이처럼 인민 개념은 사회주의자들에 의해 정치적으로 활용되었지만 계급적인 맥락으로부터 다소 자유로운 성격을 드러냈고 광범위한 반전, 반제 계급연합을 추구했다. 오랜 역사를 지닌 인민 개념이었지만 사회주의자들의 치열한 운동적 성향과 결부되면서 일정한 정치적 함의가 불가피하게 내포되었다. 루소의 사상이 인민주권론으로 알려진 것이나 유진오의 헌법초안이 권력주체로 인민을 내세웠던 것, 해방 직후 전국적으로 자생한 인민위원회의 명칭 등에서 보듯 인민 개념은 광범위한 대중, 극소수의 친일세력을 제외한 모든 국민과 시민 등의 어의와 크게 차별화되지 않은 상태로

184. 이애숙(2004), 앞의 논문, p.224.

사용되면서도 분명한 정치적 지향성과 반엘리트적 성향을 내포한 것이었다.

해방과 분단과정의 인민 개념

1945년 일제의 패망과 조선의 해방은 정치사적으로나 개념사적으로도 매우 중요한 변화의 계기가 되었다. 이제 인민 개념과 국민 개념은 매우 뚜렷한 정치적 함의를 지니고 서로 대립하는 상황이 만들어졌다. 이런 개념적 분기는 국제적으로는 냉전체제의 출범과 궤를 같이하는 세계사적 흐름의 반영이고 내부적으로는 남북분단과 두 정부 출현에 따르는 민족 분열의 반영이다.

세계사적인 냉전의 전개에 앞서 한반도 내부에서는 이미 새로운 국가건설을 둘러싸고 주체세력, 기본이념, 체제성격 등을 둘러싼 심각한 갈등이 드러났다. 이 과정에서 좌파와 우파는 각기 상이한 지향을 통해 정치적 주도권을 확보하려고 노력했다. 그리고 그 싸움은 불가피하게 정치적 주체를 어떻게 설정할 것인가와 관련이 있었다. 해방이 민족세력에 의해 주체적이고 능동적으로 쟁취된 것이 아니었기 때문에 주어진 해방공간에서 어느 세력이 가장 정당하고 민족적인 수탁자로서의 자격을 갖출 것인가라는 당위론적 성격이 강했기 때문이다. 따라서 해방 직후는 이러한 정치적 주체를 지칭할 여러 형태의 언어들이 분출되었다. 강호정康好正에 의하면 이 시기에는 '우리'에 대한 다양한 언어들이 나타났고 이들은 모두 '국가'의 문제와 연결되어 있었다. 19세기 말 이래 중요했던 개념어에는 민족, 인민, 국민, 신민, 시민 등이 있었다. 흥미로운 사실은 해방과 함께 이 가운데서 신민 개념이 완전히 사라졌다는 것이다. 이것은 일제 하의 황민화 정책이 가장 강조했던 것이기 때문에 이해하기가 어렵지 않다. 결국 민족, 인민, 국민, 시민 등의 개념들이 나름대로의 의미를 갖고 각축을 벌이게 된 셈이다.

인민 개념이 급격히 정치화하게 된 데는 해방 직후 전국적으로 인민위원회 활동이 활발해지고 조선인민공화국 명칭이 사용된 것에 기인한다. 8월 28일 전국 인민대표자대회를 통해 선출된 인민위원회를 통해 거국정부를 구성했다고 발표한 조선인민공화국의 출범 선언은 인민공화국 자체에 대한 격렬한 반대투쟁은 물론이고 인민 개념 자체에 대한 거부감을 확산시킨 결정적 계기였다고 할 수 있다. 실제로 해방 직후부터 전국에 많은 인민위원회가 만들어졌고 이들이 해방정국에서 지방수준의 정치에 큰 영향을 미쳤다. 인민위원회에 가담한 사람들을 모두 좌익이라 할 수는 없지만 적어도 인민위원회를 주도하고 이들이 지향하는 정권의 성격이 좌파적인 것이었음은 분명하다. 해방 직후 새로운 국가건설의 주도권을 둘러싸고 논란이 생기던 시점에 여운형을 중심으로 '인민공화국' 수립이 선포되었다. 인민공화국이라는 명칭 때문에 여운형은 상당한 비난을 받았다. 10월 1일 여운형의 기자회견에서도 "어째서 인민공화국이라고 했는가?" 라는 질문과 함께 "인민공화국 정부는 붉다고 보는 사람도 있는데 여하?" 라는 물음도 나왔다. 전자에 대해 여운형은 애매하게 넘어갔고 후자에 대해서는 "적색이 어디 있느냐? 대체 공산주의자를 배격할 필요가 어디 있느냐?" 라고 답변했다.[185] 이후 여운형은 '인민당'을 결성하였는데 인민당

185. 서중석(2006), 「국내 독립운동세력의 해방 후 국가건설방향-여운형의 인민공화국, 인민당, 신탁통치 관련 문제를 중심으로」, 『대동문화연구』 제56집, p.298.

과 공산당의 노선 차이를 설명하면서 민족통일전선의 중요성을 강조했다. 그에 의하면 "우리 인민당은 전 근로대중을 중심으로 하는 것은 물론이요 진보적이요 양심적인 자본가나 지주까지도 포섭하고 제휴해서 광범한 혁명적 민족전선을 지어 현 단계에 적응한 가장 대중적인 정당으로서 긴급한 국내문제를 현실적으로 해결하려는 것"이라고 했다.[186]

당시 미군정의 영향력을 무시하고 진행된 정치적 시도가 어려웠을 것도 사실이지만, 실제 건국을 주도할 세력통합이나 건국방략에 대한 합의가 선행되지 않은 채 막연한 주도권 다툼처럼 선포된 이 시도가 성공할 수 없었던 것은 두말할 필요가 없다. 하지만 '인민공화국'이라는 이 국호가 상징하는 바는 이후에 적지 않은 영향을 미쳤다. 다시 말해 새로이 설립될 국가의 성격을 '인민공화국'으로 하려는 좌파의 시도가 각인되면서 우파는 인민이라는 개념에 대해 극도의 경계심과 거부감을 보이게 되는 계기가 되었던 것이다. 1946년과 1947년에는 '인민' 개념을 내건 여러 책자와 잡지들이 간행되었다. 예컨대 인민사가 간행한 『인민』, 헌문사 간행의 『인민비판』, 연문사 간행의 『인민예술』, 인민평론사 간행의 『인민평론』, 그리고 범장각에서 간행한 『인민과학』 등이 그러하다. 또 잡지의 글을 통해서도 인민 개념은 계속 강조되었는데, 예컨대 김오성金午星은 '인민전선'을 주창하면서 친일파와 민족반역자를 배제한 피억압인민의 정치적 연대를 강조하고 인민정권을 수립하기 위한 국가건설의 주체로 인민을 적극 주장했다.[187] 1947년 『민주조

186. 서중석(2006), 앞의 논문, pp.303~304.
187. 김오성(1924), 『개벽』 제46호.

선』 창간호는 '인민과 국가'에 대한 논설을 실었다.

해방정국에서 중요한 사상적 · 정치적 활동을 했던 백남운白南雲은 새로운 국가건설론으로서 인민민주주의론을 내세웠다. 그는 "해방 이후의 조선정치의 역사적 방향은 민주정치인 것이니 인민이 정치의 주체로서 인민의 복리를 위하야 인민의 의사와 요구를 수행하는 민주정치일 것"이라고 규정했다.[188] 그는 인민 본위의 민주정치의 동력을 '민중의 토대 위에 입각한', '민중의 권익을 위한 인민 자체의 지배행위'라고 표현했다. 이때 인민은 소비에트 국가 출현 이후 노농동맹의 범주를 넘어서는 유럽의 인민전선, 식민지의 반제민족통일전선의 주체들을 망라적으로 지칭하는 것이었다. 그가 인민과 특권층을 이분법적으로 바라보면서 이 시기를 논하고 있음은 다음과 같은 글에서도 잘 나타난다.

> 역사발전의 방향에 있어서는 '전진'이냐 '반동'이냐? 사회구성의 성격에 있어서는 '특권적'이냐 '인민적'이냐? 정치형태에 있어서는 '팟쇼적'이냐 '민주적'이냐? 정권의 주체는 '인민'이냐 '특권층'이냐? 즉 조선민족의 세계사적 방향과 사회적 존재의 민주적 세계를 실천하라는 건곤일척의 판국인 것이다.[189]

이처럼 백남운은 민주독립을 '인민정치와 인민경제의 동시해

188. 백남운(1946), 『조선민족의 진로』, 신건사, p.2; 방기중(1992), 『한국 근현대사상사 연구』, 역사비평사, p.313에서 재인용.
189. 백남운(1947), 「조선민족의 진로 재론 4」, 『독립신보』 1947년 5월 11일자; 방기중(1992), 앞의 책, p.334에서 재인용.

결'에 의한 '인민혁명' 과정으로 설명하였다. 그의 인민정치론은 자신이 주장하는 연합민주정권이 인민정권이라 하고, 인민은 "농민 급 노동자를 주도체로 한 소시민층 기술자 급 인테리층 양심적인 일부 자산계급과 진정한 정의인사 등을 민주요소로서 포섭하고 집결되어 가는 통일적인 민족의 주체"라고 규정했다.[190] 하지만 그의 인민정치론은 무산계급(프롤레타리아) 독재를 주장하는 공산주의 원리와 명확하게 구별되지도 못하고 좌우의 이념적 대립이 심화되는 해방정국에서 주도적인 역할을 하지 못했다.

재미있는 것은 정치적 담론만이 아니라 문학적인 시어에서도 이런 분화가 그대로 나타났다는 점이다. 좌파의 시에는 '인민'이 압도적으로 많이 등장하는 데 반해 우파의 시에는 '시민'이 종종 등장한다. 그 함의도 큰 차이를 보였는데 좌파의 시에서 인민과 백성은 긍정적 의미로, 국민과 시민은 부정적인 의미로 사용되었고 우파에서는 그와 반대되는 경향을 보였던 것이다. 예컨대 해방 직후의 시인들의 표현을 분석한 강호정에 의하면 공동체 지향의 언어들이 다수 등장하였는데 인민, 민족, 대중, 우리, 동포 등이 그러한 것이다. 이 가운데서도 인민 개념은 좌파진영에서 매우 뚜렷하게 부각시킨 개념이었다고 할 수 있다. 박세영朴世榮의 「헐벗은 이 나라 사람」이라는 시가 발표 당시에는 '사람'이라고 지칭했던 부분을 해방 후 시집에 재수록하면서는 '인민'으로 바뀌었는데 이것은 인민 개념이 새롭게 힘을 얻게 되었던 당시의 상황을 반영하는 것이라 하겠다. 임화林和는 「문학의 인민적 기초」라는 제목의

190. 백남운(1947), 「조선민족의 진로 재론 10」, 『독립신보』 1947년 5월 21일자; 방기중(1992), 앞의 책, p.337에서 재인용.

강연에서 인민과 다른 개념들을 명확하게 구별하면서 다음과 같이 말했다.

> 人民과 極히 近似한 개념으로 國民, 民族, 民衆이란 말이 있다. 國民이란 간단히 말하여 일정한 國家에 속한 民衆의 總稱이라고 볼 수 있지 않을까. 民族이란 개념도 역시 國民과 비슷하여 비록 獨立한 국가에 법적으로 속해 잇지 안코 過去의 朝鮮民族과 가치 他國의 지배하에 있을 때라도 人種的 또는 言語的 기타 약간의 주로 自然史的 共通性을 가진 일정한 人間의 총칭이라고 볼 수 잇다. 거기에 비하야 民衆이란 이 위의 두 가지 말과는 若干 다른 점이 있다. 한 國民 한 民族 가운데서도 民衆이란 大衆이란 말과 가치 주로 被治者를 가르치는 말이다. (중략) 人民이라는 것은 (중략) 勞動者나 農民, 기타 中間層이나 知識階級 등을 包攝하는 意味에 잇서 이 말 가운데에는 被搾取의 社會階級을 土臺로 한다는 일종 濃厚한 社會階級的인 要素가 보다 더 만흔 概念이다. 現代가 民衆이란 말 대신에 人民이란 말을 쓰는 것은 아마 현대에 있어 社會的 矛盾의 解決에 國家的 民族的인 여러 가지 問題보다도 基本的인 問題로 되어 있는 때문인 것 같다. 그러면 文學이 人民에게로 간다는 것은 다시 말하야 文學이 현대의 社會的 矛盾的 解決의 一端과 關係를 맺는다고 생각할 수 있다.[191]

북한에 실질적인 정부가 수립되기 시작하고 소련의 강력한 후원 하에 사회주의체제 수립의 시도가 총체적으로 진행되면서 인

191. 임화(1945), 「문학의 인민적 기초」, 『중앙신문』 1945년 12월 12일자; 강호정(2008), 앞의 논문, p.229에서 재인용.

민 개념은 제도적인 힘을 획득하게 되었다. 북한은 소련이 그러하듯이 권력을 자유선거를 통해서가 아니라 인민대표자회의와 공산당을 중심으로 한 프롤레타리아 독재론에 근거하여 행사하고 또 정부를 수립하려 했다. 따라서 처음부터 민족반역자 내지 자산가에 대한 강한 배제논리를 내세웠고 이를 위해서는 인민 개념을 적극 활용했다. 북한의 정권수립과정에서 최고 상위법의 기능을 한 조선노동당규약은 북한정권이 수립되기 이전부터 노동당의 규약으로 제정된 것인데, 이 조선노동당규약에는 "인민공화국의 건설을 위하여 전 조선적으로 주권을 인민의 정권인 인민위원회에 넘기도록 할 것"이라는 원칙이 포함되어 있었다. 1948년 4월 28일에 개최된 북조선인민회의 특별회의에서 상임위원회 의장 김두봉金科奉은 헌법초안이 '진정한 인민주권의 원칙과 진정한 인민적 민주주의 원칙과 인민적 민주주의 인민공화국의 원칙을 기초로 한 것'이라고 보고했다.[192] 이런 과정을 거쳐 1948년 9월 8일 소위 최고인민회의 제1기 제1차 회의에서 채택된 북한 헌법은 다음과 같이 되어 있다.[193]

제1조 우리나라는 조선민주주의 인민공화국이다.

제2조 조선민주주의 인민공화국의 주권은 인민에게 있다. 주권은 인민이 최고 주권기관인 최고인민회의와 지방주권기관인 인민위원회를 근거로 하여 행사한다.

제3조 주권의 일체 대표기관은 리인민위원회로부터 최고인민위

192. 김성보(2009), 앞의 논문, p.85.
193. 장명봉 편(2006), 『최신 북한법령집』, 북한법연구회, p.27.

원회에 이르기까지 인민의 자유의사에 의하여 선거한다.

위의 내용에서 보듯 북한의 정권수립과정에서 '국민'이라는 개념은 전혀 등장하지 않는다. 조선노동당규약에 함께 등장하는 말로 근로대중, 민족 등이 있고 '공민'이라는 개념이 중요한 역할을 하기도 하지만 주권의 주체로는 '인민'이라는 말이 핵심적인 개념으로 자리매김한다. 북한의 국가기구 역시 형식상 가장 중요한 것이 '최고인민회의'이고 자신들을 '인민민주주의'라고 지칭한다. 이처럼 '인민' 개념은 북한의 정치체제 하에서 형식상 주권의 담지자를 가리키는 말로 자리 잡았다. 북한체제가 '인민' 개념을 매우 중요하게 강조하고 있다는 사실은 1980년에 개정된 조선노동당규약에서도 보인다. 이 조선노동당규약에는 '조선민족'과 '조선인민'의 이익을 대표하는 것을 당의 핵심적인 목표로 설정하고 있다. 동시에 '로동계급'과 '근로대중'이라는 말을 함께 사용하는데, 이에 관한 조선노동당규약 내용을 소개하면 아래와 같다.[194]

• 조선로동당은 우리나라 로동계급과 근로대중의 선봉적, 조직적 부대이며 근로대중의 모든 조직들 가운데서 가장 높은 형태의 혁명조직이다.

• 조선로동당은 조선민족과 조선 인민의 리익을 대표한다.

• 조선로동당은 우리나라 로동자, 농민, 인테리 등 근로자들 가운데서 근로대중의 리익을 위하여 사회주의, 공산주의 위업의 승리를 위하여 몸바쳐 싸우는 선진투사들로써 조직한다.

194. 「조선노동당규약」(1980년 10월 13일 제6차 당대회 개정).

• 조선근로대중의 리익을 대표하며 옹호하는 로동당은 부강한 민주주의 독립국가 건설을 목적으로 아래와 같은 과업을 위하여 투쟁한다.

1. 민주주의 조선 자주 독립국가를 건설할 것.

2. 인민공화국의 건설을 위하여 전 조선적으로 주권을 인민의 정권인 인민위원회에 넘기도록 할 것.

7. 재산의 다소, 지식의 유무, 신앙 및 성별의 여하를 불구하고 이십세에 달한 조선 인민들에게 동등한 선거권과 피선거권을 부여할 것.

8. 전 조선 인민에게 언론 · 출판 · 집회 · 연설대회 시위운동 당조직 동맹조직 및 신앙의 자유를 보장할 것.

10. 인민교육의 개혁을 실시하며 각종 학교 내에서의 교육과 교양사업에서 일본교육제도의 잔재를 숙청하며 재산형편과 신앙 및 성별을 불문하고 전 조선 인민에게 공부할 권리를 보장하는 동시에 조선민족문화예술 및 과학의 정상적 발전을 도모할 것.

북한의 국가기구 역시 형식상 가장 중요한 것이 '최고인민회의'이고 자신들을 '인민민주주의'라고 지칭한다. 이처럼 '인민' 개념은 북한의 정치체제하에서 형식상 주권의 담지자를 가리키는 말로 자리 잡았다.

북한체제 및 사회주의자들의 상징적 언어이자 실질적인 정치주체로서 '인민' 개념이 정립되는 것과 궤를 같이하여 이 개념은 한국사회에서 퇴출되고 억압되었다. 앞서 살펴본 바대로 제헌헌법을 논의하는 과정에서 등장했던 '인민' 개념은 논의과정에서 '국민'으로 대치되었다. 이런 전환은 일본에서도 마찬가지였는데 결국 개념이 정치적 성격을 띠고 있고 그것이 당시의 전 세계적 체제대립 및 사상적 경향과 밀접하게 연결되어 있음을 드러낸다. 한국전쟁은 이런 인민 개념의 기피현상을 대중적으로 확산시키는데 결정적인 계기가 되었다. 전쟁 당시 북한군은 '인민군'으로 지칭되었고 북한점령지역에는 '인민위원회'의 지배 하에 공포와 적색 테러가 자행되었다. 한국전쟁의 참화와 뒤이은 반공체제의 형성과정에서 북한 및 공산주의와 관련된 기표나 상징은 철저하게 기피의 대상이 되었는데 개념적으로 보면 인민이 대표적인 사례에 해당한다고 볼 수 있다. 그 이후로도 오직 북한과 관련한 사안들에서만 여전히 인민 개념이 등장하였다. 예컨대 '인민혁명당사건'이나 '인공기 게양' 사건처럼 북한과 관련한 논란이나 사건에서 인민 개념은 간간이 불렸을 뿐이다. 결국 유진오가 예측했던 바와 같이 '인민'이라는 오래되고 역사성이 있는 개념어 하나가 한국의 분단과정에서 사용되기 어렵게 되어버린 것이었다고 할 수 있다. 이런 현실은 지금도 큰 변화가 없는 상태로 유지되고 있는데 개념과 사회의 역사가 나누어질 수 없는 것임을 잘 보여 준다고 하겠다.

4. 시민의 개념

시민 개념은 서구의 지성사와 사회사에서 매우 중요한 위치를 차지한다. 근대의 출발로 일컬어지는 프랑스 혁명은 '시민혁명'이라고 부르며, 근대사회의 주된 특징 역시 '시민'적인 것으로 이해되고 있다. 한 국가나 사회가 근대로 이행하는 것을 설명하려는 많은 논의들은 따라서 시민혁명의 존재 여부, 시민층의 형성 여부, 시민사회의 출현 여부 등을 주요한 판단기준으로 삼곤 한다. 국어사전에는 시민에 대해 1. 그 시의 주민, 2. 역사적 용어로 백각전百各廛의 주인, 3. 공민公民이라고 설명되어 있다. 시의 주민은 행정적인 범주로서 서울 시민, 경주 시민, 광주 시민 등으로 부를 때의 용어인데 지방행정제도에 '시'가 자리 잡게 된 이후에 나타난 것이다. 역사적 용어로서 '백각전의 주인'이라고 되어 있는 것은 조선시대의 시전을 비롯한 상업활동에 참여하는 사람들을 말한다. 마지막으로 공민이라는 것은 정치적으로 주권을 행사하는 주체로서의 의미를 내포한다고 할 수 있다. 사실 이런 세 가지 의미가 시민 개념 속에는 공존하고 있다.

우리가 검토한 국민, 인민에 비해 시민 개념이 주목받게 된 것은 비교적 후기의 일이다. 따라서 19세기 말 이래의 근대전환기에 시민 개념이 차지하는 정치적 비중은 상대적으로 작아 보인다. 하지만 시민 개념은 20세기 후반 이후 지속적으로 관심의 대상이 되었고, 특히 국민의 개념이 다소 위축되고 있는 21세기에 와서 시민 개념은 더욱 각광을 받고 있다. 즉 탈근대, 세계화의 흐름과 더불어 국민국가의 경계를 넘어서는 자율적인 개인, 자발적인 참여를 특징으로 하는 '시민'의 존재에 주목하는 경향이 커지고 있는 것이다. 또한 민족이라는 문화적 공동체성을 넘어서 다양한 주체를 인정하기 위해서도 시민 내지 시민권 개념이 중요하다는 문제의식이 이론적으로나 실천적으로 확산되고 있다. 한마디로 시민 개념은 근대의 출현 이래 현재까지 사회사와 지성사를 설명할 수 있는 핵심적 키워드의 하나라 할 수 있다.

그러나 현재 우리가 이해하고 있는 시민 개념이 서구의 citizen의 번역어로 최근에 수용된 것으로만 이해하는 것은 부정확하다. 동아시아에서 시민이란 어휘는 오래전부터 사용되던 단어다. 현재 '시민'이라는 말이 갖는 의미를 정확하게 이해하기 위해서는 역사적 기원을 달리하는 서로 다른 세 가지 차원의 시공간적 배경을 구별하여 이해할 필요가 있다. 다시 말해 같은 어휘이지만 그 말을 탄생시킨 역사적 배경은 다르다는 말이다. 우선 조선시대부터 사용되던 어휘로서의 '시민'이 있다. 『조선왕조실록』을 검색해 보면 '시민'이라는 단어가 수백 회 발견된다. 물론 그 의미는 현재 우리가 사용하는 개념과는 사뭇 다를 뿐 아니라 거의 사라진 것이라 할 수 있다. 두 번째로는 20세기에 접어들어 소개된 새로운 의미의 시민 개념이다. 이것은 일본이 수용한 근대 서구의 한 단면을 번역어를 통해 받아들인 것이라 할 수 있다. 일본에서 시민이라는 번역어로 자리 잡은 것은 프랑스의 citoyen, 영어의 citizen인데, 주로 서구의 근대와 역사적 변화를 설명하려는 노력과 어우러져 다양한 근대사상과 학문체계, 개념어군이 유입되는 과정에서 수용된 것이다. 장사나 시장과 직접적인 관계를 갖지 않으면서, 오히려 정치공동체의 자율적인 구성원 자격을 의미하는 정치적 개념이라 할 수 있지만 초기에는 '시'라는 근대적 행정단위의 설립을 근거로 사회적인 내용을 얻게 되었다. 시에 속한 주민을 시민이라 부르게 되었기 때문이다. 마지막으로 한국 역사, 사회운동, 정치변화와 맞물려 적극적인 사회집단, 범주, 계층의 차원에서 언급되는 '시민'이 있다. 이 경우 시민 개념은 그 어원은 서구적이라는 점에서 두 번째의 함의와 같으나 일본식 번역을 통하지 않고 직접 한국적 맥락을 반영한다는 점에서 구별된다. 1980년대 이래 한국의 현실, 시민계층의 등장이 반영되면서 서구의 학문체계에서 직접 시민 개념이 수용·재인식·재적용되는 과정이다. 일본이라는 다른 매개자 없이, 또 서구와 시민 개념을 이상화하거나 낭만화하지 않고 역사적 조건 속에서 개념의 실체성을 찾아보려던 시기로 규정할 수 있다. 1990년대는 한국사회에서 시민사회, 시민운동과 같은 다양한 시민담론의 최대 융성기라 할 수 있다.

전통사회의 시와 시민

한국에서는 전근대시대부터 시민이란 개념이 사용되었고 이 개념으로 지칭되는 특수한 사회집단이 존재했다.[195] 이 단어는 '시市'의 '민民'이라는 의미를 나타내는 것으로 '시市'는 '장場'과 함께 상업활동, 물자유통이 이루어지는 공간을 의미했다. 이런 의미는 동아시아 한자문화권에서 비교적 동일하게 사용되었던 것으로 일찍부터 물물의 교환과 무역, 상업활동이 이루어지는 곳을 '시市' 또는 '장시場市' 등으로 불렀다. 옥편을 살펴보면 '시'는 '물자의 교환과 거래가 이루어지는 곳'이라고 되어 있는데 국제무역이 금지되었던 조선시대 국경지방에서 이루어지던 제한된 무역들을 '책시柵市'로 부르거나 지방의 유통거점이 되는 비정기적 장터를 '장시場市'로 부르던 것 등에서 '시' 개념의 유구함을 확인할 수 있다. 17세기 지식인이었던 유형원柳馨遠의 『반계수록』에 의하면 '외방의 장시는 단지 촌민이 서로 모여 교역하는 곳으로 항상 거주하는 전업의 상점이 있는 도읍의 시전과 근본적으로 다르다'고 하며, 장시와 시전을 구별하고 있지만 모두 '시'의 공통성을 지님을 보여 준다.[196]

195. 시민에 대한 개념사나 사회사적 관심을 가진 연구들 가운데서도 '시민'이라는 어휘가 전통적으로 사용되고 있었다는 사실에 주목하는 경우가 거의 없다. 이들은 대부분 서구의 citizen 또는 Bürger의 번역어만을 염두에 두기 때문에 그 이전의 한자문명권 속에서 활용되던 어휘에 대한 관심이 처음부터 배제되어 있는 것이다. 예컨대 개념사를 표방한 신진욱은 그의 책 『시민』에서 개념사가 명칭의 역사와 의미의 역사라는 두 차원을 갖는다는 점과 서구의 경우 '고대적 어휘'가 존재했음을 지적하고 있으면서도 정작 한국에서 전통적으로 '시민'이란 어휘가 사용되었음을 전혀 고려하지 않고 있다. 오히려 그는 "한국을 비롯한 동아시아 나라들에서는 시민이라는 명칭이 비교적 현대에 와서야 등장했다"고 쓰고 있는데 이것은 오류이다. 신진욱(2008), 앞의 책, pp.20~26 참조.

196. 유형원, 『반계수록』 권4: "況外方五日一開場市 只是村民聚交易退耳 與都中市廛 常居專業爲利者 事體有異".

조선시대는 유교적 영향으로 상업활동이 크게 발달하지는 않았고 또 일본이나 중국에 비해 '도시'가 성장하는 속도도 느렸다. 하지만 건국 초기부터 '시市'의 필요성은 인정되었고 전국적으로 '장시場市'는 꾸준히 발전했다. 다음 두 기록은 조선시대 개국 직후부터 '시'의 불가피성이 인식되었음을 보여 준다.

> 경시서 승京市署 丞 김시용金時用 등이 한낮에 저자(市)를 열기를 청하니, 임금이 그대로 따랐다.[197]

> 개성 유후사開城 留後司에서 상언上言하였다. "구도舊都의 백성들은 공상工商이 섞여 살기 때문에 그 있고 없는 것을 서로 교환하여 살아가고 있었는데, 도읍을 옮긴 이후로 시사市肆를 여는 것을 금지하였습니다. 이로 말미암아 미곡米穀을 가지고 잡물雜物을 무역하는 것이 전혀 없고, 부자 상인과 노련한 장사아치들이 돈과 곡식을 많이 쌓아 두고 물가를 올리고 내리거나, 뒷거래로 매매를 행하기도 합니다. 그러므로 쌀값이 뛰어오르고 귀하기 때문에, 인구가 날마다 줄어들어 여리閭里가 쓸쓸하오니, 중국 사신이 오고가는 데 보기가 좋지 않습니다. 부자 상인과 큰 장사아치로서 옮기려 들지 않는 자만 강제로 신도新都로 이사하게 하고, 그 외에는 각각 시사를 열게 하여 무역을 편리하게 하소서." 임금이 그대로 따랐다.[198]

197. 『조선왕조실록』, 太祖 11卷, 6年(1397 丁丑) 5月 7日(戊午)
원문: 戊午/京市署丞金時用等, 請日中爲市, 上從之。

198. 『조선왕조실록』, 太宗 17卷, 9年(1409 祈祝) 3月 3日(丙午)
원문: 弛開城留後司市肆之禁。留後上言: 舊都之民, 工商雜處, 有無相資, 自移都以後, 禁開市肆。由是以米穀, 貿易雜物者絶無, 富商老賈多蓄錢穀, 低昂物價, 暗行買賣, 故米

그리하여 태종 연간에 이르면 '대시'와 '소시'가 나뉘어 언급될 정도가 되었다. 즉, 한성에는 대시가 열리고 여항에는 소시가 존재하여 상업활동과 물자의 유통이 이루어졌던 것이다.

> 시전市廛의 대시大市를 정하였으니, 장통방長通坊 윗쪽은 미곡米穀·잡물雜物로 하여, 동부東部는 연화동구蓮花洞口, 남부南部는 훈도방薰陶坊, 서부西部는 혜정교惠政橋, 북부北部는 안국방安國坊, 중부中部는 광통교廣通橋에 이르게 하고, 우마牛馬는 장통방長通坊 아래 천변川邊으로 정하였으며, 여항閭巷의 작은 저자[小市]는 각기 사는 곳의 문전門前에서 행하게 하였다.[199]

'시'에 존재하는 특수한 집단이 '시민'이다. 시민은 곧 시의 각종 활동에 참여하는 특수한 직역의 사람들을 지칭한다. 조선시대에는 사농공상이라는 위계가 작동하고 있어서 지배세력인 사대부집단을 제외하고서는 농민이 가장 소중한 존재로 평가받았고 상업활동은 천한 것으로 취급받았다. 농자천하지대본이라는 말처럼 농업을 근간으로 하는 사회였고 공업과 상업은 부차적이거나 지엽적인 것으로 취급되었다. 이념적으로 도시의 큰 상인들도 사농공상의 위계적 평가로부터 자유로울 수 없었던 것이 당대의 현실이었다. 하지만 현실적으로 조선시대의 사회유지에 있어서 물자

價湧貴, 人口日減, 閭里蕭然, 上國使臣往返, 瞻視埋沒。富商大賈甘心重遷者, 勒令移徙新都外, 各開市肆, 以便貿易。從之。

199. 『조선왕조실록』, 太宗 19卷, 10年(1410 庚寅) 2月 7日(甲辰)
원문: 定市廛。大市, 長通坊以上; 米穀雜物, 東部則蓮花洞口, 南部則薰陶坊, 西部惠政橋, 北部安國坊, 中部廣通橋; 牛馬則長通坊下川邊; 閭巷小市, 各於所居門前。

의 유통과 거래는 대단히 중요한 일이었다. 왕실의 수요에 필요한 각종 물품의 수급을 비롯하여 조정 중신들의 일상생활을 뒷받침하기 위한 물자의 공급은 어디에선가 이루어져야 했다. 부분적으로는 중국과의 물자교류가 불가피한 부분도 있어서 '무역'이라 할 만한 일을 담당할 사람들이 필요했다. 도시가 그다지 발달하지 않았던 조선시대에도 한성은 도시적 기능을 갖추고 있었다. 한성에는 농사도 짓지 않고 조정의 녹봉도 받지 않은 채 살아가는 한량들이 적지 않았다.

이런 상황에서 등장한 것이 바로 조정의 비호와 통제 하에 상업행위를 담당하는 소수의 독자적 집단이었다. 시전이라는 점포를 독점적으로 운영할 수 있는 권한을 부여받음으로써 권력에 예속되면서 동시에 특권적인 상업활동을 영위하는 사람들이었다. 한성의 종로는 소위 '육의전'으로 알려진 시전상인들의 거리였고 다양한 물자들이 교류되는 곳이었다. 왕실이나 조정에 필요한 일은 물론이고 한성에 거주하는 사람들의 일상생활에 필요한 생필품도 이들에게서 공급되었다. 이들 시전상인들은 쌀을 비롯한 생필품의 공급원이었던 만큼 조정의 강력한 통제 하에 있었지만 그 틈새에서 자신의 이익을 극대화하려는 상인적 기질을 강하게 지니고 있던 층이었고 이들을 종종 '시민'으로 불렀다.[200]

따라서 흔히 말하는 '사농공상'의 위계에도 불구하고 시민들은

200. 일찍이 일본인 연구자 다가와 고조(田川孝三)는 방납문제를 다루는 가운데 상인의 한 종류로서 시전시민(市廛市民)에 주목한 바 있다. 하지만 많은 연구자들은 이 시민 개념이 갖는 역사성 내지 개념사적 의의에 주목하지는 않았다. 심지어 시민의 개념사를 논하면서도 이 개념의 존재에 관심조차 보이지 않는 경우도 적지 않다. 田川孝三(1964), 『李朝貢納制の研究』, 東洋文庫, pp.549~573.

실제로는 비교적 중요한 집단으로 인정받았고 사회적으로도 그 기능이 매우 중시되었던 것 같다. 특히, 임진왜란 이후 도성의 피폐가 심해진 후 이들의 사회적 기능이 매우 컸기 때문에 종종 중요한 집단으로 동원되거나 역할을 부여받았던 것으로 생각된다. 다음의 자료를 보면,

> 비변사가 아뢰기를, "지금 경상 좌병사慶尙 左兵使 성윤문成允文의 장계를 보니, 부산의 왜적도 이미 철수했다고 하였습니다. 그렇다면 해면海面이 말끔해지고 황제의 위엄이 진동하여 사직社稷이 안정된 셈이니 종묘宗廟에 고하고 진하陳賀하는 등의 일을 해사該司로 하여금 차례로 거행케 하고, 군문과 경리의 아문에 백관百官 · 유생儒生 · 시민市民이 모두 치하하는 것이 합당합니다. 사은사謝恩使도 차출하여 모든 일을 미리 강구하여 시행하는 것이 어떻겠습니까?" 하니, 아뢴 대로 하라고 전교하였다.[201]

이 글은 백관, 유생, 시민이 모두 군문과 경리의 아문에 치하한다는 내용인바 백관과 유생이라는 지배집단과 함께 시민이 병기되어 있는 것이 눈에 띈다. 이것은 물자공급이라는 특수한 문제와 관련된 것이라도 시민집단이 비교적 중시되었음을 반영하는 것이라 할 수 있다. 이와 유사한 자료들은 적지 않다.

201. 『조선왕조실록』, 宣祖 106卷, 31年(1598 戊戌) 11月 29日(庚戌)
원문: 備邊司啓曰: "今見慶尙左兵使成允文狀啓, 釜山之賊, 亦已撤歸。若是則海面淸寒, 天威震疊, 社稷有賴。告宗廟及陳賀等事, 令該司, 次第擧行。軍門, 經理衙門, 百官, 儒生, 市民, 皆爲致謝宜當。謝恩使亦爲差出, 諸事預察以待事, 捧承傳。此後南方措置善後之策, 預先講究施行何如?" 傳曰: "依啓。"

이조 판서 이이李珥가 졸하였다. …향년 49세였다. 상上이 이 소식을 듣고 너무도 놀라서 소리를 내어 슬피 통곡하였으며 3일 동안 소선素膳을 들었고 위문하는 은전을 더 후하게 내렸다. 백관의 요우僚友와 관학館學의 제생諸生, 위졸衛卒 · 시민市民, 그 밖의 서관庶官 · 이서吏胥 · 복례僕隸들까지도 모두 달려와 모여 통곡했으며, 궁벽한 마을의 일반 백성들도 더러는 서로 위로하며 눈물을 흘리면서 '우리 백성들이 복이 없기도 하다.' 하였다.[202]

율곡 이이가 죽었던 때의 모습을 담은 글이다. 청빈하게 살았던 이이의 죽음을 슬퍼하면서 백관의 동료들과 관학의 여러 선비들, 위졸과 시민, 그 밖의 서관, 이서, 복례와 같은 하급관리까지 달려와 모여 통곡했다고 기록되어 있다. 여기서 시민은 한성의 평민을 대표하는 집단으로 이해해도 좋을 것이다. 사실 한성에 농민은 거의 존재하지 않았기 때문에 일상의 삶과 관련된 시민이 평민의 대표로 되었다.

도성의 사족士族들이 처음에는 모두 멀리 피했고, 시민市民과 천인賤人들도 경기 가까운 곳으로 흩어져 나갔다. 그런데 왜인들이 방榜을 걸고 불러 모으자 점점 도로 들어와 방시坊市가 모두 꽉 차게 되었다.[203]

202. 『조선왕조실록』, 宣修 18卷, 17年(1584 甲申) 1月 1日(己卯)
원문: 吏曹判書李珥卒。… 年四十九。上驚悼, 發聲哀哭, 進素膳三日, 恤典加厚。百官僚友, 館學諸生, 衛卒市民, 流外庶官, 吏胥僕隸, 皆奔集奠哭。窮閻小民, 往往相弔出涕曰: "民生無福矣。"

203. 『조선왕조실록』, 宣修 26卷, 25年(1592 壬辰) 5月 1日(庚申)
원문: 都城士族初皆遠避, 市民, 賤人亦散出近畿。倭人掛榜招集, 稍稍還入, 坊市皆滿。

위의 글은 임진왜란의 시기 종묘가 불에 탔을 당시의 기록이다. 도성의 사족과 시민, 그리고 천인이 모두 흩어졌다고 기록되어 있다. 도성 내의 집단을 사족과 시민, 그리고 천인으로 분류한 셈인데 지배집단인 사족과 최하층 천인을 제외한 일반 백성이 시민으로 총칭된 것이라 할 수도 있다. 다음의 글은 우의정 심상규沈象奎가 올린 상소문으로 여기에서도 한성의 경우 시민은 그 존재감이 매우 또렷했던 것으로 보인다.

> 경도京都 백성으로 말하자면 직임職任이 있는 자에게는 녹봉祿俸이 있고, 이서吏胥가 된 자에게는 늠료廩料가 있으며, 군오軍伍에 소속된 자에게는 요포料布가 있고, 상인은 이익을 남기며, 공작工作하는 자는 역역力役을 업으로 삼습니다. 또 한잡閑雜한 무리는 아침에 모이고 저녁에 흩어져 동쪽 서쪽으로 떠돌면서 경작耕作하지 않고 먹으며, 베를 짜지 않으면서 옷을 입는 자가 무려 수십 만이 됩니다. 공인貢人과 시인市人에 이르러서는 바로 양민良民 가운데서 가장 뿌리를 내리고 사는 자들인데, 대대로 상업常業을 지켜 오기 때문에 열심히 봉공奉公하고 집에 항산恒産이 있기 때문에 삼가선 법을 두려워합니다. 물건을 쌓아 놓고 판매하여 위의 쓰임에 이바지하고, 관역官役에 응하여 재화財貨의 경중은 나라 경용經用의 다과多寡에도 영향이 미칩니다. 그러므로 조가朝家에서 도민都民을 진휼軫恤함에 있어 반드시 이 무리들에게 먼저 했습니다.[204]

204. 『조선왕조실록』, 純祖 27卷, 25年(1825 乙酉) 11月 19日(壬寅)
원문: 以言乎京都之民, 則有職任者有祿俸焉, 爲吏胥者有稍布焉, 隷軍伍者有料布焉, 裨販者資贏利, 工作者業力役。又若閑雜之類, 朝暮聚散, 東西流逐, 不耕而食, 不織而衣者, 無慮累數十萬, 而至於貢人市人, 卽良民之最有根着者也。以其世守常業, 故恪而奉

이 글은 서울에 거주하는 사람들을 몇 가지 유형으로 나누고, 그들이 각기 먹고사는 경제적 기반에 대해 언급하고 있다. 직임이 있는 사람, 즉 관료는 녹봉을 받고, 이서는 늠료를 받으며, 군오는 요포를 받는다. 이상의 사람들이 모두 국가권력의 직임을 맡은 관인층에 속한다. 일반 평민들은 주로 공인과 시민으로 나뉜다. 공인은 물건을 만들고 시민은 거래에 종사하여 자신의 벌이를 삼는다. '시민' 또는 '시인'으로 표시되는 사람들은 바로 상업활동, 물건의 유통에 종사하는 신분의 사람들을 의미한다. 우의정 심상규가 시민을 가리켜 '양민 가운데서 가장 뿌리를 내리고 사는 자들'이라고 지칭하는 데서 짐작할 수 있듯이 이들은 조정에서도 비교적 신망을 받았던 것으로 판단된다. 다시 말해 '대대로 상업을 지켜오기 때문에 열심히 봉공하고 집에 항산이 있기 때문에 삼가선 법을 두려워' 하는 존재로 이해되고 있는 것이다.

이처럼 조선시대에 '시민'은 뚜렷한 사회집단이었을 뿐 아니라 조정으로부터 일정한 기능과 역할을 부여받고 있는 중요한 범주였다. 위의 글에서 우의정 심상규가 말하듯 '물건을 쌓아 놓고 판매하여 위의 쓰임에 이바지하고, 관역官役에 응하여 재화財貨의 경중은 나라 경용經用의 다과多寡에도 영향이 미'칠 뿐 아니라 '조가朝家에서 도민都民을 진휼賑恤함에 있어 반드시 이 무리들에게 먼저 했'다. 농업국가로서, 농사작황의 풍흉에 따라 백성의 안위가 크게 영향을 받던 조선시대, 자율적인 시장의 발달이 열악한 상황에서 물자의 안정적인 공급은 매우 중요한 과제였던 것이다. 심지어 다

公, 家有恒産, 故謹而畏法, 居積貿販, 供上用而應官役, 財貨輕重, 與國贏絀, 是以, 朝家軫恤都民, 必先此輩.

음 글에서 보듯 국왕이 이들 시민들의 유통기능을 중하게 여기고 있었음을 본다.

임금이 환궁還宮하였다. 종각鍾閣의 거리에서 연輦을 멈추어 시민市民을 소견하고 하유下諭하기를, "대신大臣의 말을 들으니 약원藥院에서 직숙直宿을 할 때에 너희들이 철시撤市를 했다고 하였는데, 며칠이나 철시를 했느냐?" 하니, 시민이 말하기를, "전부 철시를 한 것은 아닙니다. 나이 젊은 시정市井의 무리들은 간간이 물건을 팔았습니다." 하였다. 임금이 말하기를, "내가 실로 너희들에게 혜택을 준 일이 없었는데, 나의 병으로 인하여 비록 하루라도 철시를 하였다면 나의 마음이 편치 않다. 이 뒤로는 비록 약원이 직숙하는 일이 있더라도 철시를 하지 말도록 하라." 하였다.[205]

조정이 도시의 백성을 진휼할 때 시민을 활용한 사례들을 『조선왕조실록』에서 찾아보기는 그다지 어렵지 않다. 1546년 조정은 미곡의 결핍으로 인한 불안을 해결하기 위해 미곡 유통에 종사하고 있는 '시민'들을 동원하여 대처 방안을 마련하고자 했다. 다음의 기록을 보면,

검상檢詳 민전閔荃이 삼공三公의 뜻으로 아뢰기를, "금년 같은 흉년은

205. 『조선왕조실록』, 英祖 93卷, 35年(1759 己卯) 2月 2日(癸丑)
원문: 癸丑/上, 還宮。駐輦鍾閣街中, 召見市民, 下諭曰: "聞大臣之言, 藥院直宿時, 汝輩(轍)[撤]市云, 幾日(轍)[撤]之乎?" 市民曰: "非全(轍)[撤]也。年少市井則間間賣物矣。" 上曰: "予無實惠於汝等, 而因予之病, 雖一日(轍)[撤]市, 予心不安。此後雖有藥院直宿, 勿爲(轍)[撤]市."

근래 듣지 못했던 것으로 저자에도 쌀이 귀하기가 금과 같고 백성들이 의복을 팔아서 끼니를 이으려 해도 옷을 살 사람이 없다 하니 매우 한심스럽습니다. 청컨대 군자창軍資倉의 오래 묵은 쌀을 내어 빈민들을 진휼하고 시민市民으로 부실富實한 자에게는 그 성명을 장부에 적어두고 나누어 주어 그로 하여금 환매換賣하게 하면 저자에도 쌀이 있게 되고 가난한 자도 먹을거리를 장만할 수 있을 것이며, 가을철에 환수할 때도 쉽고 편리할 것입니다. 그렇게 하면 백성들은 실질적인 혜택을 입게 되고 국가로서도 근본을 잃지 않을 것입니다." 하니, 아뢴 대로 하라고 답하였다.[206]

이 글은 미곡이 부족한 상황에서 군자창의 비축미로 빈민을 진휼함과 동시에 상대적으로 부요한 '시민'으로 하여금 미곡을 환매하게 함으로써 미곡 부족사태를 해결해 보겠다는 내용이다. 여기서 '시민으로 부실한 자'가 조정의 미곡대책의 담당자, 즉 군자창 미곡을 대신 환매하고 가을에 환수하는 책임까지 맡는 역할을 수행하는 자로 거론되고 있다. 시민층이 조정의 여러 물자수요를 담당하는 역할을 맡았음을 보여 주는 기록은 이외에도 여러 곳에서 확인할 수 있다. 예컨대 다음의 기록은 중국 사신의 영접에 드는 비용을 마련하기 위해 백관과 시민이 함께 갹출의 책임을 맡았음을 보여 준다.

206. 『조선왕조실록』, 明宗 3卷, 1年(1546 丙午) 4月 3日(己丑)
원문: 己丑/檢詳閔荃, 以三公意啓曰: "今年凶荒, 近所未聞, 市上米貴如金, 民欲賣衣服以保朝夕, 人無有買之者, 至爲寒心。請出軍資倉久陳之米, 以賑貧民, 市民有實者, 置簿其姓名而分給, 使之換賣, 則庶幾市上有米, 而貧者得以資食矣, 秋來還收之際, 勢亦便易。然則民蒙實惠, 而國不失本矣。" 答曰: "如啓。"

윤선각이 아뢰기를, "어제 비변사에서 의논할 때에, 백관百官의 녹료祿料를 줄인 것이 3백여 석이고, 백관에게서 거둔 쌀이 3백여 석이며, 시민市民이 모은 쌀이 3백여 석이라 하였으니, 통계하면 9백여 석입니다. 그 수를 미리 섭 유격에게 알리는 것이 마땅하겠습니다."[207]

조선시대 후기에 시민이란 평시서의 시안에 그 시전 이름과 국역 부담의 비율인 분역과 분등, 그리고 취급하는 물종이 기록되어 공적 관리체계에 속해 있던 집단이었다.[208] 시민은 서울의 특권 상인집단이었지만 여전히 공적인 통제 하에 있었던 집단으로 조정의 여러 가지 수탈과 동원의 대상이 되기도 했다.

임금이 궁궐로 돌아왔다. 태복시太僕寺에 나가서 공시당상貢市堂上을 불러 시민市民을 거느리고 대령待令하게 하여 입전시민立廛市民에게 왕손王孫이 가게에 지고 있는 빚을 하문下問하자, 3, 4백 냥이라고 대답하였으며, 또 백목전白木廛·저포전苧布廛의 시민에게 하문하자, 모두 없다고 앙대仰對하였는데, 임금이 그들이 속이고 숨긴다고 생각하여 병조로 하여금 두 가게의 시민들을 곤장으로 다스리게 하였다.[209]

이런 역할은 조선시대 말기까지 이어졌던 것으로 보인다. 고종

207. 『조선왕조실록』, 宣祖 76卷, 29年(1596 丙申) 6月 14日(庚戌)
원문: 先覺曰: "昨日備邊司議論時, 以爲百官減料, 則三百餘石矣; 百官所收之米, 三百餘石矣; 市民所聚之米, 亦三百餘石矣。通計則九百餘石矣, 其數預爲示之於遊擊爲當。"
208. 고동환(2000), 「18세기 서울의 상업구조 변동」, 이태진 외, 『서울상업사』, 태학사, p.213.
209. 『조선왕조실록』, 英祖 116卷, 47年(1771 辛卯) 2月 1日(壬申)
원문: 上還宮, 御太僕寺, 召貢市堂上, 率市民待令, 問立廛市民以王孫所負廛債, 對以三四百兩, 又問白木廛苧布廛市民, 皆以無仰對, 上意其欺隱, 令兵曹棍治兩廛民。

연간의 다음과 같은 기록은 다양한 상업활동에 종사하고 있는 시민들이 군비조달에 일정한 역할을 맡고 있었음을 보여 준다.

> 시민들이 엽전을 내어 군비에 사용하라고 봉상하다. 양호 도순무영兩湖 都巡撫營에서, "입전立廛 시민市民들은 엽전葉錢 2,000냥兩을, 백목전白木廛 시민들은 엽전 2,000냥을, 지전紙廛 시민市民들은 엽전 1,000냥을, 포전布廛 시민들은 엽전 400냥을, 저포전苧布廛 시민들은 엽전 500냥을 본영本營에 가져다 바치면서 군사비용에 보태달라고 하기에 봉상捧上하였습니다."라고 아뢰었다.[210]

하지만, 이런 시민의 역할은 종종 부정적인 결과를 낳기도 했다. 가장 대표적인 것이 조정의 관리들에 의한 시민의 수탈이었다. 시민의 신분적 위상이 종속적인 데다가 정치적인 독립성이 보장되지 못한 상황에서 조정의 필요를 채워야 하는 환경이 수탈의 환경을 제공하기 쉬웠기 때문이다. 다음의 예는 그런 현실을 잘 보여 준다.

> 이헌국이 아뢰기를, "도성의 잿더미 속에 도로 모여든 시민市民은 얼마 안 됩니다. 시중에서 무역하는 종목이 어찌 다 위에서 아시는 것이겠습니까. 각사各司에서 무역할 때 침범으로 소요를 일으킴이 너무 심하여 시민市民의 원성이 크게 일고 있으니, 이 역시 유사가 잘 선처하지 못하기 때문입니다. 당초 시민市民은 유사가 하는 짓인 줄은 모르

210. 『조선왕조실록』, 高宗 32卷, 31年(1894 甲午) 10月 13日(丙辰)
원문: 兩湖都巡撫營以 "立廛市民等葉錢二千兩, 白木廛市民等葉錢二千兩, 紙廛市民等葉錢一千兩, 布廛市民等葉錢四百兩, 苧布廛市民等葉錢五百兩, 來納臣營, 願助軍需, 故捧" 上啓。

고 상에게로 원망을 돌려서 심지어 무례하고 부도한 말까지 하였으니, 어찌 가슴 아픈 일이 아니겠습니까. 유사들이 한결같이 일체 서리胥吏가 하는 대로 맡겨두어서 이런 걱정이 있게 만든 것입니다. 조식曹植이 일찍이 '우리나라는 서리 때문에 망한다'고 한 것은 참으로 명확한 의논입니다."[211]

위의 글은 이헌국李憲國이 올린 상소의 일부이다. 임진왜란의 참혹한 상황을 '도성의 잿더미'로 표현하면서 시민의 감소, 시민의 원망을 전하고 있다. 여기서 시민은 도성의 백성, 서울의 백성이라는 의미로 볼 수도 있으나 '각사의 무역에서 소요가 많은' 시민이었다고 하는 부분에서 이들이 무역이나 상고에 종사하는 사람들이었다고 보는 편이 더 타당하다. 이와 유사한 내용은 다음과 같은 용례에서도 그대로 나타난다.

이 밖에 진헌進獻하는 갖가지 물건과 중국 사신의 지대支待에 쓰는 것, 중국 관원 및 중국 군사를 접대하는 물자도 그 수량이 배나 많아서 그해에 받아들일 공안대로의 수량을 가지고는 반년 쓸 것도 되지 못하므로, 부득이 수납收納하지 못한 것을 작미作米한 것과 소금 그리고 속贖으로 받은 무명베 등의 물건을 끊임없이 계청啓請하여 각도에서 무역貿易해다 쓰고 있으므로 지금 미안하게 여기고 있습니다. 만일 이

211. 『조선왕조실록』, 宣祖 60卷, 28年(1595 乙未) 2月 8日(辛亥)
원문: 憲國曰: "都城灰燼之中, 市民還集者無幾。市中所貿, 豈皆自上所知者乎? 各司貿易, 侵撓甚多, 咨怨大興。此亦有司不能善處之故也。當初市民不知有司所爲, 歸怨於上, 至有無狀不道之言, 豈不痛心? 爲有司者, 一從胥吏所爲, 致有此患。曹植嘗曰: '我國亡於胥吏。' 眞確論也。"

> 번에 병신년 조의 공물을 더러는 절반으로 감해 주고 더러는 전부를 감해 준다면 사세가 장차 전 수량을 무역해다 쓰게 됨을 면하지 못할 것인데, 무역할 경우 서울에서는 시민市民들과 외방外方에서는 촌민들이 모두 원망하고 한탄하게 될 것입니다. 이는 비록 신들이 직책을 다하지 못한 죄이기는 하지만, 저축이 고갈된 뒤라 어떻게 해볼 도리가 없어졌으니 할 수 없이 무역해서 써야 합니다. 받아야 할 공물을 감면減免해 주고 별도로 무역해서 쓰는 것보다는 받을 공물은 그대로 수납하여 별도로 무역해서 쓰는 폐단을 조금이라도 줄이는 것이 나을 듯합니다.[212]

여기서 시민은 확실하게 무역업에 종사하는 사람들임이 분명하다. 외방의 촌민과 대비하여 사용되었음을 알 수 있는데 대체로 상업활동에 참여하고 있는 일반 백성을 가리키는 말이었다고 해도 좋을 것이다. 다음의 글은 이들이 처해 있던 상황을 보다 명확하고도 뚜렷하게 말해주고 있다.

> 비변사가 아뢰기를, "신들이 요즘 거둥 문제 때문에 연거푸 궐하에 나오고 있는데, 시민市民 남녀 1백여 명이 길가에 엎드려 살려달라고 울부짖고 가슴을 치면서 말하다 울다 하기를 지금 10여 일째 계속하고 있습니다. 그들의 사정을 살펴보니 만약 빨리 무슨 대책을 세워주지 않았다가는 그 형세가 장차 모두 흩어지고 말 것입니다.

212. 『조선왕조실록』, 宣祖 80卷, 29年(1596 丙申) 9月 4日(丁酉)
원문: 此外進獻諸物, 大使支待, 唐官, 唐兵供億之資, 厥數倍多, 將一年貢案應納之數, 不及於半年之用。不得已以未收作米及煮鹽, 贖木等物, 連次啓請, 貿用於各道, 方爲未安。今若丙申條貢物, 或半減, 或全減, 其勢將不免全數貿易, 而貿易之際, 京中則市民, 外方則村氓, 咸爲怨咨。此雖臣等不職之罪, 儲蓄罄竭之餘, 有同無麪之不托, 貿用之事, 亦出於不獲已。與其應貢蠲免, 別例貿易, 莫如仍收應貢, 小除別例貿用之弊也。

까닭인즉 저자에 살고 있는 시민市民들은, 쥐꼬리만한 이익을 얻어서 그것으로 살아가고 있는데, 마침 흉년을 만나 베 한 필이 쌀 한 말밖에 되지 않기 때문에 열 식구인 경우 하루에 베 한 필 이상을 먹게 될 상황이므로, 비록 자본이 풍부한 장사치라도 이미 남아 있는 재산이 전혀 없습니다. 그런데 더구나 가난한 백성들이야 말할 게 뭐 있겠습니까. 국가는 국가대로 대례大禮가 겹쳐 있어 도감들이 잇따라 설치되었고 게다가 앞으로 또 조사詔使까지 올 것인데, 호조는 이미 바닥이 났고 각 아문도 텅텅 빈 상태여서 조그마한 것은 물론 그릇 따위까지도 그것을 모두 시민市民들이 책임져야 할 실정인 것입니다. 백성들의 재산은 한계가 있는데 위 아문에서는 한도 끝도 없이 가져다 쓰기만 하여 이미 저자 대여섯 곳이 철시를 하고 도망가 버렸다니, 이게 어디 백성을 사랑하는 왕도정치라고 하겠습니까. 예를 들면, 각종 물건을 다급하면 그냥 가져다 쓰는 폐단, 여러 아문이 사사로이 무역을 하고 갚지 않는 폐단, 각 도감이 영선營繕에 필요한 각종 물건들과 각 아문이 그릇들을 가져다 쓰고는 돌려주지 않는 폐단, 각처에서 쓰는 공조의 유기鍮器를 오로지 시민市民들에게 책임지우는 폐단 등인데, 이것들은 애당초 별로 대단한 문제들이 아니지만 각 아문으로 하여금 그 폐단을 없애기에 힘쓰도록 해야 할 것입니다. …신들이 이어 생각건대, 아마 먼 지방 민생들의 고통은 여기보다도 더하지 않을까 합니다. 금년에는 비록 조금 곡식이 여물었다고는 하나 원래 종자가 부족했는데다 미처 가을이 되기도 전에 이삭을 훑어다가 요기들을 했기 때문에 수확된 곡식은 얼마 안 될 것입니다. 게다가 또 마침 금년에는 조사가 장차 올 것이어서 준비해야 할 물건들이 너무나도 많고 또 기한까지 촉박하여 천한 물건도 귀할 때입니다. 그런데 욕심 많고 더러운 읍재邑宰들과 독하고 사나운 변장邊將들은 이때다 하고 이익을 노리면서 갑절도 더 되게 거두어들이고 있으니, 슬픔에 젖어 있는 백성들이 어디에다 호소할 것입니까. 삼가 바라건대, 각도의 감사들에게 그 사실을 낱낱이 들어 유시를 내리고 또 민간에도 포고하여 조정의 은택을 알도록 할 것이며, 정수 이외로 더 거두어들이는 수령과 변장에 대해서는 거리낌 없이 아뢰어 파직시키게 하소서." 하니,

전교하기를, "그리하도록 하라. 시민市民들의 문제는 위에서도 불쌍하게 여기고 있다. 국가에 대례가 없는 해가 없고 또 앞으로 조사도 올 것이므로 충분히 돌봐주어야 할 것이다. 해조로 하여금 물건 값들을 낱낱이 쳐주고 옷과 모자 같은 것도 해조에서 상당한 값을 쳐주고 사오게 하도록 하라. 만약 값을 쳐주지 않으면 시민市民들의 원성이 많을 것은 틀림없는 사실이 아닌가. 이것은 어공이기 때문에 그냥 정감停減할 수는 없을 것이니, 이렇게 처리하여 민원이 없도록 하라." 하였다.[213]

이 글 속에는 당시에 '시민'이라고 가리켰던 집단이 얼마나 조정

213. 『조선왕조실록』, 光海 157卷, 12年(1620 庚申) 10月 18日(辛酉)
원문: 備邊司啓曰: "臣等近因擧動, 連詣闕下, 市民之男女百餘名, 伏于道傍, 號泣求生, 搥胸叩心, 言淚俱發者, 至于十餘日。察其情事, 若不亟加變通, 則其勢將至流散。蓋以市民居闤闠之間, 競錐刀之利, 以爲資生之地, 適緣凶歉, 一布斗米, 十口之家, 一日所食, 將過一匹。雖富商大賈, 已失其贏餘之殖, 況小戶貧民哉? 國家大禮稠疊, 都監相望, 前頭又有詔使之行, 而度支告竭, 諸司蕩然, 毫分之用, 器皿之辦, 皆責於市民, 民之財産有限, 上司取用無窮, 至於五六市撤肆逃散云。此豈王政愛民之意? 其曰諸種之物, 臨急取辦之弊, 其曰諸上司私貿易塗褙之弊, 其曰諸都監營繕雜物及該同諸器, 取用不還之弊, 各處應用工曹鍮器, 專責於市民之弊, 初非大段之事, 當令諸各司, 務祛謬弊矣。至於頒賜耳掩, 係干恩數, 尙方貂皮衣帽, 卽是御供, 皆非臣子所敢擬議, 唯在自上裁處如何? 臣等因此竊念, 遠外民生之苦, 殆亦有甚於此。今年雖似稍稔, 種子不足, 而未及秋成, 揠穗療飢, 穀之登場者無幾。又會今年詔使將臨, 責辦之物, 不一其數, 而期限太迫, 賤物皆貴, 而貪汚邑宰, 毒虐邊將, 乘時射利, 倍數科斂, 嗷嗷百姓, 何所控告? 伏乞枚擧下諭於各道監司, 布告民間, 俾知朝廷盛澤, 守令, 邊將之數外加斂者, 勿憚啓罷。" 傳曰: "允。市民事, 自上常愍惻矣。國家大禮, 無歲無之, 前頭詔使之行, 所當優恤, 令該曹價物一一准給。至如衣帽, 亦令該曹准給其直, 使之貿入。若不給價, 市民之怨必多, 此是御供似不可停減, 依此爲之, 俾無民冤。"

의 무책임한 정책과 관리들의 자의적인 수탈로 고통을 겪고 있었는지가 잘 나타난다. 물론 조정이 늘 이들에게 관용적이었던 것도 아니고 시민들의 하소연이 항상 사실에 가까운 것이라고 믿을 수도 없다. 실제로 호조 판서 소세양蘇世讓이 윤근손尹根孫 등의 관자關子를 위조하여 경상도에 내려가 소금과 세포稅布를 많이 착취했던 일로 사직하려 할 때 왕이 내린 전교의 내용에서는 소금과 세포의 착취라든지 진상하는 가포 명의로 금전을 갈취했던 일 등을 '시민의 외람된 일'로 지칭하고 있다. 다시 말해 시민들이란 원래 그런 외람된 일을 잘하는 집단이라는 선입견이 표명되어 있는 것이다. 조선시대의 사농공상이라는 위계를 감안하여 이 글을 생각해 보면 '시민'은 그다지 존경이나 사회적 비중을 인정받지 못하면서 조정의 다양한 요구를 종속적으로 채워주어야 하는, 그러면서도 종종 수탈과 탄압의 대상이 되는 집단이었다고 할 수 있다. 이런 시민의 내부구성은 그들이 취급하는 물화의 종류, 허용된 시전의 유형에 따라 구분되었다. 시민이라 해도 구체적인 모습은 여러 가지였던 것으로 보인다. 상업활동이 매우 제한적이고 허가제인 만큼 특화된 상품을 취급하는 여러 유형의 시민이 있었던 것이다. 다른 자료에서도 오전 시민, 서포전 시민, 진사전 시민, 단화피전의 시민, 사기전의 시민 등이 보인다. 결국 전통적 개념으로서의 '시민'은 조정에 예속되면서 특권적 지위를 보장받았던 서울의 상인층을 지칭하는 것이었다. 이런 의미에서 서구의 부르주아적 성격, 즉 상업활동이나 경제적 이익을 중시하는 집단이라는 측면이 일부 있지만, 정치적 자립성과 자율성이라는 점에는 크게 미치지 못하는 속성을 지닌 것이었다. 부르주아도, 시토앙도 아닌, 전근대적 종속상인으로서의 '시민' 개념이 조선시대에 사용되고 있었던 것이다. 다만 그들이 농민이나 일반적인 민중이 아니라, 도시에서 상업에 종사하는 특정한 범주라는 점에서 유산계급의 한 단초를 지녔던 것으로 볼 수도 있다.

이런 전통적 의미의 시민 개념은 시전 내지 장시의 구조가 바뀌면서 크게 변화하지 않을 수 없었다. 조정이 통제하고 관할하는 시전의 지위가 약화되고 장시가 활성화될 뿐 아니라 개항 이후에는 다양한 형태의 새로운 시장들이 등장하기 시작했다. 개항장의 미곡시장을 비롯하여 시장의 형태와 숫자가 늘어났고 이런 경향은 식민지화와 더불어 현저하게 진전되었다. 일제 하에서는 공설시장의 형태로 전국의 시장이 확대되고 있었다.

개항장을 비롯하여 상업활동이 이루어지는 공간이 확장되고 상업과 유통에 종사하는 사람들도 늘어나면서 '시민'의 개념도 확대될 수밖에 없었다. 실제로 개항 이후 곳곳에 개항장이 열리고 새로운 유통망이 확대되면서 상업과 상인층의 활동이 확대되고 있었다. 일반 농민들의 삶도 시장과의 연계가 점차 높아지고 있었다. 전통적인 왕조체제가 근대적인 방식으로 전환하면서 오랜 특권상인으로서의 서울 '시민'의 위상과 권한은 크게 축소되었지만 한성의 도시화가 진전되면서 새로운 기회를 발견하는 계기가 되기도 했다. 하지만 한말까지도 시민이라는 용어는 일반 상민과는 구별되는 용어였다. 한말 한성부의 호적연구를 수행한 조성윤趙誠倫에 따르면 시민이라는 범주는 상민, 상업, 상 등과는 달리 시전 시민, 수진상전 시민 등과 같이 시전에 점포를 가지고 있는 상인들을 지칭하였다.[214] 한말 개성과 인천 등지의 호적연구에 의하면 한성

214. 조성윤(1992), 「조선후기 서울 주민의 신분 구조와 그 변화」, 연세대학교 박사학위논문, p.126.

의 시전상인과는 다른 유형의 '시민' 개념이 등장하고 있었는데 이는 좀 더 일반적인 범위에서 상민의 한 종류를 지칭하는 용어로 시민 개념이 변하고 있었음을 말해 준다.[215]

서구 계몽사상과 시민 개념

서구에서 시민이라는 어휘는 고대 도시국가를 배경으로 하여 초기에 등장했다.[216] 그리스의 도시국가인 폴리스의 구성원들을 지칭하던 그리스어 폴리테스polites나 라틴어 치비스civis가 시민 개념의 기원을 이룬다. 이들은 도시공동체의 구성원이면서도 특히 경제적인 노동으로부터 자유롭고 정치적인 일에 참여할 수 있는 자유인을 의미했다. 아리스토텔레스Aristoteles는 자유민으로서 생산활동이 자유롭고 일정한 공직에 참여하는 사람을 포괄적 의미의 시민이라고 불렀다. 이후 로마법은 모든 사람을 자유민과 노예로 구분하고 자유민을 다시 시민과 비시민으로 구별했다. 로마법이 규정한 로마 시민civis Romanus은 단순한 로마국가의 구성원이 아니라 정치적 · 경제적 특권을 향유하던 자유인층을 지칭하는 것이었다. 이처럼 로마법에서 시민은 모든 거주민의 총칭이 아니었고 특별한 지위를 가진 범주였던 것이다.

이런 시민 개념의 결정적인 변화는 중세 유럽에서 새로운 유형의 공동체가 출현하면서였다. 그리스와 로마의 시민과는 달리 주

215. 조형근(2005), 「식민지기 재래시장에서 시장갈등과 사회적 관계의 변동」, 서울대학교 박사학위논문, p.221.
216. 이하의 내용은 임재진(1996), 「헤겔 시민 사회론의 현대적 함의」, 『시대와 철학』 제7권 제2호, p.189~195 참조.

로 상인과 수공업자 중심으로 생겨난 도시공동체는 그들만의 새로운 지위와 자유를 획득해 갔다. 이들은 중세 말기에 고유한 지위와 정치적 신분을 인정받고 농민, 기사, 성직자와 함께 새로운 신분층으로 부상하였다. 도시의 자유인, 상인과 수공업자 중심의 이들을 Buerger라 불렀고 이것이 새로운 시민의 전형이 되었다. 이러한 새로운 시민 개념의 성립은 역사적으로 군주 내지 절대주의 시대의 통일적 신민집단의 형성과 연관된다. 보댕J. Bodin은 시민을 "다른 이의 주권적 권력 아래에 놓여 있는 자유신민"으로 규정함으로써 절대군주에 대한 신민적 지위와 자유인으로서의 특성을 주요한 특징으로 보았다. 시민도 노예나 외국인처럼 같은 '신민'이지만 그들과는 달리 자유로운 도시민이었다. 다만, 보댕에 의하면 도시공동체는 시민공동체이지만 더 이상 국가와 동일시될 수 없는 것이고 시민도 주권국가의 한 구성원에 불과하다는 것이다. 보댕은 특별히 새롭게 도시공동체의 구성원으로서의 시민을 국가의 구성원으로서의 시민과 구별하여 '부르주아'라고 칭했다.[217] 18세기 이후 신민들 내부의 평등화가 진행되고 시민 개념이 확대되면서 국가의 모든 구성원을 시민으로 지칭하는 경향이 나타났다. 여기서 '부르주아'와 '공민'이 나뉘면서 시민의 정치적·경제적 성격이 분화되기 시작했다.

계몽사상가들은 정치적 평등성을 중시하는 공민적 개념, '시토앙'으로서의 시민에 주목했다. 루소는 일반의지의 형성에 참여하는 사람을 '시민'이라고 부르고 인간이 불안정한 사회상태에 사는 한 시민이 되는 것은 선택이 아닌 당위라고 보았다. 시민이 되어

217. 임재진(1996), 앞의 논문, p.191.

야만 스스로에 대해서나 공동체에 대해서 '자기의 주인'으로서의 자유를 누리게 된다고 보았다. 이것이 루소가 말하는 '자유롭게 되기 위해 강제되어야 함'의 내용이다.[218] 그는 왜 자유로운 개인이 사회계약을 통해 공동체를 구성하는가에 대하여 "욕망에 의한 충동은 노예상태의 증거이지만 자신이 제정한 법에 복종하는 것은 자유를 의미하는 것이다"라고 설명했다. 즉, 자기의지에 따른 복종은 자유가 될 수 있는데 이때의 자유를 기반으로 일반의지가 형성가능하다. 여기서 개인으로서의 자유와 시민으로서의 자유가 구분된다. 다음의 글을 보면,

실제로 각 인간으로서의 개인은 시민으로서의 일반의지와 상반되거나 동일하지 않는 사적 의지를 가지고 있다. 그의 사적 의지는 그로 하여금 공공의 이익과 아주 다른 행동을 하게 할 수도 있다. 그의 절대적인 자연적이고 독립적인 존재성은 그로 하여금 공공의 의무와 같은 공공성이란 무상으로 하는 행위라는 생각을 하게 만들면서, 그러한 행위가 다른 사람들에게 가하는 해악은 자신이 지불하는 비용보다 훨씬 적은 것이라는 생각을 하게 한다. 그리고 상상적 존재인 국가의 도덕적 인격성에 대해서는, 그것이 인간이 아니라는 이유로 각 개인은 시민의 의무를 이행하려는 생각 없이, 시민의 권리를 향유하려고만 할 것이다. 바로 이러한 부정의의 만연으로 결국 정치체는 파멸하게 되는 것이다.[219]

218. 이 부분은 박의경(2008), 앞의 논문 참조.
219. 박의경(2008), 앞의 논문, pp.87~88에서 재인용.

이처럼 시민은 국가의 법에 복종하고 공공성인 일반의지에 자신을 일치시켜야 하는 존재이다. 이 점에서 시민은 시민의식을 소유하는 존재이고 역으로 시민의식이 부재하거나 잘못되었을 경우는 시민의 기능을 이행하기 어렵다. 일반의지에 복종하기를 거부하는 사람은 강제적으로 복종시킨다는 묵시적 약속을 시민적인 속성을 근거로 강조하는 것이다. 물론 이것은 위법한 법에도 복종하는 것을 의미하는 것은 아니다. 시민의 자유는 일반의지를 형성할 수 있는 자격이자 의무이며 사회에 참여하지 않고 형성된 법에 그저 복종하기만 하는 사람은 나쁜 시민인 정도가 아니라 전혀 시민이라고 볼 수 없다는 것이 루소의 평가였다.[220] 이런 점에서 시민이란 일반의지의 형성과정에서 만들어지는 것이다. 이것이 입법자로서의 시민을 말하는데 그것은 개인을 도덕적인 존재로 만드는 과정이면서 루소는 이를 '시민적 자유'라고 불러 자연적 자유나 도덕적 자유와 구별했다. 시민은 자신의 사적 의지에 반하는 일반의지의 명령에 주의하면서 다른 사람도 일반의지의 명령에 주의해야 하는 의무를 지니는 것이며 바로 이러한 자발적 동의에서 시민적 자유가 출현한다.[221] 루소는 다음과 같이 말했다.

입법자는 인간으로부터 그 본래의 힘을 빼앗고 인간이 지금까지 소유하지 못했던 힘, 즉 타인의 도움 없이 사용될 수 없는 힘을 부여해야 한다. 즉, 자연적인 힘이 소멸되면 될수록 새로 얻는 힘은 크게 되고, 영속화할 수 있는 동시에 이 제도도 역시 더욱 견고해지고 완전

220. 박의경(2008), 앞의 논문, p.93에서 재인용.
221. 장세룡(2004), 「루소의 자유론」, 『대구사학』 제76권, pp.411~420.

해지는 것이다. 그리하여 각 시민이 만일 다른 시민의 힘을 빌리지 않으면 아무것도 할 수 없고 또한 전체가 얻은 힘이 각 개인의 자연적인 힘의 총화가 되거나 또는 그 이상의 것이 된다면 입법은 그것이 도달할 수 있는 완전한 최고봉에 이르렀다고 할 수 있다.[222]

프랑스 혁명의 인권선언 제6조는 다음과 같이 되어 있는데 시민의 입법권과 관련한 중요한 언급이라 할 수 있다. 이 선언은 일반의사로서의 법률을 제정할 권리주체로서, 또 원천적으로 평등한 존재로서의 시민에 대해 언급하고 있다. 시민은 이처럼 법적인 원리와 관련하여 법을 제정하는 주체로서 그려지고 있으며 이 점이 근대 정치사상의 핵심을 이룬다.

The law is the expression of the general will. All citizens have the right to take part, in person or by their representatives, in its formation. It must be the same for everyone whether it protects or penalizes. All citizens being equal in its eyes are equally admissible to all public dignities, offices, and employments, according to their ability, and with no other distinction than that of their virtues and talents.

법은 일반의지의 표현이다. 모든 시민들은 직접, 또는 그들의 대표를 통하여 그것의 형성에 협력할 권리를 갖는다. 법은 보호해 주는 경우에도, 처벌을 가하는 경우에도 만인에게 동등하여야 한다. 모든 시민들은 법 앞에 평등하므로, 그들의 능력에 따라서 또 그들의 덕성과

222. 박의경(2008), 앞의 논문, p.95에서 재인용.

재능 이외에는 어떠한 차별도 없이 평등하게 모든 공적인 위계, 지위, 직무에 오를 수 있다.

칸트I. Kant 역시 루소의 이런 입장을 따라 인간은 신민으로서 주권에 참여할 때만 시민, 즉 공민일 수 있다고 보았다. 칸트는 주권에 평등하게 참여하는 신민들을 시민이라 하며, 여전히 정치적 속성을 강조하였고 현실적으로 경제 차원에서 나타나는 부르주아적 속성에 대해서는 깊은 관심을 보이지 않았다. 이런 시민 개념의 양면성을 종합하여 근대적인 의미에서 시민의 함의를 가장 중요하게 부각시킨 사람은 헤겔이었다.

헤겔은 시민 개념을 근대라는 시대 속에 자리매김하면서 '사적 인격'으로서의 시민 개념을 발전시켰다. 즉, 그는 미국과 프랑스 혁명의 자연법사상에서 발견되는 공민적 시민을 현실 속에 살아가는 구체적 인간과 연결시키려 했다. 헤겔은 자연법사상이 강조하는 인권이나 이성적 인간이라는 것도 근대의 생활 속에서 살아가는 구체적인 인간과 분리되는 것은 아니라 보았다. 이 점에서 그는 이성적 존재라는 관점보다 욕망적 존재이자 사적인 존재로서의 인간이 시민의 본래 모습이라 보았던 것이다. 또 그는 이런 사적 개인들이 살아가는 '시민사회'는 개인들의 특수한 이해관계를 기초로 하는 것이라 보아 프랑스에서 부르주아와 시토앙의 구분을 수용해서 전자는 개인의 욕망을 충족하기 위한 관계로 후자는 개인의 욕망을 넘어 정치적 성격을 갖는 것으로 보았다. 헤겔은 이 양 측면이 현실적으로는 함께 있음을 강조하여 이렇게 말했다. "이런 두 개인은 동일한 사람이다. 똑같은 사람이 자신과 그의 가족을 돌보며 노동하고 계약을 맺는가 하면, 또한 그는 보편자를 위해서 노동하고 이것을 그의 목표로 삼기도 한다. 전자의 측면에서 그는 부르주아라 불리고 후자의 측면에서 그는 시토앙이라 불린다."[223]

사인과 공민이라는 시민의 두 측면은 시민사회의 이중성과도 직결된다. 근대의 시민은 합리적인 이성을 바탕으로 공적인 정치에 참여하는 주체이면서 사적 욕구의 실현을 위한 욕망과 이기적 존재이다. 이것은 '고대인의 자유'와 '근대인의 자유'의 차이에 주목하면서 양자의 긴장을 넘어서 시민의 성격을 탐색하려는 노력이기도 했다.[224] 헤겔은 이러한 문제를 보편적이고 이성적인 국가를 상정함으로써 해결하려 했지만 이 두 측면의 갈등과 긴장은 이후 이론적으로나 정치적으로 해결할 수 없었다. 마르크스K. Marx는 시민층의 부르주아적인 차원을 강조함으로써 계몽사상이 전제하는 이성적 존재로서가 아닌, 경제적 이해관계에 종속되는 계급적 존재로서의 시민을 주목했다. 마르크스는 시민사회를 이기주의의 영역으로 보았고 특수한 이해관계만이 개인들을 묶어준다고 생각했다.

> 정치혁명에 의해 시민사회의 정치적 성격이 폐지되었다. 그것은 시민사회를 단순한 구성부분들로 해체하였다. 한편으로는 개인들, 다른 한편으로는 이 개인들의 욕구, 생활, 사회적 지위를 구성하는 물질적 · 정신적 요소들, 그것은 봉건사회의 여러 막다른 길에서 분열되고 분할, 분산된 정치적 정신을 해방시켰다. 그것은 정치적 정신의 부분을 모았고 이것을 시민적 생활과의 혼합물로부터 자유롭게 하였으며,

223. 임재진(1996), 앞의 논문, pp.193~194.
224. 나종석(2008), 앞의 논문, pp.47~52.

그런 시민적 생활의 특수한 요소들과 관념적으로 무관한 공동체의 영역, 민족에 대한 보편적인 관심으로 이것을 확립시켰다. 생활 속에서 한 인간의 독특한 활동과 독특한 상황은 단지 개인적인 의미로 축소되었다.[225]

하지만 공민으로서의 시민에 대한 관심은 자유주의자와 그람시A. Gramsci를 비롯한 일부 마르크스주의자에게도 계속되었다. 정치공동체의 평등한 공민으로서의 시민과 계급적 존재로서의 부르주아라는 두 측면은 시민 개념과 시민사회의 성격규정과 관련하여 지금까지도 공존하고 있는 부분이다. 특히, 동구 사회주의권의 붕괴가 시민의 저항에 기인한 것으로 해석되면서 시민운동과 시민사회에 대한 광범위한 관심이 1990년대 이후 확대되었다. 하지만 그람시의 시민사회론도 사상사적으로 본다면 경제적 계급관계로 환원될 수 없으면서도 개인적인 차원에서 충분히 설명되지 못하는 사회적 공간을 주목한 것이고 따라서 계몽사상가들이 강조했던 시민의 자유와 자율성에 대한 새로운 관심과 연결되는 것이었다.

번역어 시민 개념과 동아시아

서구사상에 바탕을 둔 새로운 개념어로서의 '시민'이 번역어로 등장한 것은 일본에서이다. 에도 막부 말기인 1862년의 『영화

225. 칼 마르크스(1844), 『유태인 문제에 대하여』; 임화연(1994), 「헤겔과 마르크스에 있어서 시민사회」, 『동서철학연구』 제11권, p.61에서 재인용.

대역수진사서英和對譯袖珍辭書』에는 burgess가 "시정市井의 사림士林, 신사紳士"라고 설명되어 있다. 기조F. P. G. Guizot의 『유럽문명사』를 영역한 후쿠자와 유키치는 『서양사정외편西洋事情外篇』(1867)과 『문명론지개략文明論之槪略』(1875)에서 중세 유럽의 자유도시 부르주아burgess를 도시에 거주하는 사람이라는 의미에서 '시민'이라는 말을 썼지만 근대의 부르주아에 대해서는 시민이라는 번역어를 사용하지 않고 "미들 크라스middle class"라는 말을 사용하여 설명했다. 1873년의 『관허영화자휘官許英和字彙』에는 citizen의 번역어가 "부민府民, 자유自由의 민民, 시인市人, 상가商賈, 주민住民"으로 되어 있고, 같은 해의 『관허 영화자전官許 英和字典』에는 buerger의 역어로 "도시의 주민, 도시사람, 명적名籍이 있는 사람"이라 했다.[226] 1882년 나카에 조민中江兆民이 루소의 『사회계약론』을 『민약역해』로 번역 · 출판하였는데 이 책에서 그는 people을 '民'으로 citoyens을 '士'로 번역하였다. 도시의 자유로운 교양층, 일정한 사전과 교양, 문화와 예술성을 공유한 사회계층을 지칭하는 개념으로서 '사'가 선택되었던 것이다. 1898년의 『학생용영화자전學生用英和字典』에는 citizen의 번역어로 "공시민市公民, 시민市民"이 언급되어 있고 덧붙여 "부민, 공권을 지닌 사람, 본국인, 귀화인"이라고 되어 있다. 이 변화는 1889년에 시행된 시정촌제에 의한 '시민' 및 '시공민'의 탄생에 영향을 받았다고 할 수 있다. 이러한 지방행정체계의 변화는 단순한 행정적 변화만이 아니라 주민들의 정체성에도 큰 변화를 가져온 것으로, 전통적인 '번'중심 의식이 중앙집권화된 위계적 행정범주의 구성원 의식으로 변화하는 계기였다. 즉, '시'라는 새로운 행정단위에 속

226. 石塚正英 · 柴田隆行 監修(2002), 앞의 책, pp.136~137.

한 사람들을 '시민'이라고 불렀다. 교토 시민, 도쿄 시민과 같은 말이 그것이다. 이후 '오사카 시민'과 같은 말은 일상화되었지만 이 말에 후쿠자와가 말하는 '미들 크라스'가 연결되기는 어려웠다.

1913년 간행의 마스다 도노스케増田藤之助의 『신찬영화사전新撰英和事典』에는 citizen이 "1. 국민國民, 공민公民, 인민人民, 2. 시민市民, 부민府民, 3. 사인私人(관리, 군인과 구별되는), 4. 정인町人, 상인商人, 직인職人"이라고 다양하게 서술되어 있다. 1920년대 헤겔철학과 마르크스주의가 널리 소개되면서 그의 *Bürgerlich Gesellschaft* 가 '시민(적) 사회'로 번역되었지만 여전히 시민 개념의 정치적 의미가 뚜렷하게 자리 잡지는 못했다. 중세 유럽에서 어떻게 시민계급이 등장했고 이들이 정치적 자유와 경제적 활동을 통해 중세 질서를 깨뜨리는 역할을 했는지에 대한 논의들도 있었다. 시민사회는 "시민계급"에 의해 만들어진 사회이고 따라서 보편적 의미의 시민은 이 시민계급과 동의어로 이해되기도 했다. 하지만 서구적 근대가 보편적인 원리로 수용되는 만큼 시민의 보편성도 받아들여진 부분이 있었는데 이런 맥락에서 시민은 인간을 보는 새로운 두 가지 특징을 갖는 것으로 해석되었다.[227] 즉, 인간을 인간 자체로 파악하는 것과 개인주의적인 성향을 강조하는 것이 그것이다. 인간은 초월자든 국가든 제도든 다른 무엇의 부분으로서가 아니라 인간 그 자체로서 이해되고 존중되어야 한다는 가치가 시민 개념 속에는 포함된다는 것이다. 또 그렇기 때문에 시민 의식에는 개인의 판단과 결정을 존중하는 개인주의가 기본적인 원리로 받아들여진다.

227. 新明正道(1942), 『民族社會學の構想』, 三笠書房 참조.

시토앙의 번역어로서의 '시민'은 단순히 행정단위로서의 시에 속한 주민을 의미하기보다는 정치적으로 독립적이고 주체적인 계몽적 인간을 의미하는데 이런 의미에서 시민이란 개념은 그다지 널리 확대되지 못하였다. 다만, 우치무라 간조內村鑑三를 비롯한 소수의 기독교 지식인들에게서 시민적인 것이 강조되기도 했다. 일본 헌법이 '신민'을 강조하였을 때 우치무라는 이를 비판하고 대신 "세계시민world citizen"을 강조했다. 그가 강조한 것은 국가에 대한 충성심이나 애국심이 아니라 프로테스탄티즘의 윤리에서 보이는 각종 덕목, 즉 노동, 정략, 겸양, 저축, 근신, 진취, 선행, 정직, 고결, 관대, 죄악의 소양, 미행의 장려 등이었다. 또 사랑하는 마음, 국가 내에 한 사람의 빈자도 없게 하려는 바람 등이었다. 이러한 '정직한 평민', 근로시민 등의 논리를 강조한 것이다.[228] 일부 시민 개념을 동반하는 저서들이 쓰이거나 번역되기도 했는데 아이자와 히데카즈相澤秀一가 저술한 『여명기의 시민경제학黎明期の市民經濟學』(叢文閣, 1936)이나 비트포겔K. A. Wittfogel의 책을 번역한 『시민사회사市民社會史』(新島繁 譯, 1935) 등을 들 수 있다. 하지만 전반적으로는 정치적 주체로서의 시민은 크게 부각되지 못했고 오히려 1930년대 일본이 천황제 파시즘의 경향을 강화하면서 시민이라는 개념은 부정적인 함의를 띠게 되었다. 천황제 파시즘이 강화되면서 시민적인 인간이 아닌 "새로운 인간상"을 창조해야 한다는 목소리가 대두되기도 했던 것이다.

따라서 마루야마 마사오는 시민적인 것이 제2차 세계대전 종전기까지 충분하게 발현되지 못하였다고 본다. 그는 시민적인 것을

228. 鹿野政直(1971), 앞의 논문, p.147.

근대적인 것과 동일시하는 방식으로 그의 정치사상사를 서술하고 있다. 그의 주저인 『일본 근대정치사상사연구』의 앞부분과 결론 부분의 일부를 보면 다음과 같이 되어 있다.

"청나라에 이르기까지 유교에 대항할 만한 사상체계는 끝내 나타나지 않았다. …중국제국과 마찬가지로 중국학계도 참된 사상적 대립을 경험하지 못했다. 최근세에 국제적인 압력이 중국사에 점차 근대적=시민적인 것을 침투시켰을 때, 유교는 비로소 삼민주의라는 자기와 완전히 계통을 달리하는 사회사상과 만나게 되었다."[229]

"도쿠가와 시대의 사상이 결코 완전한 봉건적인 것이 아니었다고 한다면, 그와는 거꾸로 메이지 시대는 완전한 시민적=근대적 순간을 조금도 갖지 못했던 것이다."[230]

위의 두 부분에서 보듯 마루야마는 시민적이라는 말과 근대적이라는 말을 동의어로 사용하고 있다. 또한 그는 이 시민적인 것의 내용을 자유로운 개인들의 자발적인 결합, 다시 말해 사회적인 것의 출현과 연결시키고 있다. 이런 맥락에서 마루야마는 일본의 시민적인 것이 전후에 비로소 강조되기 시작했다고 본다. 맥락은 다르지만 오구마 에이지小熊英二 역시 '교토 시민'이나 '요코하마 시민'이라는 행정구분적인 의미가 아니라, 일반명사로서 '시민'을 사용한 것은 적어도 1945년 이전까지는 상당히 드문 일이었다고 지

229. 마루야마 마사오(1998), 앞의 책, p.109.
230. 마루야마 마사오(1998), 앞의 책, p.462.

적한다. 그리고 이 '시민' 개념은 1947년 일본에서 전개된 주체성 논쟁, 정치와 문학 논쟁에서 새롭게 부각되었다는 점을 강조하였다.[231] 즉, 패전 직후 그때까지의 '언어체계가 붕괴'되고 '언설의 구조는 혼란과 변동의 시기'에 접어들고 패전에 대한 책임론이 부각되면서 다양한 논쟁이 일어났고 그것은 또 '근대주의' 비판의 맥락으로 연결되었는데, 이 과정에서 시민 개념이 재조명되었다는 것이다. 잡지 『근대문학』이 이 논쟁의 가운데에 있었는데 좌파는 자유주의, 개인주의를 비판하고 문학에서도 정치의 우위를 강조했다. 당시 공산당 주변에서는 예술지상주의를 부르짖고 개인주의나 자유주의를 부르짖는 것은 자본주의 말기에 나타나는 '소부르주아'의 계급의식의 한 형태로 비판되었다. '소부르주아적'이란 사회주의자들 사이에서 부정적으로 사용되던 말의 전형적인 형태였다. 이들은 일본 전전의 근대주의 비판을 수행하면서 '민족'을 강조했는데 이 당시 이들에게 민족은 '인민'과 동의어로 쓰였다. 오구마에 따르면, 아라 마사히토荒正人는 이에 반대하여 '시민'을 내걸었다고 한다. 그는 1947년 『근대문학』에 '시민으로서'라는 글을 게재하였는데 여기서 '시민 대 시민의 관계로서만 논쟁을 하고 싶다'고 표현하였다. 그가 시민을 강조한 것은 일종의 자유주의, 개인주의, 근대주의의 의미를 내포한 것이었고 당시까지만 해도 민중과 동의어처럼 받아들여진 '민족'에 대립하는 개념으로 간주되었다. 하지만 그때까지도 일본에서 시민이라는 개념은 그다지 강력한 힘을 갖지 못하였고 널리 사용되지도 않았다. 마루야마 역시 1951년 논문에서 프랑스 혁명의 시토앙을 '시민'이 아니라 '공민'

231. 小熊英二(2002), 앞의 책, p.209.

으로 번역했을 정도로 시민 개념은 명확한 위상을 지니지 못했다. 실제로 1974년에 증보판을 낸 『일본사사전日本史辭典』(高柳光壽 · 竹内理三 編)에는 인민, 국민, 신민 등의 항목은 있지만 시민은 포함되어 있지 않다. 그만큼 역사적 개념어로서 자리 잡지 못했음을 보여 주는 것으로 생각된다.[232]

시민 개념이 중요한 정치사회적 함의를 지닌 것은 1960년대 안보투쟁을 거치면서였다. 안보투쟁의 가운데서 시민이란 자립하고 연대하는 주체, 개인이 자발적으로 조직하고 연대함으로써 정치운동에 적극 참여하는 주체를 의미했다. 오구마는 이후 '시민'이라는 말은 독특한 시대적 의미를 함축하게 되었다고 보고, 이를 세 가지로 정리하였다. 첫째로 도시의 민民의 우월성의 표현으로서 '농민'적인 것, '상민常民'적 · 토속적인 것에 대한 기피인데 도시화나 산업화에 대한 지향성을 내포한 것이라 할 수 있다. 둘째로 특히 전전戰前의 국가주의에 대한 부정적인 의식에서 나오는 '국민' 개념의 기피가 있다. 이것이 지구시민=코즈모폴리턴 의식과 결합되어 시민에 대한 의식과 연결되었던 것이다. 셋째로 전통적 좌익이 의존하고 있던 '노동자' 관념으로부터의 기피인데 지나친 계급적 정체성보다 좀 더 개방적이고 자율적인 주체에 대한 강조가 담겨 있다고 할 것이다.[233] 이것들은 각각 농촌공동체로부터의 이탈이나 국가중심주의에 대한 저항, 노동자계급 전위론前衛論에 매개된 전투적 운동론에 대한 기피 등으로 나타났다. 이러한 흐름은 억압에서 자유를 지향하는 정신과 새로운 운동성, 주체성을 표현

232. 高柳光壽 · 竹內理三 編(1974), 앞의 책 참조.
233. 小熊英二(2002), 앞의 책, p.523.

한다는 점에서 보편적인 근대화의 한 표현이라고 해도 좋다. 동시에 이러한 시민의식이 구체적인 현실과는 동떨어진 추상적 개념으로 변화할 가능성도 있다. 오쓰카 히사오大塚久雄가 농촌의 독립자영농민의 근대적 주체성에 주목하며 또한 국내 시장의 문제에 주목한 것은 시민 개념의 농민과 국민으로 전개의 접점을 살펴본 것이라고 할 수 있다.

구한말 정치변동과 시민 개념의 수용

전통적 의미의 시민 개념이 시전혁파와 함께 확대되던 때에 서구적 의미의 '시민' 개념이 수용되기 시작했다. 따라서 한말의 시점에서는 서로 그 기원을 달리하는 두 의미가 같은 '시민' 어휘에 담겨 사용되었다. 우선 1894년 갑오개혁에 따른 시전체계의 혁파로 시민이라는 범주는 특권적인 집단이 아닌, 상업에 종사하는 일반인을 지칭하는 말로 변하기 시작했다. 시전이라는 특권상업체제가 해체됨으로써 전통적인 특수집단으로서의 시민이 해체되었기 때문이다. 실질적으로는 전통적인 시전상인들이 여전히 상업에 종사함으로써 양자의 연속성이 있을 수 있지만 적어도 그 의미는 일반적인 '상민' 개념과 구별되지 않고 서울 이외의 공간에서도 시민이 등장하는 계기가 되었다. 1904년 다음과 같은 『황성신문』 기사는 시민 개념이 서울이 아닌 인근 수원에서 '성내시민'과 '성외시민' 간에 장시의 권한을 놓고 갈등하고 있음을 보여 준다.

> 「水原南門外場市」"正宗皇帝 判下定式 數百年 完保基地 不意 辛丑年分 城內居民等 俯郡請囑城外場市半分 間市城外市民不勝 邑權被

奪半場矣 至于壬寅春 半場仍爲全奪 城外市民 一朝場市見奪 數萬人民破產者 不可勝數 慘惻之狀 不可形言….[234]

원래 성위에 있던 시장을 성내 거주민들이 부군에 부탁하여 반분했던 것인데 다시 성외시장 전부를 성내로 옮기게 되면서 장시를 잃게 된 성외시민들이 파산하게 되었다는 내용이다. 이 기사는 시민이라는 단어가 서울의 시전상인이 아닌, 일반 상민을 대상으로 확대 적용되었음을 보여 준다. 지방 장시의 주민들이 '시민'으로 불리는 사례도 점차 나타나게 된다. 조형근趙亨根은 '늦어도 갑오개혁을 전후한 시기에서부터 한말에 이르는 시기에 시민은 서울과 지방을 막론하고 정주영업을 하는 상민계층 일반을 가리키는 용어로 그 지시대상이 점차 확산되어 간 것'이라고 설명하였다.[235]

하지만 번역어로서의 시민, 도시주민이나 정치적 주체로서의 시민 개념은 그다지 잘 보이지 않는다. 이 시기에 중요하게 대두된 개념들인 국민, 신민, 민족 등에 비추어 볼 때도 시민 개념의 활용빈도는 매우 제한적이었다. 『독립신문』은 해외 문명사회의 여러 소식을 전하면서 가장 중요한 것이 국가를 구성하는 구성원들의 책임 있는 자각이며 이런 점에서 '국민'의 형성과 자질이 핵심이라고 강조했다. 도산 안창호와 백암 박은식 등은 '신민新民'을 주장하기도 했지만 시민 개념은 이들에게서도 잘 나타나지 않는다. 오히려 전통적 의미의 시민이라는 말이 새로운 맥락에서 사용되는 경향이 더 자주 발견된다. 개화기의 각종 계몽매체 속에 시민

234. 『황성신문』 1904년 7월 29일자.
235. 조형근(2005), 앞의 논문, p.224.

개념이 매우 드물다는 사실은 당시의 개념어가 전통적으로 사용되던 언어에 대한 관심보다도 외부로부터 수용되는 새로운 개념어에 주로 기대었음을 반영한 것일 수도 있다. 내용면에서도 이런 경향을 확인할 수 있는데 시민이라는 말이 적극적인 개념으로 활용되기보다는 서구의 역사나 현실을 단순히 서술하거나 정보를 전달하는 차원에서 수동적으로 사용되고 있다. 초기에 시민 개념이 소개되는 경우는 예외 없이 해외의 역사를 소개하는 글이었는데 대표적인 것이 유럽의 시민혁명과 그리스의 정치제도에 대한 글이었다. 예컨대 1906년 『태극학보』라는 잡지가 창간되었는데 이 잡지 창간호에 이윤주李潤柱라는 회원이 글을 실었다. 동경에서 유학하면서 경험한 하루 생활을 소개한 것이다. 학교 제도, 수업 방식, 등하교시 보던 새로운 도시풍경, 그리고 무엇보다도 교과목에서 배우는 낯선 내용들을 조금씩 소개하고 있는 글이다. 이 글의 한 부분은 다음과 같다.

> 題目은 佛國革命時代니(自西歷一七八九年 至一八一五年)佛王 路易十六世代에 至ᄒᆞ야 佛國의 財政이 益益困難ᄒᆞᄆᆡ 名士 츄그로 넥-커等이 相議ᄒᆞ야 財政方策을 改革코져 ᄒᆞ다가 貴族과 僧侶의 妨害를 遇ᄒᆞ야 如意치 못ᄒᆞ고 캐-ㄹ론의 召集ᄒᆞᆫ 바 縉紳會도 好結果를 不擧ᄒᆞᄆᆡ 評議會는 國政改革의 急務를 上言不已ᄒᆞᄂᆞᆫ 句節로 起說ᄒᆞ야 國會의 召集ᄒᆞᆫ 事由며 革命의 發端과 市民이 激仰一擧ᄒᆞ야 빠스칠獄을 破壞ᄒᆞᆫ 情形이며 國民會議의 進行과 新憲法의 制定 等으로 滔滔數千言 當時 佛國의 亂脈과 貴族 僧侶의 跋호와 下民의 慘狀을 況然可想ᄒᆞ깃더라.[236]

236. 이윤주(1906), 「東京一日의 生活」, 『태극학보』 제1호.

서양역사를 소개하는 수업시간을 서술한 부분으로, 특히 프랑스 혁명에 대한 내용과 관련하여 '시민'이라는 단어가 등장한다. 프랑스 루이왕정이 재정위기를 타개하기 위해 소집했던 삼부회가 무위로 돌아가고 '시민이 격앙일거' 하였으며 국민의회가 소집되는 과정을 설명하였다. 이 시민은 파리에 거주하던 평민을 지칭하는 것으로 시토앙의 번역어라 할 것이다. 유사한 용법은 서양역사, 특히 정치사를 설명하는 글 속에 잘 드러난다. 『태극학보』에는 "歷史譚"이라는 기사[237]를 통해 서양정치사를 소개하는 글이 시리즈로 연재되었는데, 예를 들어 독일의 비스마르크O. E. L. Bismarck를 설명하면서,

> 公이 同僚를 招集ᄒᆞ야 街上公同椅子에 凭坐ᄒᆞ고 步行喫烟치 아니홈으로 籍托ᄒᆞ고 喫煙이 益甚ᄒᆞ더라 ᄒᆞᄂᆞᆫ 逸談이 至今가지도 伯林 市民에 播多ᄒᆞ더라.[238]

라고 설명한 부분이나 영국의 크롬웰O. Cromwell을 설명하면서,

> 騎兵黨은 圓顱黨과 相軋ᄒᆞ고 縉紳은 市民과 相爭ᄒᆞ야 不過 數日之間에 繁華ᄒᆞᆫ 倫敦府가 革命大火滔 中에 投入되니라. 然ᄒᆞ나 촬스ᄂᆞᆫ 頑强히 自尊의 驕姿를 抱ᄒᆞ고 國會 中에서 議決案에 反對ᄒᆞᆫ 者와 氣脈을 相連ᄒᆞ고 其 領首된 者ᄂᆞᆫ 高官大爵으로 賂金을 多與ᄒᆞ야 王黨勢力이 議院에 擴張ᄒᆞ기를 企圖ᄒᆞ며 民主黨에ᄂᆞᆫ 함푸덴, 크롬웰, 홀-쓰

237. 『태극학보』의 이 "歷史譚" 시리즈의 필자는 朴容喜로 보인다.
238. 「歷史譚 第三回」, 『태극학보』 제5호(1906).

等 諸名士가 在ᄒᆞ여 其 勢力이 全院을 殆壓ᄒᆞ엿더라.[239]

라는 글을 보면 한결같이 유럽의 근대국가의 주요한 계층, 범주로서 '시민' 개념이 사용되고 있다. 이 개념은 장사하는 집단이나 상인이라기보다는 파리, 베를린, 런던에 거주하고 있는 일반백성, 그러나 정치적으로 발언하려는 주체로서의 성격을 드러내고 있다. 자유와 독자적인 주체성을 강조할 뿐 아니라 경제적으로도 독립적인 근거를 지니고 있는 이 개인들, 정치공동체의 주체로서의 집단을 시민이라고 지칭했던 것이다. 미국 독립전쟁 당시를 설명한 부분, 러시아 표트르 1세Pyotr I의 영웅적인 모습을 설명하는 글에서도 시민은 등장한다. 이런 예들을 보면 대체로 서양의 역사, 그것도 강대국의 역사를 설명하는 부분이고 특히 새로운 정치적 전환을 이룬 정치사적 사건을 기술한 부분이다. 도시의 시민들, 정치적인 주도세력으로 새로운 변화를 추동한 주체를 표현하는 말이었다고 할 수 있다.

자립심과 자유의식을 지닌 평민을 의미하는 말로 시민이 사용될 경우는 주로 고대 그리스의 정체를 설명하는 글들이었다. 예컨대 『대동학회월보』에 나타나는 시민은 그리스 시민이라는 구체적인 대상을 설명하는 것이다.

蓋自立心은 共立心의 基礎오 共立心은 自立心의 保障이니 古時에 希臘市民이 使用과 服從의 關係롤 不知ᄒᆞ고 人人이다 平等地位에 立ᄒᆞ고 近日 北美合衆國이 또ᄒᆞᆫ 人人이 平等에 立ᄒᆞ얏스니 此ᄂᆞᆫ 진실노

239. 崇古生(1908), 「歷史譚 第十六回」, 『태극학보』 第18호.

自立心을 由ᄒᆞ야 平等의 基礎를 作ᄒᆞ고 共立心을 由ᄒᆞ야 平等의 保障을 成ᄒᆞ얏시나 다만 美國은 共立心의 三項이 同時發達ᄒᆞᆫ 故로 國家를 成ᄒᆞ고 希臘市民은 共立心의 一項만 有ᄒᆞᆷ으로 國家를 成치 못ᄒᆞᆫ 者ㅣ니 法國大革命의 所謂 自由, 博愛, 平權 三者ᄂᆞᆫ 皆平等心에 基原ᄒᆞᆫ 者ㅣ나 革命以後에ᄂᆞᆫ 使用의 機關과 服從의 程度를 確定치 아니치 못ᄒᆞ니 此도 또ᄒᆞᆫ 共立心의 結果가 此에 不依ᄒᆞᆷ을 不得ᄒᆞᄂᆞᆫ 所以라.[240]

다음 글은 1907년 교육의 중요성을 강조하면서 그 교육의 종지를 보여 줄 수 있는 다섯 유형을 설명한 것으로 그중 첫 번째 유형으로 소개한 아테네의 교육에 시민 개념이 등장한다.

一. 雅典敎育 雅典은 古希臘市府之國而民政之鼻祖也라. 其 學業은 群學哲學等課程이오 其 敎育은 養成市民之資格ᄒᆞ야 奬勵自由之性質 故로 其人이 重名譽貴道德而以立法으로 爲已任ᄒᆞ야 皆有參政之權ᄒᆞ니 民政國敎育宗旨ᄂᆞᆫ 固如是며…[241]

그리스 아테네의 교육은 시민의 자격을 양성하고 자유의 성질을 장려함으로써 각 개개인의 명예와 도덕을 존중하고 법을 세워 각자 책임을 지고 참정권을 갖도록 하는 것이라고 설명한다. 흥미롭게도 시민 개념이 다섯 국가 중 고대 그리스에서만 사용되는 것을 보게 된다. 그런 점에서 보면 '시민'의 범주가 자유롭고 책임감 있는 정치적 권리소유자를 의미하는 것이지만 여전히 보편적인

240. 李琮夏(1908), 「公法私法의 區別」, 『대동학회월보』 第5호.
241. 松堂 金成喜(1907), 「敎育의 宗旨와 政治의 關係」, 『대한자강회월보』 第11호.

개념으로 사용된 것은 아니라고 해석할 수 있다. 1908년 안국선安國善이 『기호흥학회』 제4호에 기고한 '고대의 정치학' 역시 같은 방식으로 해석되는데 이 글은 시민 개념이 그리스의 정치체제와 관련되어 가장 뚜렷하게 정치적 주체로서 서술된 사례에 해당하지만 여전히 그리스적 맥락을 전제로 하는 것이다.

> 是以로 其初에는 其 榮位ᄅᆞᆯ 繼續ᄒᆞ기 爲ᄒᆞ야 人心을 收攬ᄒᆞᆯ 目的으로 市民에 迎合ᄒᆞ도록 市政을 改善ᄒᆞ고 ᄎᆞ 肝勉勵ᄒᆞᄆᆡ 市民이 一時ᄂᆞᆫ 專制政治를 謳歌ᄒᆞ얏도다 然이나 專制政治의 本色은 暴力과 殘忍이라 不久에 其本色을 露出ᄒᆞ야 壓制와 暴壓이 無所不知ᄒᆞ니 市民이 激昻ᄒᆞ야 貴族과 結託ᄒᆞ야 其暴政을 反抗ᄒᆞ고 僭主를 總히 國外로 放謫ᄒᆞᆯ지라 於是에 希臘 諸市國의 政體ᄂᆞᆫ 變更ᄒᆞ야 民主政體를 採用ᄒᆞ얏ᄂᆞ니 貴族政治ᄂᆞᆫ 物質的 精神的의 進步를 助長ᄒᆞᄂᆞᆫ 良具가 아니며 專制政治ᄂᆞᆫ 市民의 權利를 伸張ᄒᆞ고 幸福을 增進ᄒᆞ는 善道가 아니라…[242]

이상에서 보듯 한말의 시민 개념의 수용은 어디까지나 서구사회, 즉 다른 나라의 역사를 설명하는 데 사용되고 있을 뿐, 한국사회에 적극적으로 활용되지는 않았다. 시민을 강조하기에는 국민이나 민족을 더 우선시했던 당시의 상황 때문이었다고 할 수 있다. 또 도시의 발달이 미미했던 당시 '시민'이라고 지칭할 만한 집단의 확인이 쉽지 않았고 전통적으로 장사치들을 지칭하던 '시민' 개념은 이런 정치적 함의를 담기가 어려웠다. 여기에 당시의

242. 안국선(1908), 「고대의 정치학」, 『기호흥학회』 제4호.

일본에서도 국민이나 신민에 비해 시민 개념이 힘을 얻지 못하고 있음을 간과할 수 없다고 본다.

식민지의 시민 개념

식민지 하에서 시민 개념은 전통적 의미와 새로운 의미가 혼합된 방식으로 사용되었지만 정치적 주체성을 중심으로 하는 의미는 좀처럼 부각되지 않았다. 식민지로 전락한 상황에다가 정치적 경험이 부재한 상황에서 '시민'에 준하는 집단의 형성이 불가능했기 때문이다. 대신 상업활동에 종사하는 일반 사람을 시민으로 부르는 경우와 상업의 관련성과 별도로 '시가지 주민', 행정단위로서의 '시에 속한 주민'이라는 의미로 시민 개념이 사용되는 경향이 커졌다. 물론 도시의 발달이 늦고 일본의 지방행정제도와 다르기 때문에 지방거주단위의 집회에서는 '시민대회'라는 명칭보다도 도민대회, 부민대회, 군민대회, 면민대회, 리민대회 등으로 이름을 삼아서 '시민'이라는 개념보다 각 행정단위별로 이름을 붙이는 경향이 많았지만 도시주민을 시민으로 지칭하는 일본의 용례는 점차 확대되었다. 이때의 시민은 행정적 범주에 불과하지만 여타의 시골, 농촌에 비해 매우 근대적인 공간에 거주하는 근대인으로서의 자부심이나 문화인으로서의 자의식이 담겨 있기도 했다. 실례로 1921년에 서울에 거주하는 경제인들을 소개하는 책자가 간행되는데, 이 책의 이름은 『경성시민명감』이었다.[243] 1930년대에는 이런 도시주민들의 모임에 대한 기사가 시민의 이름으로 부르는

243. 조선중앙경제회(1921), 『京城市民名鑑』.

경우가 많이 눈에 띈다. 1920년대에는 각종 시민대회, 시민모임에 대한 기사가 많이 눈에 띈다. 예컨대 다음과 같은 표현을 보면,

"하루속히 서울에 딴스홀을 허락하시어, 우리가 동경갔다가 '후로리다홀'이나 '제도', '일미홀' 등에 가서 놀고 오는 것 같은 유쾌한 기분을 60만 서울 시민들로 하여 맛보게 하여 주소서."[244]

"지금은 서울이나 시골이 다 그렇지만 서울의 젊은 청년들도 앉으면 돈 모을 이야기만 하여 완연 황금만능을 구가한다. 이상이니 무엇이니 하는 말은 마이동풍격이 되었다. 대감이나 판서의 경성이 지주나 부르주아의 경성이 되었다 하여 이 역시 아무 개탄할 것도 없고 비감할 것도 없는 것이다. …부호와 걸인, 환락과 비침, 구와 신, 이 모든 불균형을 40만 시민 위에 씩씩하게 배열하며 경성은 자라간다."[245]

이와 더불어 전통적 의미의 시민 개념이 확장되면서 일상인의 삶 전반을 포괄하는 주민의 개념으로 사용되는 경향도 커졌다. 조형근은 시민 개념이 적용되는 범위가 확장되면서 혼란스러워졌음을 지적하면서도 뚜렷한 한 경향을 발견할 수 있다고 보았다. 그것은 상업적 이해를 둘러싸고 벌어진 각종 갈등상황에서 스스로를 '시민'으로 지칭하려는 경향이 강화되었다는 점이다. 조형근은 일제시대 전국에서 나타나는 각종 시장갈등상황을 조사하는 가운

244. 「서울에 딴스홀을 許하라」, 『삼천리』 1월호(1937); 김진송(1999), 『서울에 딴스홀을 許하라』, 현실문화연구, p.67에서 재인용.
245. 유광열(1935), 「대경성의 점경」, 『사해공론』 10월호; 김진송(1999), 앞의 책, pp.286~287에서 재인용.

데 '시민대회'나 '시민회'라는 명칭으로 부른 것이 다수인 사실에 주목했다. 그에 따르면 보통면 이하 지역에서 개최된 52개의 집회 사례 가운데 시민대회 내지 시민회의 이름으로 부른 것이 총 39회 사례로 75%에 해당한다. 이것은 당시 매우 까다로운 조건 하에서 집회의 신고와 허가가 이루어진 것을 고려하면 농촌의 시장갈등 당사자들이 스스로를 '시민'으로 표상하려 했고 그것에 어떤 정당성이나 편리함이 있었을 것이라 추측할 수 있다. 다시 말해 "한말까지 서울의 시전상인 내지 전업적 상업관련 종사자로서의 의미를 내포하던 시민이라는 단어가 1910년대와 1920년대를 거치면서 '시가지 거주민'이라는 새로운 지시대상을 획득하는 한편으로 '시장 상업상의 이해관련자'를 지칭하는 새로운 용어로 지시대상의 확장이 동시에 진행되었음이 확인"된다는 것이다.[246]

허영란許榮蘭은 이들 시민이 '장시 개설지의 거주민으로 장시를 거점으로 활동하는 정주상인과 중개인 등을 비롯하여 장시에 근거를 두고 생계를 도모하는 일반 주민을 가리키며 관공리와 회사원 등의 비농업인구, 번영회의 구성원이 되는 지역유력자까지 포함'되는 것이라고 보았다.[247] 또 당시 시민이라는 용어가 '시장관련주민'이라는 의미와 '도시 또는 시가지의 거주민'이라는 의미를 나란히 담고 있는 이유를 "장시 개설지와 시가지가 사실상 일치하는 당시 지방의 사정 때문으로 보인다"고 했다.[248] 허영란의 해석에 따르면 일제시대 시민은 '시'의 주민을 말하는데 이때 시는

246. 조형근(2005), 앞의 논문, p.226.
247. 허영란(2005), 「일제시기의 장시 변동과 지역주민」, 서울대학교 박사학위논문, p.112.
248. 허영란(2009), 「일제시기 지역주민운동의 전개과정 분석 – 장시를 둘러싼 갈등을 중심으로」, 『역사문제연구』 제21호, p.217.

시장과 시가지를 각각 또는 동시에 가리키는 것으로서 장시야말로 시가지이면서 시장터이기도 한 구체적 공간을 가리켰다고 한다. 그런 대표적인 사례로 다음과 같은 기사를 들고 있다.

논산시장은 원래 공주통도로에서 개시하얏는대 본면장 박정로씨는 시장정리상 시장을 이전하기로 정하고 논산 3정 중 서남방 일우되는 면사무소 전 강안공대에서 시장을 설치하야 목하 차시장에서 새기하는 바 서남방수민은 환영하나 타방시민은 생활상 영향이 다함으로 면협의회원 막진원 진촌퐁송 김성배 씨 등은 우시장문제에 대하야 방금 면장과 협의하고….[249]

조형근은 이처럼 상업상의 이해관련자들이 스스로를 '장민'이나 '상민'이 아닌 '시민'이라는 용어로 부르고자 했던 이유로 "시전상인, 즉 시민에 부여되어 있던 기존의 특권적 이미지가 선호의 원인으로 작용했을 가능성"을 들고 있다. 실제로 일제시대에는 다양한 형태의 "시민대회"가 개최되었는데 이들 가운데 전형적인 장시의 시민층, 즉 상업종사자층의 대회들이 다수 발견된다.[250] 예컨대 1928년 광주의 시장점포와 관련한 갈등을 소개한 당시 언론의 기사를 일부 보면,

"창품면장의 독단이라고 시민대회준비 광주시장점포기지문제" (『동아일보』 1928년 4월)

249. 『동아일보』 1922년 7월 10일자.
250. 허영란(2009), 앞의 논문, pp.234~242 참조.

"광주시장문제 완전해결, 시민 측의 요구를 듣겠다고 위원에게 군당국 언명"(『중외일보』 1929년 3월 1일자)

이외에도 곡산지방과 관련하여 "시장이전문제, 시민극력반대"(『동아일보』 1926년 5월 30일자),

"시민이 총출동 면사무소에 쇄도 군청에도 대표파견 남천리하부락의 시장운동"(『동아일보』 1929년 1월 13일자)과 같은 기사에서도 시민이 장시상인층을 지칭하는 말로 사용되고 있다. 북청에서는 경찰 및 주민들 간의 물리적 충돌이 일어나기도 했다.

"흥분된 2백여 군중 면서전에서 철야, 시민전부가 재차로 철시하고 악화한 북청시장문제"(『동아일보』 1933년 10월 2일자)와 같은 기사에서 보듯, 이처럼 새롭게 확장된 시민 개념을 내부적으로 좀 더 자세히 들여다보면 반드시 상인계층만 존재하는 것이 아니었다. 조형근은 '유지집단'이 시민의 '상층구성원'이었고 상업종사자들이 '핵심구성원'이었다고 본다. 즉, 지주이거나 농촌공업의 경영자, 각종 지역단체 회원 등이 시민을 구성하는 상층이었고 주막업자, 미곡업자, 어물전 등 상업종사자들이 그 핵심을 이루었다. 이들은 시장조합 내지 업종별 조합을 구성하고 있거나 시장갈등 과정에서 여러 가지 조직을 구성하기도 했다.[251] 노점이나 보부상은 이러한 시민대회나 시장갈등에 중요한 역할을 수행하지는 못했다고 한다. 또 하나 재미있는 현상은 농민층의 참여가 저조하거나 배제되어 있었다는 점이다. 이런 점에서 보면 식민지 하의 '시민' 집단은 유럽의 경우와 비교할 때 "프랑스와 영국의 시민들은 현실로

251. 조형근(2005), 앞의 논문, p.235.

서의 시민에서 이념으로서의 시민, 즉 공민으로의 전화를—역사적 우연에 의해서든 의식적 실천에 의해서든—수행할 수 있었던 것이다. 이들과 비교한다면 식민지 하의 조선의 농촌 시장갈등에서 등장하는 시민의 모습은 '공공성'과 '상업성'이라는 두 가지 측면 중 후자만이 유독 부각되고 있었다"고 볼 수 있는 것이다.[252]

앞서도 언급한 대로 식민지하에서 정치적 주체로서의 시민 개념은 크게 부각되기 어려웠다. 민족이나 계급에 대한 관심만큼 사회적 기반을 확보할 수 없기 때문이었다. 1910년 일제에 의해 식민지로 전락하고 모든 종류의 정치적 결사나 정치활동이 금지됨으로써 매우 단초적인 수준에서 등장했던 '시민' 개념이 뿌리를 내리고 발아할 토양이 없어졌다. 특히, 정치적인 권리주체로서 다양한 참정의 현장에 등장할 시민층은 수십 년간 억제될 수밖에 없었다. 게다가 얕은 수준이나마 당시 지식인들에게 통용되던 헤겔적 논의가 시민=프티부르주아라는 등식을 제공함으로써 소시민이라는 부정적인 함의를 강하게 지녔던 것도 한 이유가 될 수 있을 것이다.

1919년 3·1운동의 발발은 어떤 의미에서 citizen에 준하는 시민적 의식이 출현한 계기였음이 분명하다. 실제로 3·1운동 직후 상해 임시정부가 발간한 신문 『독립』에서는 시민을 3·1운동의 대중적 주체로 묘사하는 기사들이 등장하고 있다. 예컨대 다음과 같은 기사를 보면,

> 三月 一日이라 熱狂한 群衆은 大韓門을 넘처 德壽宮內로 민물갖치

252. 조형근(2005), 앞의 논문, p.323.

밀어드럿다. 大韓門을 직히는 一巡査가 잇스니 高揚郡 東幕里에 居하는 鄭浩錫씨라. 氏는 此日 市民의 熱誠에 깁피 感動된 바 잇서 가만히 집으로 도라가 軍刀를 빼여 斷指를 決行코져 할 즈음에 母親에게 發見 中止되엿다가 再次 입으로 無名脂를 咬斷하고 淋漓한 鮮血로 洋木 二幅에 寫하니 一은 太極旗요 一은 獨立萬歲의 四字러라.[253]

또한 다음의 글은 1925년 형평운동에 대한 『개벽』의 논평인데 여기서 시민계급과 시민, 시민적 생활 등에 대한 표현이 등장한다. 식민지 시대에 시민 개념이 어떻게 활용되고 있었는지를 보여 주는 좋은 사례라 할 수 있다.[254]

그럼으로 그들의 목표하는 것은 결국 양반 또는 시민에게 대한 사회적 대우의 「형평적」의 지위를 목표로 한 것이오, 일반적 사회상의 계급철폐를 목표로 한 것은 아니다. 밧구아 말하자면 경제적으로 구분되야 계급적 차별을 生케 한데서 발단한 무산계급적의 사회적 해방은 아니다.

그래서 現今의 형평운동이 내부를 보면 그 안에는 경제상 이해가 不相容하는 소수 자본가 혹은 중산계급과 다대수의 무산 「白丁民」이 협동한 것을 보아도 알 것이다. 따라 형평운동은 형평적의 자기해방 운동인 한에서는 그 사회적 의의가 존재한 것이오, 그 운동이 분열되야 자본가 혹은 중산계급은 시민계급으로 가고 無産白丁民은 무산계

253. 「市民號哭獄中秘話(五)」, 『독립』 1919년 9월 13일자.
254. 一記者(1925), 「개조평단」, 『개벽』 제59호.

급화한 운동까지에 진전하지 아니하면 사실상의 無産白丁民의 해방은 성취되지 아니하는 것이다.

그리하야 그들의 당면한 목표인 사회적 차별대우의 문제가 완전한 成效를 得하엿다 하면 엇더할가. 이 경우에 잇서서는 그 「衡平民」도 일반시민가티 영업의 자유를 得하고 교육의 자유와, 결혼의 자유를 일반시민의 獲得할 水準까지에 達할 것은 無疑한 사실이다. 그러나 결국 이 자유는 실력이 有한데서만 효력이 발생하는 것이니 곳 영업을 경영할만한 또는 교육과 결혼을 준비할만한 경제적 실력이 업는 사람에게는 사실상 依然히 사회적 대우의 차별이 존재하게 되지 아니할 것인가. 그럼으로 형평민의 자기해방운동에 의하야 해방되는 것은 소수 자본가급 중산계급이오, 그 다수를 占하는 무산 형평민은 잔존하게 되지 아니할 것이다. 요컨대 형평민의 자기해방운동의 수준은 시민화하는 데 잇고 따라 그것은 일반시민의 생활조건에 의하야 규정되는 것이다. 그래서 형평운동이 어데까지든지 자기해방운동에만 그치고 그것이 일반적 사회의 해방운동, 곳 무산계급운동화하지 아니하는 이상, 완전한 사회적 지위의 철폐를 得치 못한 것이다. 그럼으로 형평운동이 사회진화과정상에 완전한 차별적 철폐를 목표하야 진전하게 되면 그들은 당연히 무산노동자운동으로 투입할 것이오, 따라서 그들의 해방의 대상은 시민적 생활조건을 점유한 지배계급에 잇지 아니면 안 될 것이다. 이 의미에 잇서서 형평운동은 자기해방의 사회의의를 獲得하고 一步를 進하야 역사적 의의를 띈 무산운동에까지 발전하야 사회적 계급철폐의 수준에 도달할 때 그들의 所期를 성취할 것이다.

위의 글에서는 '시민' 개념이 복합적으로 사용되고 있다. 예컨대 '일반시민'이라는 표현에서 보듯 평등한 사회구성원으로서의 자유를 누리는 존재를 포괄한다. 형평운동의 목표가 형평민을 "시민화하는 데 있고 그것은 일반시민의 생활조건에 의하야 규정되는 것"이라는 서술에서 잘 드러난다. 동시에 "시민계급"이라든지 "시민적 생활조건을 점유한 지배계급"이라는 표현 속에는 경제적인 능력을 갖춘 중간계급적 범주를 의미한다고 볼 수 있다. 따라서 이 글은 형평운동이 일반시민적인 지위향상을 목표로 한 것이면서도 실질적으로는 "시민계급"화로 한정될 가능성을 언급하고 있는 것이다. 하지만 민족적 억압과 국가의 소멸이라는 정치적 환경이 일차적 조건으로 작용하고 있는 상황에서 개별적인 자율성과 다양성, 주체성을 옹호하는 시민 개념이 주목을 받기는 어려웠다. 시민이라는 말이 사용되는 경우에도 개개인의 자율성보다 시민계급이라는 집단적인 계급성에 대한 논의를 근거로 계급론적 이해를 논하는 경우가 더 많았다. 예컨대 다음 글은 1921년 『개벽』 제10호에 실린 것으로 여기서 시민계급은 계급투쟁의 역사적 사례로 서술되고 있다.

> 大概 사회상의 階級爭鬪는 殆히 如何한 사회이던지 免치 못하는 事이라. 羅馬歷史에는 귀족과 평민의 爭事가 誌하얏고 歐洲 봉건시대의 역사에는 지주된 大名과 小作人 間에 분쟁이 現出하고 1789年 佛國大革命이 시민계급과 권력계급 間의 墻壁을 打破하야 所謂 평등을 사회상에 실현히얏도나. 然이나 대공업의 발달은 시민계급 외에 貪民계급을 生하야 현대에 迨至하야는 시민계급과 貧民계급과의 쟁투가 혹 의미로 見하면 역사상 未曾有의 階級爭鬪임을 感하노라. 사회문제

가 이것이니 대공업의 발달로 因하야 日日로 빈부의 懸隔이 激甚하는 금일 吾人은 빈민계급의 不平과 그 痛切한 요구에 이목을 傾치 아니치 못할지며 만약 그 불평을 聽聞하며 그 요구를 정당히 용납지 아니하는 경우에는 吾人은 新意義 乃至 形態 下에 更히 新世紀에 佛大革命이 폭발함을 疑心치 아니하노라.[255]

이런 경향은 마르크스주의가 확산되고 민족운동에 대한 식민지배 당국의 탄압이 커지면서 더욱 분명해졌다. 1920년대 말 민족운동의 협동조직으로 출범한 신간회의 해소를 둘러싼 논란에서도 신간회가 "소부르주아지", 즉 "소시민적" 기관이 되기 때문에 해소해야 한다는 비판이 등장했다. 예컨대 "조선朝鮮의 소小불주아 내지 소시민층小市民層은 반동적反動的이냐? 신간회新幹會는 소小불주아지 집단集團이냐?" 라는 표현에서 보듯 '소시민적'이라는 표현은 부르주아계급과 동의어처럼 사용되었다.[256] 물론 같은 글에서도 "무산소시민" 이라는 말이 등장하고 있어서 시민 내지 소시민이라는 말이 좀 더 유연하게 사용되는 경우도 확인된다. 1930년대에 일본의 유명한 식민정책학자인 야나이하라 다다오矢內原忠雄가 조선문제에 대해 토론하는 과정에서 언급한 다음과 같은 말도 당시 시민계급이 무산계급과 대비되어 사용되는 전형적인 모습을 보여 준다.

矢內原: 大槪 民族的 反抗運動으로 다를 것이나 朝鮮에서는 小市民階級 中心의 民族運動보다도 無産階級 中心의 XX運動편이 훨신

255. 「各 專門學校 卒業生과 그 立論」, 『개벽』 제10호(1921).
256. 홍명희 외(1931), 「신간회해소문제비판」, 『삼천리』 제11호.

더 强行하는 드시 보입니다. 日本政府가 두려워하는 点도 여기에 잇다. 이 方面으로부터도 政府는 朝鮮에 內地人을 될 수 잇는 대로 만히 심으려고 하는 것이 아닐까요.[257]

또한 시민계급은 "부유하고 교양 있는 도시의 계급"으로서 민주주의를 구현해낸 역사적 주체로 서술되기도 했다. 다음 글에서 살펴보면 시민계급을 반드시 부정적으로 해석하지 않음을 알 수 있다.

그러나 이와 가튼 大戰亂 後(1789~1815)의 처치를 논의하랴고 모히엇던 「위인」 회의는 의연히 당시의 각국 지배계급의 집합이엇슴으로 그 당시의 일반 정세에는 何等주의함이 업시 도로혀 자기들의 지위를 유지하기 위하야는 一層 武斷정치를 勵行할 필요를 感하게 되여 결국 神聖동맹을 조직하게 되엇다. 이 경향은 드듸여 「멧데르니히」를 나케 되여 억압주의의 정책으로써 30~40년간 歐洲를 통합하얏다. 그러나 당시는 諸 도시의 勃興과 시장을 위한 생산의 급속한 발달에 딸아 이미 국민문화급 所謂 국민思想의 支持者는 武士계급이라던지 帝王인 것이 아니라 대부분은 新興한 富裕하고 교양잇는 諸 도시의 시민계급이엇다. 이 시민계급은 自계급의 안전를 정치에 구하야 드듸어 민주주의의 高調가 되고 그 경제적 발전을 圖하기 위한 국민적 응원을 구하야 드듸어 민족국가 이론의 확립이 되엇다.[258]

257. 「朝鮮問題 等에 對한 日本學者의 所論, 元題 帝國主義와 殖民政策」, 『삼천리』 제8호 (1930).
258. 신태악(1932), 「민족형성과정과 기 요소」, 『삼천리』 제4권 제4호.

전반적으로 식민지 하에서 시민 개념은 다른 국민, 민족, 인민 등에 비해 그다지 널리 사용되거나 활용되지 않았다. 아마도 정치적인 주체로서의 권리를 확보하지 못한 상태에서 그 적합성이 크지 않았기 때문일 것이다. 서구에서 도시민이자 자유인이었던 시민층이 근대적인 사회변동과 정치변화의 주도적 역할을 수행하였던 것에 비해, 한국의 경우는 좀처럼 이런 조건이 마련되지 않았다. 도시의 미발달이라는 조건과 함께 식민지 하에서의 정치적 억압이 그 중요한 조건이었다. 식민지 하에서 정치적인 운동의 주체는 민족이나 계급의 범주로 등장했다. 민족은 일본지배에 대한 저항의 주체로, 계급은 부르주아 시장경제에 대한 저항의 주체로 논의되었다. 식민지 하에서 민족운동과 계급운동이 정치적으로 분화하면서 민족은 우파의 상징적인 표상으로 계급은 좌파의 상징적인 표징으로 받아들여지기도 했다.

이 가운데 시민 개념은 매우 애매할 수밖에 없었다. 그것은 무엇보다도 개인의 정치사회적 지위가 확립되지 못한 당시의 상황 속에서 사회계약론적인 사고가 지니는 딜레마와 관련되는 것이었다. 즉, 사상적으로는 개인의 자유나 권리가 강조되고 계약적 질서의 근대성이 논의되었지만 그것이 정치적으로 실현될 조건은 전혀 없었던 것이다. 따라서 주체적인 인격으로 연결되고 집단적인 세력으로 시민적인 정체성을 발전시킬 가능성은 매우 취약했다. 일제시대 내내 시민이라는 말은 앞서 본 바와 같이 경성 시민, 대구 시민과 같이 행정구역의 주민을 지칭하는 말로 쓰이거나 그렇지 않으면 상업활동에 종사하던 장시의 시민을 지칭하는 수준에 머물러 있었다. 정치화한 시민 개념이 사회적으로 뿌리내리기는 어려웠던 것이다.

반면 당시의 지식계에 영향을 크게 미쳤던 마르크스주의에서 사용되던 시민계급, 소시민층 등의 용어가 일정하게 확대되었던 것은 주목할 만하다. 그런 점에서 시민의 개념에는 자유주의적인 의미보다는 계급적이고 경제적인 성격이 더욱 중시되었던 측면이 있다. 전반적으로 볼 때 식민지 시대에는 시민보다도 민족이나 인민, 민중과 같은 개념들이 힘을 얻게 되었다. 이들 개념은 시민에 비해 개인적 자유와 권리, 자율성의 의미가 상대적으로 약하고 대신 집합적 범주로서의 성격이 강하다.

정치적 주체형성과 시민 개념

이런 상황은 해방과 함께 과잉정치화된 조건이 도래하면서 근본적으로 새로운 변화를 맞게 되었다. 민주주의 국가의 수립이 표방되면서 '시민적'인 것의 중요성이 다시 논의될 기회가 있었기 때문이다. 하지만 이것은 새로 건설된 국민국가의 체제가 어떤 사상적, 제도적 틀을 채택하는가에 따라 달라질 수밖에 없는 것이기도 했다. 실제로 급격한 좌우의 이념대립이 심화되고 국제정치적인 맥락 속에서 분단국가의 수립으로 이어지는 과정에서는 개인의 정치적 자유나 시민적 권리라는 것이 힘을 얻기가 어려웠다. 특히, 이데올로기적인 대립으로 좌파와 우파가 분리되고 민족운동과 계급운동을 표방한 세력 사이의 대립이 격화되면서 개인이나 시민과 같은 범주가 힘을 얻기는 어려운 환경이었다.

해방 직후 한국사회에서 힘을 얻은 개념은 시민이 아니라 민족과 국민이었다. 특히, 좌우의 이념적 대립이 심화되는 속에서 시민 개념은 그런 정치적 평가로부터 자유로울 수 없었다. 앞서 살펴본 바대로 해방 직후의 정치적 주체를 개념화하는 과정에서 남한은 국민을, 북한은 인민을 핵심적인 개념으로 활용했다. 이런 과정에서 시민 개념은 정치적 함의를 강하게 확보하기 어려웠다. 일단 좌파로부터 시민 개념은 부정적인 함의로 사용된 경향을 발견할 수 있다. 해방 직후 벌어진 민주주의 논쟁은 새로운 국가가 어떤 민주주의를 수용할 것인가를 둘러싼 갈등이었는데 좌파는 주로 '인민민주주의'를 내세우면서 자본주의적인 자유민주주의를 비판하였다. 이런 맥락에서 '시민'적인 것은 자본주의적이고 자유주의적인 것으로 간주되어 비판되거나 기피되었던 것이다. 예컨대 박세영의 다음과 같은 시를 보면,

> 누가 브르드냐
> 해 지는 저녁거리로,
> 밀물처럼 몰려드는 시민들은
> 많은 돈을 내고
> 왜놈의 넋을 사러 왔다.

이 시는 '야영은 시민의 마음을 떠봤다'라는 부제를 담고 있다. 이 시를 분석한 강호정은 여기서 시민 개념이 부정적으로 그려지는 점을 지적하면서 '시민의 구체적인 모습은 각각 성장한 처녀, 신사, 숙녀, 모리배들, 그리고 눈정기 없는 청년 학생들이다. 이들은 엊그제까지만 해도 독립을 달라고 태극기를 휘둘르든 그대들'이기도 하다고 지적한다. 그런 사람들이 지금 창경원으로 요마의 비원에 나와 사쿠라를 즐기고 있다는 것이고 바로 그런 부류의 사람들을 인민도, 국민도 아닌 '시민'으로 표현했다고 분석했다. 이

와 반대로 박세영의 다른 시에서 민족, 인민 등의 단어가 매우 긍정적으로 사용되었음을 대비시키기도 했다.[259] 실제로 해방 직후의 정치환경에서 시민 개념은 우파에게나 좌파에게나 그다지 환영받지 못했던 것이 사실이다. 앞서 본 바대로 우파는 국민을 좌파는 인민을 내세웠고 각기 민족을 상징적으로 언급하였지만 시민은 어느 편에서도 중시되지 않았다. 이는 일본과는 매우 다른 한국적 특수성이라 할 수 있는데 우파의 관점에서도 시민은 종종 개인적인 이해에 민감한 모리배, 상인, 자기중심적 개인과 같은 이미지로 다가왔던 것이다. '소시민'이라는 말에 포함된 다소의 부정적 함의가 그것인데 이승만李承晩 정부 하에서 개개인의 자유로운 정치적 참여가 억제되었던 이유도 있을 것이다.

1954년 서울대학교 대학원의 김영준金永埈이 「시민사회와 개인자유」라는 제목으로 석사논문을 제출했다. 이 논문에서는 시민사회에 대한 논의가 전적으로 헤겔의 견해를 중심으로 소개되고 있다. 정치학 분야의 학위논문이지만 한국사회와의 연관성에 대한 어떤 견해도 서술되어 있지 않다. 해방이 되고 새로운 국민국가를 만드는 과정에서 전쟁까지 경험한 한국사회에서 시민이라는 개념을 왜 논의해야 하는지에 대한 문제의식이 그다지 발견되지 않는다. 그런 점에서 식민지 시대부터 간헐적으로 소개되기 시작한 서구의 근대사상, 특히 헤겔철학의 정치사상적 소개라는 흐름에서 크게 벗어난 것은 아니라고 할 수 있다. 이처럼 시민사회에 대한 논의는 서구의 근대사회이론을 소개하는 방식으로 사용되었기 때문에 '시민'에 대한 논의 역시 서구의 특수한 역사적 주체를 표현

259. 강호정(2008), 앞의 논문, p.227.

하는 것으로 이해되었다. 한국적 맥락에서 시민이 누구이며 어떤 의미에서 시민이 요구되는가에 대한 자의식이 앞서 살펴본 국민이나 인민처럼 뚜렷하게 부각되지는 않았다.

형식상 도시민이고 명분상 근대적 존재인 시민 개념이 정치적 주체로서의 성격을 표출하는 경우가 나타난 경우는 정부의 무능에 대한 대중적인 저항과 비판이 등장할 때였다. 그것이 전형적으로 나타난 것이 1960년 4월 학생혁명과 뒤이은 민주당 정부의 민주주의 실험기간이었다. 3 · 15부정선거에 항거하는 마산, 부산, 서울의 시위는 보통 '시민과 학생'의 항거로 부르고 이때의 시민 개념에는 단순한 행정적 범주만이 아닌 정치적 주체성이 내포된 것이었다고 볼 수 있다. 따라서 혹자는 4월 혁명을 '시민혁명'으로 개념화하려 시도했으며, 20세기 초 소개되었던 근대적 '시민' 개념이 그 본래적 의미를 회복하려 한 경우라고 볼 수 있다.[260] 민주당 정부 하에서 활발해진 이념적 · 사회적 논란에 시민적 참여라는 의미가 담기는 경우도 있었다. 1960년대에는 '민주시민'이라는 말이 종종 사용되기도 했다. 하지만 여전히 이런 정치적 주체로서의 시민 개념은 널리 활성화되지 못했다. 1961년 군사쿠데타로 4월 혁명의 시민적 성격이 곧바로 억압되고 오랫동안 권위주의 지배 하에서 잠복하게 되었다. 시민은 추상적인 행정 개념이거나 아니면 '시민적 의무'와 '국가에 대한 충성'을 핵심으로 하는 수동적 범주로 자리 잡았다. 1960~1970년대 한국은 본격적으로 산업화 · 도시

260. 예컨대 4 · 19 혁명 직후 『사상계』 잡지에 대한 한 독자의 글 속에는 4 · 19가 학생과 시민이 적극 참가하여 성취한 시민혁명으로 규정되고 있다. 배유정(1960), 「4 · 19와 귀지의 사명」, 『사상계』 6월호, p.30.

화를 겪으면서 도시민이나 노동자층의 새로운 집단을 창출했다. 이 상황에서 서구적 시민사회론에 대한 일부의 관심이 나타났다. 1967년 이해남이 저술한 『시민사회의 성장』이란 책자는 그런 관심의 반영이라 할 것이다. 하지만 이들 논의도 서구상황을 소개하는 차원을 크게 넘어서지 못했고 정치적으로 뚜렷한 자기 의사와 지향을 드러낼 주체로서의 시민적인 것을 강하게 부각시킨 것은 아니다. 『사상계』로 대표되는 이 시기의 자유주의 지식인들의 논의는 '시민적인 것'을 지향하는 흐름을 담고 있었지만 명료하게 '시민'을 정치적 주체로 부각시키지는 못했다. 흥미로운 것은 5 · 16 쿠데타 이후 박정희 정권 하에서 「민주시민교육」이 강화되기 시작했다는 점이다. 1962년 중앙교육연구소가 주도하여 이후 수년간 지속된 「민주시민교육 세미나」는 민주주의를 위해 시민교육이 필요하다는 문제의식에서 출발하고 있다. 이 세미나는 주한미공보원이 후원을 했고 1964년 서귀포 세미나에 당시 윤천주尹天柱 문교부장관과 브라운Brown 주한미국대사가 참가할 정도로 정부도 관심을 기울였던 것으로 보인다. 이 프로그램은 미국 디트로이트의 시민교육연구Citizenship Education Study와 컬럼비아 대학의 시민교육프로젝트Citizenship Education Project를 활용하여 시민교육의 기본방향을 인간의 기본권리 인정, 자유 향유와 책임 완수, 사회문제 해결에 있어서의 협동, 시민으로서 모든 규칙과 법률 준수, 자치생활 증진 등으로 요약하였고 정치적으로는 반공적 신념으로 민주주의를 지키는 인물을 키우는 것으로 정의되었다.[261]

261. 중앙교육연구소 편(1962), 『민주시민의 교육: 해인사 여름 세미나를 중심으로 한 연구보고서』, 중앙교육연구소, pp.1~20.

사회과학 분야에서 시민 개념이 조금씩 주목받기 시작한 것도 1970년대였다. 1973년 함석헌은 간디M. Gandhi의 자서전을 번역 출간하면서 비폭력저항운동을 소개했고, 1974년에는 존 로크의 『시민정부론』이 번역되어 널리 읽혔다. 같은 해 칼 뢰비트Karl Löwith의 저작이 『시민적 기독교적 세계의 역사연구』라는 부제를 달고 번역되었고, 1975년에는 토크빌A. Tocqueville의 사상을 다룬 노재봉盧在鳳의 『시민민주주의』가 간행되었다. 노재봉의 저작은 프랑스 혁명에 대한 관심과 "민주적 에토스"에 대한 각성을 환기하는 계기가 되었다. 1978년에는 소로H. D. Threou의 저서가 『시민적 반항』으로 번역 소개되었고, 같은 해 김대환金大煥이 『근대시민사회의 형성』을, 1979년 한상범韓相範이 『시민사상과 민중의 복권』을 간행했다. 김대환은 서구의 사회사를 통해 시민사회의 형성이 갖는 역사적 의의를 부각시켰고, 한상범은 인간의 양심과 자유가 결국 시민의 존재와 밀접하게 관련되었음을 지적하면서 정신적 자유와 경제적 자유, 그리고 정치적 자유의 관련성을 탐색했다. 한상범은 로크의 사상과 몽테스키외C. Montesquieu의 사상을 소개함과 동시에 "시민에게 있어서 정치란 무엇인가" 또 "조직되지 아니한 시민의 기본적 인권은 어떻게 보장될 수 있는가"라는 물음을 던졌다. 그가 던진 물음은 시민 개념이 한국의 현실 속에서 어떻게 접맥되어야 하는가를 다시금 성찰해야 할 시기가 도래하였음을 반영하는 것이었다.

1960년대 말 『창작과 비평』과 『문학과 지성』의 창간으로 문학과 더불어 한국지성계의 새로운 논의가 전개되었는데 이때 시민문학론을 통해 시민 개념이 새롭게 대두했다. 백낙청白樂晴은 1969년에 「시민문학론」을 발표했는데 이 글에서 소위 "소시민문학론"

에 대한 비판으로 "시민정신"을 강조했다. 이에 앞서 김주연金柱演이 「새세대 문학의 성립」에서 소시민의식을 내세운 문학론을 전개했는데 1960년대 몇몇 신진작가들의 작품을 인식의 새로운 출발이라 평가하고, 그 지표로 소시민의식의 저변을 형성하고 있는 트리비얼리즘을 강조했다.[262] 그는 "1960년대를 한 세대로 잡아 이 세대가 맺고 있는 보편성을 구명해 나가는 과정에서 소시민의식, 트리비얼리즘이라는 어휘가 쓰였고, 이러한 어휘는 전 세대에서는 전혀 찾아볼 수 없는 것이었기 때문에 1960년대의 문학적 의미가 크게 강조되었다"고 했다. 위와 같은 일종의 세대론적 논쟁과는 달리, 백낙청의 「시민문학론」은 시민정신을 내세우면서 이것이 소시민의 생활 및 의식상태와는 상반된 것이라고 주장했다. 그에 의하면 "그것을 넘어선다는 것은 결코 현상유지를 지상목표로 삼는 권위주의나 '소시민의식'을 미화하는 새로운 형태의 순응주의로써 되는 일이 아니라, 3 · 1정신과 4 · 19정신의 참다운 시민적 전통에 충실함으로써만 가능한 것이다"라고 함으로써 3 · 1정신과 4 · 19정신을 "참다운 시민적 전통"이라고 규정했다. 이 시기에 이르러 정치적인 억압상황에 대한 시인의 강력한 저항의식이 시민 개념을 통해 분출되기 시작했다. 매우 흥미로운 한 권의 시집이 간행되는데 1970년 한무학韓無學은 자신의 시집에 『시민은 목하 입원중』이라는 제목을 달았다. 이 시집에 실린 「새벽이 주춤거리는 무성한 이유」라는 시에는 시민이 "살아있는 사람에라도 성큼 잇빨을 박을 수 있는" 존재이지만 실제로는 그런 시민들은 다 잠자리에 들어 있다는 자괴감이 배어 있다.

262. 『아세아』 창간호(1969).

잃어진 것이란/ 아무 것도 없는 것 같으면서
있는 것이란 여기/ 하나도 없는 것이다 피어서 여기/ 자라는 것이다

시간이면서도, 그러면서도/ 공간에 제외된 시간의

그 칼랄 같은 싸이렌 소리가/ 시민의 뼈꼴에/ 글을 그어 스치면/
꺼멓게 열리는 것이다/ 그렇게 트이는 것이다
태양 아래/ 꺼리김 없이 실로, 그런 것 없이/ 살아있는 사람의 핏줄에라도
성큼, 잇빨 박을 수 있다는/ 그러한 시민은 잠자리에 들고

낮이어서 참아 낮이어서/ 혈액에 마들려는, 실로
그러한 시민은 양심의 망태기를 둘러멘 채/ 기어나오는 것이다
(후략)

이런 문학적 비판의식은 1970년대 김지하金芝河, 신동엽申東曄과 같은 현실비판의 문학, 민주화와 통일지향성을 강조한 참여문학의 큰 흐름과 연결된다. 김지하의 『황토』나 신동엽의 『금강』은 이 시기 민주화운동에 시인들의 예리한 감각이 힘을 더한 대표적인 경우이다. 하지만 이들이 '시민'이라는 개념이나 정체성을 강하게 부각시킨 것은 아니었다. 오히려 이후 한국의 참여문학은 시민보다도 민중이나 민족의 이름을 더 뚜렷하게 내세웠다.

이 점과 관련하여 1978년에 이루어진 대학생들과의 대화에서 백낙청은 "진정한 시민의식이 어떤가를 설정해 보면서 소시민의식을 극복하는 전제로 삼고자 했던 것"이라고 말함으로써 시민과

소시민 개념을 대비시켰다.[263] 하지만 이후 '시민'의 범주나 시민의식을 강력하게 내세우는 작업으로 전개되지는 않았다. 백낙청은 "시민문학론은 그 뒤에 본격적인 민족문학론으로 발전하는 하나의 과정으로 봐주면 되겠어요. 시민혁명을 생각할 때도 현 시점에서는 민족문제와 구체적인 연관 없이는 되지 않는데, 그 점이 시민문학론에서는 불충분했다고 생각하고 있습니다"라고 말하고, "후진국에서 그런 (서구의) 의식을 답습하려는 시민계층이란 서구의 시민계급에 영합하는 반민족적인 성격을 띠기 쉽게 되겠지요. 그래서 시민의식을 우리의 입장에서 독자적으로 밝혀보고자 한 것이고 그걸로 부족하다고 느껴져서 좀 더 구체화된 문학론으로서 민족문학론이 뒤따르게 되었던 거지요"라고 언급함으로써 시민문학보다 민족문학을 더욱 중시했던 것이다.[264]

본격적으로 한국사회에 '시민' 개념이 정치적 의미를 지니고 대두된 것은 1980년대 중반 이후의 민주화운동 과정에서였다. 1983년 시인 김신길金新吉은 자신의 시집 제목을 『시민사市民史』라고 붙이고 다양한 사람들의 삶을 그린 연작들에 모두 '시민사'라는 제목을 달았다. 그 첫 시에는 '시민사'라는 제목 밑에 다시 '시민의 잠'이라는 부제를 달았고, "미소는 증발하고 낭만은 징발당했"으며, "서정을 신봉하는 시민의 얼굴은 공포로 늙었"다고 썼다. 그 결과 "증오는 앙양되고 반목은 창궐"한다고 노래했는데, 1980년대 초반 군사정권의 암울함에 대한 시민적 저항이 잘 배어난다.[265]

263. 백낙청(2007), 「시민문학론에 대하여」, 『백낙청 회화록』 제1권, 창비, p.410.
264. 백낙청(2007), 앞의 논문, p.411.
265. 김신길(1983), 『시민사』, 시와평론사.

특히, 1987년 민주화 대투쟁은 서울 광장을 메운 시민들의 정치적 힘을 발견하는 계기가 되었고 이때를 전후하여 시민운동, 시민단체, 시민계급과 관련한 담론과 실천들이 급증하였다. 한 연구에 의하면 시민과 연관된 각종 연구물들이 쏟아져 나온 것이 1990년대 이후라고 했다.[266] 여기에는 국내외의 정치사적 배경이 크게 작용했다. 국내적으로는 1987년 이후 민주화가 진행되면서 시민층에 대한 관심이 커짐과 함께 민중적인 진보담론에 대한 성찰의 움직임도 나타났다. 국외적으로는 동구권의 몰락을 주도한 새로운 주체를 "시민"으로 파악하면서 시민사회의 동력을 새롭게 주목하기 시작했던 것이 이 무렵이었다. 따라서 경제적인 계급으로서의 부르주아적 성격보다 오히려 정치적 주체로서의 시토앙의 의미가 강하였고 국가권력의 억압적 지배에 저항하는 정치적 주체, 공공성을 담보하는 사회세력으로서의 의미가 강하였다. 1960년 4월 혁명의 흐름을 잇는 것으로 간주된 1980년 광주항쟁, 그리고 1987년 6·10항쟁의 흐름이 민주화운동으로 자리 잡으면서 그런 민주화 투쟁의 주체로서 '시민'이 강조되었던 것이다.

이 시기의 시민은 계급적 범주로 강조되었던 '민중' 개념과의 차별성을 중심으로 논의가 전개되었다. 특히, 6월 10일 대규모 도시민의 시위에 뒤이은 노동자 대투쟁을 겪고 양자 사이의 간극과 성격의 차이가 부각되면서 시민운동과 계급운동의 관계에 대한 논의가 전개되었다. 진보진영에서는 오히려 이전의 '소시민적 태도'에 대한 부정적인 평가로 시민 개념을 이해하는 경향이 여전히

266. 홍일표(2004), 「시민사회론의 한국적 변용에 대한 연구사적 고찰」, 『NGO 연구』 제2권 제2호.

나타났다. 예컨대 이종오李鍾旿가 1987년의 민주화투쟁을 '시민항쟁'으로 개념화하면서 이를 '독재정권의 타도와 자유민주주의 실현이라는 시민민주주의운동의 마지막 대중운동'으로 정의했지만 그의 기본적 관심은 시민항쟁의 주체로서 '시민'의 성격을 밝히기보다는 '민중운동의 정치세력화문제'에 놓여 있었던 것이다.[267] 그의 글은 1987년 항쟁이 자유민주주의의 성취이고 '시민'적인 역할은 마무리되었고 한 단계 더 나아간 '민중'적 운동이 필요하다는 운동지향적인 과잉성에 영향을 받은 것이었다. 그 결과 이 사건은 지금도 "6 · 10시민항쟁", "6 · 10민중항쟁", "6 · 10민주화투쟁"이라는 말이 뒤섞여 사용되고 있다.

하지만 다른 관점에서 보면 이런 개념적 혼란은 시민 개념에 대한 보다 명료한 자의식을 형성하는 계기가 되기도 했다. 실제로 1987년 이후의 급격한 사회변동은 시민 범주에 대해 비로소 한국의 정치사 · 사회사와 밀접하게 연관되어 그 실체적 성격을 뚜렷이 하였을 뿐 아니라 민중, 계급, 민족, 여성 등과 대비되면서 그 상대적인 속성이 인지되는 시기이기도 했다. 1989년 경제정의실천시민연합의 결성은 이러한 새로운 정치주체로서의 시민의식을 부각시키는 상징적인 계기였다. 이 연합은 스스로의 운동을 '시민'에 의한 운동으로 규정하였다. 경제정의실천시민연합의 설립 취지문은 시민 개념의 분화를 보여 주는 상징적인 문건이다.

267. 이종오(1992), 「한국사회 변혁운동의 과제와 전망」, 『한국의 국가와 시민사회』, 한울, p.428.

「설립취지문」

그런데 오늘 우리들에게 또 하나의 공동 인식이 있다면 바로 이러한 경제정의를 수립하는 일을 정부나 국회에만 맡겨서는 안 되며 이젠 시민들이 직접 나설 수밖에 없다고 하는 점입니다.… 이제는 우리들 '보통시민'들이 나설 수밖에 없습니다. 시민들이 함께 모여 회비를 내고 단체를 꾸려갈 것입니다. 그리고 구체적인 삶의 현장에서 경제적 부정의 실상을 하나하나 파헤치고 고발할 것입니다. 뿐만 아니라 문제 하나하나에 대한 빈틈없는 대안도 학자의 머리에서보다는 시민들의 생생한 실제 경험에서 더욱 확실히 찾도록 할 것입니다. 그래서 토지는 소유하면 무조건 돈 버는 것이 아니라 가지고 있어도 득이 안 되는 그래서 꼭 필요한 면적 이외에는 가지려 하지 않도록 만들어야 할 것입니다.

이렇게 찾아진 대안을 입법화하기 위한 캠페인을 할 사람도 바로 시민입니다. 국회의원으로 하여금 꼼짝없이 입법을 하도록 만들 수 있는 힘은 할머니, 할아버지, 유모차를 끄는 아기엄마 할 것 없이 모든 시민이 쏟아져 나와 여의도 광장을 꽉 메우며 평화행진을 할 때에만 생길 것입니다.

법이 제정되고 제도가 바뀐 이후에도 과연 운동이 잘되는지를 감시할 사람도 바로 시민들입니다. 이러한 건전한 시민행동이 정착될 때 민주주의는 우리 사회에 확고히 뿌리내릴 것입니다. 이러한 시민의 시민에 의한 시민을 위한 운동이 바로 〈경제정의실천시민연합〉입니다.

어떤 사람은 왜 민중이 아니고 시민이냐고 물을지도 모르겠습니다. 그러면 우리는 이렇게 대답합니다. "우리가 힘을 모으려는 세력은 소외되고 억눌린 민중만이 아닙니다. 선한 뜻을 지닌 가진 자도 이 운동의 중요한 주체입니다. 왜냐하면 우리 사회가 이래서는 안 되고 기필코 민주복지사회로 가야겠다고 하는 선한 의지를 가진 사람이면 그가 기업인이든 중산층이든 할 것 없이 이 운동의 중요한 구성원이 될 수 있기 때문입니다."…

우리가 오늘 이 운동의 주체를 시민이라고 표현할 때는 단지 민중과의 차이를 보여 주기 위한 것만은 아닙니다. 오히려 우리의 깊은 관심의 대상은 1987년 6월 민주화 대항쟁 때 길거리에 쏟아져 나왔던 시민들입니다. 이렇듯 우리 사회에 정치적 기적을 가져다주었던 이 시민들은 1987년 말 대통령 선거 유세 이래로 줄곧 관망만 하고 있습니다.

우리가 소망하는 바는 바로 이 시민들이, 바로 이 보통시민들이 다시금 경제 정의를 위한 행동에 참여함으로써 이번에는 분배의 기적을 만들어 내는 일입니다. 요즈음 우리 사회는 좌우의 양극적 대립으로 인해 표류하고 있으며 시민들은 불안을 감추지 못하고 있습니다. 재야운동권의 문제 제기를 흡수하는 완충지대가 존재하지 않음으로 해서 국민적 합의에 기초한 운동의 출현을 대망하고 있습니다.

이 설립취지문에서 몇 가지 중요한 사실을 확인하게 된다. 우선 시민은 평범한 보통사람들이라는 의미가 담겨져 있다. 권력이 없지만 민주주의 사회의 정당한 구성원으로서의 자격을 강조한다. 둘째로 이것은 반드시 억압받는 민중만이 아니라 "선한 뜻을 가진 구성원이라면 기업인이든 중산층이든" 시민에 포함된다. 바로 이런 점에서 시민은 민중과 명백하게 구별되며 민중적인 방식과 구별되는 시민적 방식이 추구될 수 있는 것이다.

경제정의실천시민연합 설립취지문은 한국사회에서 시민층이 매우 목적의식적으로 명료한 함의를 지니고 등장한 상황을 잘 보여 주고 있다. 시민 개념이 정치적으로 더욱 강화된 것은 1990년대 초, 다시 말해 전 세계적 탈냉전화가 진행되고 현실사회주의권이 무너지면서 계급중심적인 사회비판 논리가 급속하게 힘을 잃으면서였다. 경제정의실천시민연합 사무처장이었던 서경석徐京錫에 의하면 시민은 보통사람들을 표현하지만 저항적이고 투쟁적인 이미지가 강한 민중과는 다른 중간층을 중시하고 점진적인 변화를 추구하는 주체들이다.[268] 한편 1992년 한국정치학회와 한국사회학회는 공동 심포지엄을 개최하였는데 그 주제가 '한국정치변동과 시민사회'였다. 이 속에서 시민과 시민사회에 대한 명료한 의미확인 작업이 시도되었다. 배동인裵東寅은 서구의 사상사적 맥락을 더듬으면서 시민과 시민사회 개념의 역사를 추적하고 있다. 그의 글에 따르면 11세기 이후 서구에서 원래 '시민' 개념은 도시라는 생활공간을 그 배경으로 하여 살고 있는 도시거주자를 지칭했다. 이들은 자치조직인 길드를 근거로 다양한 도시적 권리와 자율권을 획득했고 결국은 국가권력의 통제에 가담할 권리를 얻게 되었다. 계몽주의 사상을 지닌 정치적 변혁운동과 깊이 연관되어 있는 프랑스에서는 혁명의 결과 1792년에 '시토양'이라는 칭호의 사용을 법제화했는데 이 말은 그때까지 이 개념 자체가 불온시되고 억압되었음을 말한다. 도시민들이 자유를 획득하고 시민위원회 같은 조직들이 만들어지면서 시민층은 지위가 격상되기에 이른다.[269]

김성국金成國은 같은 책에 "불과 얼마 전까지만 하더라도 '민중'이라는 낱말이 가진 엄청난 위세 앞에서 기본적 시민권조차 인정

268. 서경석(1992), 「경실련 3년의 평가와 반성」, 『사회평론』 8월호.
269. 배동인(1992), 「시민사회의 개념: 사상사적 접근」, 『한국의 국가와 시민사회』, 한울.

받지 못하던 '시민'이라는 용어가 차츰 설득력을 갖기 시작하는 것 같다"라고 쓰고 있다.[270] 그는 이것이 시민사회에 대한 새로운 관심과 더불어 나타나는 세계사적인 현상이라고 지적하면서 '시민사회론이 민중사회론 혹은 계급사회론과는 상이한 역사적 인식과 전망을 가진다는 점'을 강조하고자 했다. 동시에 한국의 시민층에서 발견되는 속성을 세 가지로 정리하고 있다. 우선 연고주의에 기반한 집단이기주의적 성격이 강하고 공공성을 담보할 만큼 공사구분과 공공의식이 강하지 않으며 지역적으로 분할되어 있다는 것이다. 하지만 그는 한국의 시민들이 이런 지역단위 내에서 지역적 토착성과 주체성을 지닐 때 추상적인 '보통시민'의 허울을 벗어나 실질적인 범주가 될 수 있다고 주장하였다. 김성국이 파악한 시민은 다음과 같은 존재였다.

> 시민으로서의 노동자, 시민으로서의 화이트칼라는 계급으로서의 노동자, 계급으로서의 화이트칼라와 이념적으로 그리고 실천적으로 갈등과 대립관계에 서 있다. 오늘의 한국사회에서 시민은 국가를 실질적으로 관리하는 특권층(혹은 지배계급)과 대립적 관계에 있을 뿐 아니라 (이 같은 대립적 관계를 규정하는) 자본주의 및 시민사회의 기반 자체를 부정하는 계급주의 세력과도 대립적 관계에 있다. 그렇지만 시민은 비록 대립적, 갈등적 관계를 비판, 개혁하려고는 하나 이 관계 자체를 백지화하고자 하지는 않는다는 점에서 계급과는 상이한 실천논리를 갖는다.[271]

270. 김성국(1992), 「한국 자본주의 발전과 시민사회의 성격」, 『한국의 국가와 시민사회』, 한울, p.149. 이 이하의 부분도 이 글에 기초한다.
271. 김성국(1992), 앞의 논문, p.162.

그럼에도 불구하고 이 책의 편자는 '시민사회 주체는 어디까지나 기본계급으로서 성장해 나가야 할 산업노동자들이며 또한 한국적 산업화 과정에서 산업노동자들과 더불어 크게 성장해온 중간제계층이다'라고 언급함으로써 '시민'을 적극적으로 부각시키기보다 계급적 성격에 더 주목하려 한다. 여기에는 앞서 경제정의실천시민연합에서 본 바와 같은 '시민' 개념의 중성화 내지 연성화에 동의하지 않고 민중적 · 마르크스주의적 시각을 기본적으로 견지하고자 하는 욕구가 강하게 내포되어 있었다고 볼 수 있다. 흥미로운 것은 이런 흐름 속에서 남북한의 분단역사를 '시민의 사회'와 '인민의 사회'로 대비시켜 이해하려는 시각도 나타났다는 점이다. 황성모黃性模는 1987년에 『분단사회의 평가적 인식』이란 책을 저술했는데 '시민의 사회, 인민의 사회'라는 부제를 붙였다. 그가 이렇게 대비시킨 내용은 다음의 인용문에서 짐작할 수 있는데 최근에 다시 전개되는 현대사 인식을 둘러싼 갈등의 전형을 보여 준다고도 할 수 있다.[272]

> 우리가 해방 40년간의 한국사회의 변화를 근대화 과정이라고 본다면 정치적 차원에서는 역시 평등의 문제가 민주화 문제의 핵심이 될 수밖에 없다. 평등이나 민주주의의 문제는 모든 사람을 위한 평등의 문제인 것은 사실이나, 그렇다면 총괄적으로 남한 사회의 40년의 변화과정에서 국가시민으로서의 개인의 평등의 권리는 긍정적인 방향으로 전개되어 왔다고 할 수 있다. …북한에서는 지주의 추방, 모든 생산수단의 사회화 및 국유화를 통해 '인민'의 사회적 활동을 위한

272. 황성모(1987), 『분단사회의 평가적 인식』, 한국정신문화연구원, pp.28~29.

> 사회적 평등화의 조건이 만들어졌지만, 그러나 그들의 활동은 실질적으로 당에 의해서 통제되기 때문에 그들의 활동권이 형식적(법제적)으로 보장될 수 없다. …이것이 바로 일당 독재국가에서의 '인민대중'의 생존 기본조건이며 다당제도가 기본적 정치제도가 되어 있는 국가에서의 시민대중의 그것과 다른 점이다.

이처럼 시민 개념의 개량화를 비판하는 목소리가 부각되면서 다시 시민적 주체의 성격을 둘러싼 긴장이 나타나게 되었고 진보주의적 시민운동이 대두되었다. 1998년에 한 법학 연구자는 『시민불복종』이라는 책을 펴냈는데, 여기에서 "악법에 대한 불복종을 통해 국가기관에 대한 악업의 변경을 요구하는 시민불복종"을 철학적으로 변론하고 있다. 그는 이 책에서 시민적인 것의 성격을 전체 법질서의 정당성 승인, 공공성, 비폭력성, 양심성, 정치성 등으로 정리하면서 "문제의 근원은 시민불복종 자체에 있는 것이 아니라 악법의 존재에 있는 것이며 악법이 존재하는 이상 시민불복종은 그것을 해결하는 실천적인 방안으로서 존속하게 될 것이다"라고 정리하였다.[273] 참여연대로 대표되는 진보적인 시민운동단체들은 민주주의의 질적 성장을 담보하는 주요한 주체로서 시민을 강조하고 시민정치, 시민권 등을 주요한 의제로 삼았다. 참여연대는 "시민운동의 진보적 성격"을 강조하면서 다양한 정치적 참여운동을 주도했고 부설기관인 참여사회연구소에서는 2002년부터 『시민과 세계』라는 반 년간 연구지를 발간하기 시작했다. 이 『시민과 세계』는 제목에서만이 아니라 실제 주된 내용이 시민성, 시민정

273. 한상수(1998), 『시민불복종』, 세종출판사, p.228.

치, 시민사회 문제에 깊은 관심을 보임으로써 2000년대 한국사회의 시민관련 담론의 성격을 형성하는 데 주력하였다. 이 연구지는 창간호에서 "시민사회의 정신적 도약"을 주장했고 "풀뿌리 시민적 진보"의 형성을 강조했다. 권두언에 실린 다음의 내용은 2000년대 초반 한국사회에서 진보적 사유와 시민 개념이 어떻게 이해되고 있는지를 잘 보여 준다.

> 우리에게 세계는 무엇이며 또 그 세계 내에서 시민은 무엇인가. 우리는 세계 내에서 어떤 의미의 시민인가, 나아가 어떤 의미의 세계시민인가 하는 물음들을 던지고 있다. 우리에게 있어서 시민공동체와 시민적 주체란 이미 주어져 있는 존재가 아니라 형성되고 쟁취되어야 할 새로운 과업이며…[274]

또한 주제기획으로 "시민민주주의론"을 다루면서 제기한 다음과 같은 문제의식은 다시금 인민, 국민, 민중 등의 개념과 시민 개념을 대비하면서 각각의 정치적 함의와 시대적 성격을 주목하고 있음을 보여 준다.

> 민주주의를 논할 때 왜 그리스말의 어원대로 '인민'이나 '국민' 또는 '민중'의 지배라는 해석에 만족하지 않고 '시민'이라는 말을 별도로 써야 하는가라는 문제는 한국 시민사회담론에서 별로 주목받지 못했다. 시민 '개념'에 대한 이런 문제의식 없는 태도는 민주주의에서

274. 이병천 · 홍윤기(2002), 「열린 연대로, 시민적 진보를 지향하며」, 『시민과 세계』 창간호 권두언.

예기하는 바로 그 인민이나 국민 또는 민중이 어떤 상태에 있었기에 저 고대적 맥락에서 정치공동체의 지배권을 요구하는 수준까지 도달할 수 있었던가에 대해 묻지 않거나 물을 필요가 없다고 느끼는 사람들의 무개념적 태도와 일맥상통한다.[275]

진보적 시민운동을 주장하는 사람들은 민주화된 이후의 한국사회에서 진정한 민주주의가 형성되지 못했다고 본다. 이들에게 민주주의의 핵심은 시민들의 자발적이고 다양한 정치참여인데 한국의 현대사는 민주화과정 이후에도 그런 성격을 충분히 갖추지 못했다고 보기 때문이다. 따라서 민주화 이후 대한민국이라는 사회의 성격을 어떻게 볼 것인가에 대한 관심이 특히 민주공화국이라는 원칙과 연관되어 부각된다. 『시민과 세계』 2권의 권두언은 이들의 문제의식을 "시민이 부재한 공화국"이라는 말로 설명하고 있다.

헌법 제1조가 명백히 선언하는 바와 같이 대한민국은 민주공화국이다. 그러나 우리는 오랫동안 바로 이 민주공화국이라는 우리 국가의 정체성을 잃고 살아왔다. 자유가 아니라 생존의 명령이, 시민적인 '평등, 자유'와 연대, 공존이나 평화가 아니라 단지 적을 이기고 살아남아야 한다는 지상명령이 식민지 민족억압상태를 벗어난 20세기 후반 50년 동안 대한민국을 지배했다. 시민이 부재한 공화국에서 오직 서로를 적으로 만들어야 유지될 수 있었던 냉전국가주의가 둥지를 틀고 앉아 공화국의 이름을 빈 껍데기로 만들었다.[276]

275. 홍윤기(2002), 앞의 논문 참조.

276. 이병천 · 홍윤기(2002), 「민주주의의 위기 그리고 공화국의 새로운 시민을 위하여」, 『시민과 세계』 하반기 권두언.

이런 문제의식은 한국사회에서 정치적 주체형성과 개념의 연관성을 정확하게 인식하고 있음을 보여 주고 실제로 이 연구지를 끌어가는 편집진의 핵심 쟁점임은 분명해 보인다. 이병천李炳天은 시민이란 누구이며 어떠해야 하는가를 계속적으로 묻는데 그는 시민권과 공공영역을 시민 개념의 주요한 기획으로 보면서 "민주적 시티즌십에 기반을 두고, 계급, 민족, 젠더, 인종, 지역, 세대 등 모든 다양한 주체의 위치에서 어떠한 억압도 차별도 받지 않고 인간이라면 마땅히 누려야 할 양도할 수 없는 권리를 추구하며, 이와 동시에 정치공동체에의 적극적이고 능동적인 참여, 이를 통한 시민적 자유와 연대의 삶의 실현을 지향하며 개인의 인권 또한 이를 통해 온전히 보장될 수 있다"는 견해를 내놓고 있으며, 공동편집자인 홍윤기洪潤基 역시 시민은 계급으로서의 시민이라기보다 "시민이 사회적으로 존립하는 상태에서는 결코 초계급적이지 않지만 자기계급의 한계를 뛰어넘고자 하는 사회구성원의 모든 생활세계에서 충원되는 탈계급적 운동의 주체"가 될 수 있음을 강조하고 있다.[277] 이들에게는 시민정치가 "민주주의적 이성의 관철 여부"로 판단되며 그런 이성을 소유하고 행사하는 자들이 곧 시민으로 간주되는 것이었다. 같은 맥락에서 김석수金碩洙는 새로운 시민상으로 "NGO적 시민"이라는 것을 말하기도 한다. 그에 의하면 21세기의 새로운 시민은 다음과 같은 특성을 지닌다.

277. 이병천(2004), 「세계화 시대 시민국가와 다중적 시민정치를 위하여」, 『시민과 세계』 상반기, p.34

> 바로 이러한 새로운 움직임의 주체가 20세기 후반부에서 시작되어 21세기에 본격적으로 전개되고 있는 NGO적 시민이다. 이 시민은 사적 영역의 희생을 통하여 이루어진 고대적 의미의 폴리스적 시민도 아니고, 사적 영역의 확장을 통해 이루어진 근대적 의미의 부르주아적 시민도 아니다. 이 새로운 시민은 종교의 정치권력화나 경제의 정치권력화를 통하여 권력의 중심부에서 권력을 소유하기보다는, 권력의 주변부에서 권력을 비판하고 감시하고자 한다. 이 새로운 주체는 근대 이전의 귀족적 주체도, 근대 이후의 부르주아적 주체도 거부하는 제3의 주체로서 '정부 없는 조직'(NGO)을 지향하며 (정치 · 경제적) 체계를 감시하는 생활세계적 주체로서, 주체는 주체이되 체계를 지향하지 않는 주체이다.[278]

또한 이들이 생각하는 새로운 시민은 한 국가에 한정된 존재가 아니라 세계적인 전망을 지니는 "세계시민"으로서 "일국적 시민사회"가 아닌 "세계시민사회"를 꿈꾸는 존재이다.[279] 뿐만 아니라 탈근대적인 경향과 다문화적 상황에 적응하면서 노동시민이기도 하고 민중적 시민이기도 한 존재이다. 국가와 관련해서는 "국민의 이름 아래 실은 억압받은 민중으로 살다가 시장과 국가 사이에 형성된 사회를 기반으로 자신의 국민적 정체성을 반성적으로 새롭게 하고, 나아가 그 수많은 장벽으로 갈라진 국민국가들로 이루어진 현재의 세계체제를 관통하여 이렇게 세계사회를 그 이름으로

278. 김석수(2003), 「시민정치론 1 – 칸트의 시민정치론」, 『시민과 세계』 하반기.
279. 21세기를 맞아 편집된 『NGO의 시대』라는 책이 '지구시민사회를 향하여'라는 부제를 달고 있는 것이 매우 시사적이다. 조효제 역(2000), 『NGO의 시대』, 창비.

창출하려고 하는" 실존적 주체가 바로 시민인 것으로 간주되고 있다. 하지만 여전히 이 부분이 명확하게 이해되거나 정리되었다고 보기는 어렵다. 『시민과 세계』가 꾸준히 시민적인 것을 강조하고 있지만 다른 한편에서는 국민, 민중, 계급의 개념이 여전히 힘을 지니고 있고 이들의 시민론에 대한 저항과 비판도 새롭게 나타나고 있기 때문이다. 이런 어려움은 이병천의 다음과 같은 말에도 잘 나타나고 있다.

> 민족과 국가의 터전에 굳건히 발을 디디면서 그 폐쇄적 경계를 뚫고 세계시민주의로 전진하는, 다중적 · 중첩적 시민정치의 길은 없는가. 국민들 사이에 도무지 이해되지 않는 이유로 반목과 갈등을 부추기다가 끝내 전쟁으로 서로를 살상하게까지 만드는 이 국민국가들 안에서 시민은 어떻게 살아야 하는가. 국민국가의 시민화, 즉 풀뿌리 자치와 공공영역에 기반을 두는 시민국가 및 시민공화국으로의 전환과 동시에 개별적 다양성과 보편적 연대성의 조화를 지향하는 비판적 세계시민주의를 어떻게 구현할 것인가. 희망이 다중적인 만큼이나 다중적인 딜레마를 안고 있는, 정치적이면서 동시에 문화적인 21세기 제3의 시민정치의 역사적 기획을 어떻게 모색해야 할 것인가.[280]

21세기의 한국사회에서 시민과 시민사회에 대한 논의는 지속될 것으로 보이지만 그 함의와 정치적 지향에 대해서는 상당 기간 불일치와 다양성을 보일 것으로 생각된다. 시민사회의 분화와 다양화가 진행되면서 그 정치적 지향이나 주체들도 이질적인 것이

280. 이병천(2004), 「다중적 시민정치와 시민국가의 전망」, 『시민과 세계』 상반기 권두언.

되는 경향이 있기 때문이다. 최근 한국사회에서는 그동안 당연시되던 민주주의의 실질적 구현과 관련하여 참여 방식, 시민단체의 책임성, 공공성 확보방안, 다원적 거버넌스의 틀 등 여러 차원에서 보다 깊이 있는 논의가 진행되고 있다. 이와 관련하여 시민의 존재양식, 시민운동의 방향, 시민사회의 성격 등에 대해서 쉽지 않은 쟁점들이 부각되고 있다. 민주화와 다원화 이후 진정한 의미의 시민적 권리가 보장되는 민주주의의 확립은 또 다른 과제임을 절감하고 있는 것이다. 아마도 시민, 국민, 민중, 인민을 둘러싼 논의는 이런 공부에 빠질 수 없는 것일 터인데 21세기에도 정치주체의 정체성을 규정하는 역할과 함께 당분간 긴장과 갈등의 소재로 남아 있을 것으로 생각된다.[281] 홍일표洪日杓는 한국의 시민사회론이 또 다른 변혁론, 민주화 이행과 공고화론, NGO와 시민단체론이라는 세 주제를 중심으로 전개되었다고 보았는데, 이들 세 주제들이 결코 통합적으로 묶이기 어려운 상황이 나타나고 있다는 것이다. 소위 시민단체들 간의 이념 대립이 심화되고, 시민운동과 정치운동의 관계에 대한 논란도 커지고 있다. NGO가 반드시 정치적 참여 민주주의를 지향하는가도 생각처럼 쉽지는 않다. 아마도 시민, 국민, 민중, 인민을 둘러싼 논의는 21세기 한국사회에서 개념적으로나 정치적으로나 사회적으로 지속적인 긴장과 갈등의 소재가 될 것으로 보인다.

281. 최근 시민의 역할 및 시민사회론과 관련해서는 많은 논저들이 출간되었다. 앞서 언급한 『시민과 세계』 잡지의 글들, 한국정치학회와 한국사회학회 심포지엄 내용을 담은 『한국의 국가와 시민사회』, 조효제 역(2000), 앞의 책 참조; 최장집(2002), 『민주화 이후의 민주주의』, 후마니타스; 김호기(2007), 『한국 시민사회의 성찰』, 아르케; 권태환 · 임현진 · 송호근 편(2001), 『신사회운동의 사회학』, 서울대학교출판부 등 매우 다양하다. 시민사회의 개념사는 사회에 대한 개념사와 함께 추후에 본격적으로 다룰 예정이다.

결론

지금까지 국민 · 인민 · 시민의 세 어휘를 중심으로 개념의 수용, 변형, 활용의 맥락을 한국의 정치사회적 변동과 연결해 이해하려고 노력했다. 개념사적 접근을 통해 확인하고자 했던 질문을 다시 한 번 정리하면서 몇 가지 결론을 내리고자 한다. 이 연구를 이끌어 온 질문은 대략 다음과 같이 정리될 수 있다.

첫째, 현재 사용되는 국민 · 인민 · 시민이라는 세 개념은 어떤 다층적인 의미를 내포하고 있는가? 상이한 시공간성과 수용주체의 성격, 시대적 맥락 등을 고려할 때 이들 개념의 한국적 이미를 어떻게 파악할 것인가? 그것은 얼마나 서구의 nation, people, citizen과 같고 또 다른가?

둘째, 이러한 개념의 역사를 통해 볼 때 한국의 정치적 주체는 어떻게 형성되었다고 설명할 수 있는가? 이 개념들을 적극적으로 활용하고 동원하려 한 세력은 누구인가? 식민지화와 분단, 한국형 산업화라는 한국 근현대사의 조건들이 개념사의 차원에 미친 영향은 어느 정도인가?

셋째, 이들 개념이 독자적으로 행사한 힘은 어느 정도였는가? 코젤렉이 말한 '기대지평'을 확장시킴으로써 유토피아적인 동력을 제공해준 측면은 얼마나 되었다고 볼 것인가? 개념들 간의 대립과 긴장은 그 의미체계 자체에 기인한 것인가 아니면 그것을 활용하려는 사회세력들의 갈등에서 비롯된 것인가?

넷째, 한국 개념사에서 언어와 번역의 문제를 어떻게 볼 것인가? 주로 일본에서 이루어진 번역어를 통해 수용되었던 근대적 개념체계가 한자어를 바탕으로 했다는 점, 최근 순한글세대의 대두로 새로운 번역에 대한 관심이 나타나고 있는 것과 관련하여 21세기적 전환을 어떻게 볼 것인가?

마지막으로 21세기 한국사회에서 이들 개념군이 바람직한 정치주체의 형성에 어떻게 기여할 것인가? 특히, 남북한의 통합과 통일을 준비하면서 세계화된 환경에 적응하고 다원적인 사회질서를 유지해가야 할 한국사회에서 이들 개념어가 어떻게 재해석되고 동원되어야 할 것인가?

이상의 질문들에 대한 나름대로의 정리를 서술함으로써 이 연구의 결론을 삼고자 한다.

국민 · 인민 · 시민 개념의 시공간성

우리가 살펴본 국민 · 인민 · 시민이라는 개념은 결코 단순한 어휘가 아니다. 이 말 속에는 서로 다른 시간대와 공간성이 내포되어 있고 따라서 한 가지 특징으로 환원할 수 없는 복합적인 의미가 내포되어 있다. 코젤렉은 역사적 개념이 단순한 단어와 다른 요소가 바로 이러한 애매함, 다양함, 복합성이라고 지적한 바 있는데 그런 점에서 본다면 이들 개념이야말로 역사적 개념의 자격이 충분하다.[282]

우선 이 개념들에는 십수 세기 전부터 통용되어 온 동아시아 공통의 의미가 내포되어 있다. 세 개념에 공통적으로 존재하는 '민' 개념은 한자문명권의 거의 초기부터 존속해 온 것으로 지난 시기 이 지역에서의 정치적 삶과 긴밀하게 연결되어 있는 어휘다. 『시경』과 『서경』을 비롯하여 유교적인 이념체계를 뒷받침하는 '민유방본'의 논리는 그 핵심인바 지금도 국민 · 인민 · 시민의 의미를 사고하는 데, 이러한 고대적 시간성의 그림자가 남아 있다. 이들 개념의 본 의미를 강조하면서 바람직한 정치질서나 사회구성의 원리를 설명하는 논의들 속에 유교적 사유, 전통적 용법, 오래된 의미를 언급하는 사례는 드물지 않다.[283] 하지만 19세기 말 이래 이들 개념은 서구의 근대사상을 소개하는 번역어로서 새로운 의미를 지니게 되었고 역사적 기원을 달리하는 내용이 담기게 되었다. 유럽에서 각기 nation, people, citizen으로 이해되고 논의되던

282. 코젤렉의 표현을 빌면, "a concept must remain ambiguous in order to be a concept." R. Koselleck(1985), 앞의 책, p.84; R. Koselleck(1982), 앞의 논문, p.89.

283. 최근 아시아적 가치론과 같이 비서구사회의 지적 유산 속에서 서구적 근대성의 한계를 넘어설 근거를 찾으려는 시도가 활발해지면서 과거의 의미에 대한 재검토도 적극적으로 이루어지고 있다. 정재서 편(1999), 『동아시아 연구』, 살림출판사; 함재봉(1995), 「포스트모더니즘과 동양사상」, 『포럼21』, 한백연구재단; 최원식 외(2000), 『발견으로서의 동아시아』, 문학과지성사 등 참조.

개념적 의미들이 국민 · 인민 · 시민으로 옮겨짐으로써 유럽적 시공간성이 포함된 것이다. 이 때문에 한국의 국민 · 인민 · 시민은 서양의 nation, people, citizen과 대등한 의미를 갖는 개념으로 논의될 수 있고 이러한 보편성에 기초하여 논의되는 다양한 이론적 논의에 참여할 수 있다. 뿐만 아니라 21세기 한반도가 경험하는 다양한 역사적 · 정치적 시간성이 응축되어 있다. 한마디로 이들 개념은 매우 복합적인 시간성과 공간성을 내포하고 있고 바로 이러한 성격을 충분히 감안하는 데서 역사의 깊이와 폭을 이해할 수 있게 된다.

위와 같은 특징 때문에 한국의 개념사 연구는 개념에 담긴 다차원적인 시공간성을 충분히 인식하려는 노력이 필요하다. 같은 개념이라도 그 속에 담긴 함의와 지적 기원, 연관되는 사유양식의 틀이 다를 수 있으며 이런 차이와 변화가 한국의 근현대사와 밀접하게 결합되었음을 주의 깊게 인식해야 한다. 코젤렉에 의하면 정치적 · 사회적 개념어는 늘 시간적 차원을 갖고 있는데 이러한 '시층time strata'에 대한 이해를 위해 코젤렉은 세 유형을 구분할 것을 제안했다. 물론 이들 세 범주는 이념형적인 분류이고 실제로는 어느 정도 혼합적인 형태들이 많다. 하지만 이런 시간적 차이를 확인하는 것은 매우 중요하다.[284] 코젤렉의 이런 유형화는 한국의 경우에도 그대로 적용가능하다고 보는데, 현재 한국사회에서 널리 통용되고 있는 개념어의 기원을 이념형적으로 구분해 보면 크게 세 가지로 구분가능하다. 하나는 한자문명의 영향을 받아 비교적 오래전에 수용 · 정착된 개념어의 계보다. 다른 하나는 19세기

284. Melvin Richter and Michaela W. Richter(2006), 앞의 논문, pp.347~349.

말 이래 서구 개념의 번역어로 수용되어 정착된 개념군이 있다. 또한 이 둘과는 달리 한국적 맥락에서 독특하게 만들어져 유통되는 개념이나 지식이 있다. 이처럼 개념의 기원이 서로 다르기 때문에 어원상으로는 매우 오랜 역사를 거슬러 올라갈 수 있는 것이 있는가 하면, 가까운 과거에 외부로부터 유입된 개념도 있다. 따라서 한국의 개념사를 파악할 경우 다양한 시간적 배경을 나누어 볼 필요가 있다. 공간적으로도 이들 개념어에는 다양한 차원이 포함되어 있다. 개념의 기원과 패러다임의 속성을 이해하기 위해 중국, 일본, 그리고 서구라는 공간을 나누어 보는 것은 중요한 일이다. 현재 일본이나 중국에서 사용되는 국민國民 · 인민人民 · 시민市民과도 조응하면서 동아시아 국가들이 경험한 근대화의 유사성과 차별성을 파악할 필요가 있다.

전환기 또는 안착기에 대하여

코젤렉은 매우 중요한 역사적 기본 개념이 사회적으로 수용되고 자리 잡는 시기를 안착기Sattelzeit라 불렀다. 한국의 경우는 아마도 19세기 말에서 20세기 초반에 이르는 시기를 이러한 전환기로 볼 수 있을 것이다. 사회, 개인, 경제, 정치, 국가 등 현재까지 우리의 인식체계를 구성하는 기본적인 개념군들이 모두 이 시기에 수용, 정착되었기 때문이다. 1890년대 말에 간행된 『독립신문』과 『대한매일신보』를 1920년에 창간된 『동아일보』나 『조선일보』와 비교해 보면 이 기간에 얼마나 중대한 개념어의 전환이 일어났는지 절감할 수 있다. 그리고 이때의 전환에 바탕을 둔 개념체계가 지금까지도 지속되고 있다.

코젤렉이 말한 이 개념적 전환, 안착기가 한국사회에 대해 말하는 바는 무엇일까? 서구사상의 수용이 완료된 것을 말하는 것인가, 아니면 전통적인 개념체계의 해체가 완료된 것을 말하는가? 그것도 아니면 일본의 식민지화가 정신과 지식의 영역에서 성공을 이루기 시작한 것이라고 보아야 하는가? 민족주의자들이 말하듯 어려운 정치환경에서 각성한 지식인들이 독자적인 자기지식과 인식 틀을 구축하는 데 비로소 성공한 것이라 보아야 하는가? 이런 질문들은 단순하게 답을 할 수 있는 성질이 아니다. 다만 20세기 초반에 진행된 이 개념체계의 전면적 전환이 지금까지 우리에게 미친 영향과 성격을 재검토하는 것이 매우 중요하다는 점을 지적할 필요는 있다. 이것은 단순한 식민화나 서구화도 아니며 그렇다고 성공적인 사상적 응전應戰도 아니었다. 한국이 경험한 이 전환기는 독자적 번역이 없이, 제국주의화하는 일본의 번역어를 통해 서구와 접맥하게 되는 독특한 '역사적 전환기'였다. 한국의 개념사는 바로 이 점을 정교하게 보여 주어야 한다. 한국의 지식과 사상이 겪은 어려움과 기회, 가능성의 폭은 바로 이 맥락 속에서 파악될 수 있다.

이 점에서 번역어를 통한 서구 개념의 수용과정에서 나타난 의미의 단절과 연속이라는 점을 생각하게 된다. 앞서 말한 대로 동아시아의 서구사상 수용은 한자어를 매개로 하는 것이었다. 번역을 주도한 일본이 비록 한자를 '외래어'로 간주하는 의식을 갖고 있더라도 기본적으로 한자문명을 인식의 근간으로 삼고 있던 사람들이었다. 앞서 예를 든 사회, 개인, 정치, 국가, 인민 등의 모든 개념들이 하나같이 한자문명의 틀 안에서 오랫동안 사용되어 온 개념들을 전용하거나 조합하는 방식으로 만들어진 것이다. 예컨대 '사회'라는 말은 매우 낯선 새 개념어였지만 '사'나 '회'는 오랫동안 사용되어 온 말이고 그 의미도 서로 공유될 수 있는 것이어서 두 글자의 조합으로 구성된 '사회'가 대체로 어떤 의미를 나타낼 것인가에 대해서 충분히 짐작할 수 있었던 것이다. 이것은 '개인'이나 '민족' 등에서도 마찬가지다. 여기서 번역을 통해 수용된 서구사상과 전통적인 사유체계 사이에 어느 정도의 단절과 의미의 연관이 존재했는지를 질문하게 된다. 분명히 서구적인 nation이나 individual 또는 liberty와 같은 개념어는 질적으로 새로운 것이었고 그것이 수용될 때 전통적 사유와의 중대한 인식론적 단절은 불가피한 것이다. 하지만 그것이 각각 국민, 개인, 자유와 같은 말로 표현되면서 이미 존재하던 한자문명의 오랜 의미망과 결합될 때, 인식론적 단절보다는 특이한 의미연관 내지 변형이 나타날 가능성이 적지 않다. 실제로 유학자들의 서구사상 수용이 절충적이거나 '동도서기론'적인 경향을 드러내는 것은 번역과정에 내재된 이런 성격과 무관하지 않다고 여겨진다. 코젤렉은 개념의 역사와 관련하여 단순한 수용과 정착이 아니라 의미의 지속persistence, 변화change, 새로움novelty의 세 차원을 주목해야 한다고 했다.[285] 한국사회도 안착기에 대한 탐구가 이런 복합적인 의미연관, 개념사의 깊이를 동반하는 방식으로 진행될 필요가 있다.

285. R. Koselleck(1985), 앞의 책, p.83; R. Koselleck(1982), 앞의 논문, p.89.

기대지평과 개념

코젤렉은 개념이 과거의 경험에 기초하여 구성된 의미 못지않게 미래로의 희망과 전망을 투사하는 기획적 차원이 있음을 강조했다. 예컨대 '국민'이란 어떤 정태적 상태를 표현하는 기술 개념에 머무르지 않고 한 정치공동체에 속한 집합적 주체의 성격이 어떠해야 하는지를 드러내고 그런 방향으로의 변화를 추동하려는 유토피아적 속성을 내포한다. '독립'이나 '자유', '인권'이나 '평화' 같은 개념은 더더욱 그런 가치가 함축되어 있고 강한 미래적 전망을 동반한다. 바로 이 때문에 근대적 개념은 단순히 이질적인 사상의 수동적 소개 차원에 그치지 않고 사회적 변혁과 전환의 동력으로 작용할 수 있었다. 사회적으로 별다른 상호관계가 없는 서구적 기원을 지닌 개념이면서도 새로운 미래를 향한 운동성을 지닐 수 있었던 바탕에는 새로운 지적 패러다임이 제공하는 의미의 개방성과 지향성이 있었던 것이다.

이런 차원에서 계몽사상은 서구적인 것이라고만 한정지을 수 없는 인류사적 보편성을 지닌다. 비록 많은 개념들이 서구적인 기원을 갖고 있고 그로 인해 서구적 특수성을 보편화하거나 오리엔탈리즘적인 편견을 내포할 수 있음에도 불구하고 개인과 집단, 정치와 경제의 전 영역에서 인류가 공통적으로 꿈꾸고 기대하기에 적합한 의미체계를 발전시켰다는 측면 역시 부정할 수 없다. 평등과 자유, 인권과 민주주의 같은 것은 서구적 기원을 넘어서서 모든 주체와 환경에 적용되고 확장될 가치가 있는 보편성을 지녔고 바로 그 때문에 이들 개념은 광범위한 '기대지평'을 공급해줄 수 있었던 것이다.

국민 · 인민 · 시민의 개념 역시 한국사회에서는 그러한 기대지평을 확대시킨 주요한 유토피아적 전망을 지닌 개념이였다. 국민은 19세기 말 이래 독자적인 근대국가를 수립하고 유지해야 할 필연성과 함께 그것이 가능하기 위해서는 사회구성원들의 자기인식에 결정적인 변화가 필요하다는 자각의 원천을 제공했다. 또한 국민은 식민지 하에서는 독립을 희구하는 공동체의 바탕이 되었지만 해방 이후 이 개념이 지닌 정당성을 권력집단이 전유함으로써 국민의 이름으로 정치적 억압이 정당화되기도 했다. 동시에 국민은 시민적 저항과 권리의 근거로서 민주화와 자율화를 뒷받침하는 핵심적인 개념어로 기능하고 있다.

인민 개념은 20세기 이데올로기의 대립과 냉전, 남북분단의 역사와 맞물려 현재 한국사회에서는 완전히 금기시되고 사라진 말이 되었다. 하지만 북한은 이 개념을 통해 스스로의 정당성과 사회주의적 미래전망을 강조했다. 국가권력에 종속되는 국민이 아니라 자연 그대로의 인간집단을 뜻하는 인민을 강조함으로써 대중적이고 기층민중적인 성격을 강조할 뿐 아니라 반엘리트주의적인 동원에도 활용할 수 있었다. 인민이라는 말 속에는 인간평등의 원초적 정서가 포함되어 있고 다듬어지지 않은 자연적인 인간성에 대한 승인이 내포되어 있다. 현재 북한 사회주의가 이런 인민적 함의를 실현시키지 못하고 있다는 점은 두말할 필요가 없지만 개념적인 차원에서 인민지향성을 스스로의 정당성과 비전으로 강조하고 있는 점은 개념의 한국적 특성을 잘 보여 주는 사례라 하겠다.

마지막으로 시민 개념 역시 현재 한국사회에서는 매우 강한 담론적 전망을 제공한다. 시민 개념은 그 자체가 자율적 주체, 정치적 참여, 다양성 등을 포괄하는 의미로 받아들여지고 국민이나 인민 개념이 수용하지 못하는 새로운 관점들을 내포할 수 있으리라는 기대를 동반한다. 민주주의의 문제, 다원주의의 문제가 큰 사회적 쟁점이 되는 현실 속에서 시민이나 시민권에 대한 논의는 그 자체가 일정한 도덕적 지향성과 당위론적 전망을 내포하기도 한다. 또 그 때문에 시민담론을 둘러싸고 여전히 이념적 긴장이나 정치적 갈등이 출현할 수도 있다. 시민의 외연이 국민의 테두리 속에 갇혀도 좋을 것인가, 아니면 세계시민이라는 말처럼 국가적 경계를 넘어서서 시민 그 자체의 가치와 자격을 요구하는 단계로까지 나아갈 것인가는 앞으로 두고 볼 일이다. 하지만 시민적인 것에 대한 관심과 기대는 점점 더 커지고 확대될 것이 분명하다.

언어와 번역의 문제

19세기 후반 서구의 사상이 새로운 개념들을 동반하면서 수용될 때 번역의 문제는 매우 심각하고도 중요한 것이었다. 모든 근대적 전환은 개념적 전환을 동반하였고 실제로 개념적 전환 없는 사상적 전환도 불가능했다는 점에서 번역의 문제는 근대성 그 자체와 직결된 과제였다. 문제는 한국의 경우 독자적 번역의 시도가 별반 보이지 않았다는 점이다. 대부분 일본에서 번역된 한자어 개념의 직수입 형태로 서구사상과 접하게 되었다. 물론 그 번역어들이 순수한 일본어가 아닌, 이미 오랫동안 친숙했던 한자어였고 부분적으로는 전통적으로 널리 활용되던 단어들의 조합이었기 때문에 당시의 지식인들이 수용하는 데 어려움이 없었다. 단지 기술적 어려움이 없는 정도가 아니라 의미체계의 전달에도 상당한 선이해가 공유될 수 있었을 것이다. 아마도 번역된 '일본 개념'이 수용된다는 생각 자체가 별반 없었고 새로운 현상을 소개하는 '한자문명권의 새로운 요소들'을 받아들인다는 정도의 의식이 있었을 수도 있다.

하지만 독자적 '번역'의 부재는 독자적 근대화의 고민 부재와 밀접하게 연결된다. 서구의 근대성을 무시할 수 없는 상황이면서도 그 실체에 직접적으로 대면할 수 없는 상황에서는 거부와 추종이라는 양자택일에 내몰릴 확률이 커진다. '동도서기론'적인 대응이 없지 않았지만 적어도 그것이 가능하려면 독자적인 '번역'이 가능할 정도의 지적 역량과 함께 그것을 수용하고 담지해 갈 일정한 사회세력이 필요했다. 마루야마의 표현을 빌리면 "다른 문화의 이질성을 자각하고 그것을 완벽하게 인식하려는 욕구가 강해질 때 비교적 독창적인 사상이 나온다"는 것이다.[286] 하지만 20세기를 맞이할 시점에도 조선에는 영어나 서구문물을 직접 이해하고 그것을 한글 내지 한국적 맥락에 맞게 번역할 전문가들이 전무했다. 이것은 쇄국정책 하에서도 난학을 통해 서구문물을 계속 수용하고 영어권 문헌들을 번역할 역량을 키워왔던 일본과 비교할 때 큰 차이였다. 일본의 경우 society나 individual, nation 등을 어떻게 번역할까를 놓고 많은 지식인들이 고민하고 서로 다른 개념어들이 혼용되면서 일정한 정치적 노선까지 개입하게 된 사실에 비하면 한국에서 이들 개념은 서구사상 그 자체로서가 아니라 사회, 개인, 국민, 민족 등의 번역된 개념체계들로 수용되었던 것이다.

일본의 경험에 기초하여 외국어를 직접 읽고 번역할 수 있었던 지식인에 비해 번역된 언어로만 서구사상에 접했던 지식인들이

286. 마루야마 마사오 · 가토 슈이치(2000), 앞의 책, p.41.

더 급진적인 경향을 보였다는 지적이 있다.[287] 여기서 급진적이라는 말은 정확한 의미가 무엇일지 불분명하지만 원래의 사상이 가지는 폭과 유연성을 충분히 수용하지 못한 채 편협하거나 고정적인 방식으로 사고가 구성될 가능성으로 해석할 수 있다고 본다. 개념사적으로 보면 서양의 경우에도 개념 그 자체가 지니는 의미의 스펙트럼들이 있는데 이것이 번역어로 전환되는 가운데 전혀 다른 의미의 축소, 변형, 고착화가 나타날 수 있는 것이다. 실제로 한국의 근대화과정에서 서양사상이 수용될 때 이런 측면이 있었을 것으로 보인다. 스펜서의 진화론이나 루소의 사회계약론, 마르크스의 계급론 등이 소개될 때 일본식 번역어가 제공하는 고정된 의미구조로 원래의 사상이 왜곡되거나 편협해질 가능성은 매우 컸다.

그렇다고 해서 한국의 개념사가 독자적인 설명력을 갖지 못한다고 보기는 어렵다. 오히려 동아시아적 맥락 속에서 동일한 한자어 개념들이 수용되고 확산되면서 생겨나는 의미변형과 재구성의 차원에 주목하면 매우 새로운 쟁점들이 제기될 수 있다. 예컨대 이 연구에서 다룬 국민 · 인민 · 시민 같은 개념어들이 실제 일본과 중국, 한국에서 어떻게 활용되고 정치적 함의를 지녔는지를 세밀하게 살펴보면 그 전파와 수용, 변형의 과정이 단순하지 않음을 발견하게 된다. 여기에는 개념 자체가 갖는 의미의 중층성 못지않게 그 개념을 지지하고 수용하며 확산시키는 데 이해관계가 있는 사회세력의 성격이 중요하게 작용한다. 일본의 제국주의화, 한국의 식민지화, 중국의 반식민지화가 진행되는 과정에서

287. 마루야마 마사오 · 가토 슈이치(2000), 앞의 책, pp.53~54.

개념들이 어떻게 긴장하고 어긋나게 되었는지를 보는 것은 개념사와 사회사의 미묘한 연관성을 밝히는 중요한 작업이 될 것이다. 나아가 한자어를 매개로 하지 않고 한글로 된 토착어로 번역하려는 욕구가 커지고 있는 현재의 상황과 한자어를 매개로 하던 번역어 수용의 시대상 사이에 존재하는 사회문화적 변화도 깊이 천착할 과제다. 이것은 한편으로 한국의 독자적 번역문화의 출현이라 할 수 있지만 다른 한편으로는 동아시아 상호소통의 중대한 자산이었던 한자문명의 의미공유로부터 벗어나는 측면도 무시할 수 없다. 번역의 문제에 내재해 있는 여러 차원들을 앞으로 더욱 본격적으로 탐색하는 것이 개념사와 사회사의 중대한 과제가 될 것이다.

개념사와 주체형성

이들 세 개념의 역사를 통해 볼 때 한국의 정치적 주체는 어떻게 형성되었다고 볼 수 있는가? 우선 지적할 수 있는 것은 '피지배층'이자 '분화되지 않은 집합체'로서의 '민'으로부터 정치적인 권리를 소유한 주체이자 다양한 개별성을 지닌 존재로 변모해 왔다는 점이다. 전통적 왕조체제 하에서 지배층에 일방적으로 종속되었던 국민 · 인민 · 시민의 개념들이 근대국가를 구성하는 주체로서 자각하는 과정이 진행되었다고 할 수 있다. 이것은 개념사로 보면 전통적 개념어를 서구적 개념어가 대체해가는 과정이었다고 볼 수도 있는데, 특히 안착기라고 불렸던 근대 이행기의 변화가 그 점에서 중요하다. 근대 이행기는 지식체계나 개념들이 전통적인 패러다임에서 서구적 근대의 개념 틀로 전환하는 시기로 한국

개념사에서 가장 중요한 시기라고 할 수 있다.[288] 피지배층을 의미하거나 특수한 신분층을 의미하던 말들이 정당한 사회구성원이자 정치적 주체로서, 또 법적 권리의 소유자로서 자리 잡은 데에는 이런 개념적 전환이 크게 작용하고 있었다.

또 하나 지적할 것은 이런 변화가 한국 근현대사의 특수한 환경, 특히 분단과 분단국가의 출현, 이데올로기적 대립이라는 맥락을 반영한다는 점이다. 국민과 인민이 1945년 이후 남북한에서 달리 사용되고 지금까지도 그러한 개념적 분기가 유지되는 것은 20세기 냉전이라는 맥락을 떠나서는 설명되지 않는다. 인민과 국민의 거리는 20세기 후반 한반도의 남과 북 사이의 거리와도 비교되고 세계사적 냉전대립의 간격과도 연결되어 있다. 한동안 부각되지 않았던 시민 개념이 부각되고, 시민과 국민과의 긴장이 논의되는 것 역시 민주화와 다원화를 겪고 있는 21세기 한국사회의 성격이 반영된 것이다. 이런 변화가 이전의 단계와 어떻게 단절되고 연결되는가를 세밀하게 확인하는 것은 비단 한국의 개념사에 한정되지 않고 세계사적인 지성사나 개념사에도 주요한 공헌을 할 수 있을 것이다.

최근 한국사회에서 국민과 민족을 둘러싼 대립이 나타나는 것 역시 분단상황에 기인한다. 대한민국에 대한 자부심과 귀속감을 강조하면서도 국가주의의 폐해를 넘어설 수 있는 가능성을 탐색하려는 시도들은 불가피하게 다시 국민이란 무엇이며 그것과 인민, 시민의 연관성이 어떠해야 하는가를 묻게 된다. 앞으로 시민과 국민 사이에, 국민과 민족 사이에, 국민과 개인 사이에 어떤 연관

288. Park, Myoung-kyu(2005), 앞의 논문 참조.

과 차이가 허용될 것인가가 매우 중요한 쟁점으로 부각될 것이다. 정주외국인이 많아지고 국제결혼의 증가로 사회구성원이 다양해질수록 이들 개념들 간의 긴장과 갈등도 커질 것이다.

한반도 통일과 개념, 그리고 정치주체

마지막으로 21세기 한국사회의 최대 과제라 할 수 있는 통일을 사고할 때 이들 개념이 어떤 의미를 갖고 또 어떤 사회정치적 영향을 미칠 것인가를 생각해 보기로 하자. 국민과 인민은 현재 남한과 북한 사이에 거의 배타적으로 사용되는 용어로서 헌법적 주권자를 지칭한다. 시민 개념은 북한에서는 거의 언급되지 않지만 국가의 지배력에 종속되지 않는 사회구성원의 개별성과 다양성, 자율성을 뒷받침하는 개념이다. 민주주의, 다원주의, 자유주의의 맥락과 밀접하게 맞닿아 있는 개념이 시민이라 할 수 있다.

통상 남북한의 통일은 '민족' 재결합 내지 '민족' 통일이라고 이해된다. 민족이 국민 · 인민 · 시민과 구별되는 가장 중요한 내용이 남북한의 정치적 자결원리에 근거한 통일지향성에 있다는 점을 고려할 때 이런 이해는 타당성이 있다.[289] 하지만 남북한의 통일은 더 이상 민족적 재결합 차원에서 이해할 수 없다는 것이 현실이다. 남북한은 단순히 동질적인 민족공동체가 불가피한 요인에 의해 나뉘어 있다는 수준에서 이해될 수 없고 매우 다른 체제원리, 생활관습, 이념과 교육, 그리고 미래전망을 지닌 이질적이고 적대적인 단위임을 인식할 필요가 있다. 따라서 서로 다른 정치체제,

289. 박명규(2008), 앞의 논문 참조.

경제원리, 그리고 사회적 관행과 문화, 역사경험의 차이 등을 조율하고 새로운 방식으로 통합해내는 전면적 기획이 통일과정에는 반드시 필요하다. 뿐만 아니라 통일은 단지 남북한의 체제를 기계적으로 묶어내는 방식으로도 되기 어렵다. 북한의 낙후성과 비민주성을 극복하는 일이 통일과정과 접맥되어야 하며 남북한 사이의 비대칭성이 바람직한 방향으로 해소될 수 있는 길을 찾아야 한다.[290] 이런 문제의식을 국민 · 인민 · 시민의 개념과 연결시켜 이해한다면 적어도 이 세 개념의 새로운 결합, 종합적인 재구성이 통일과정에서 필수적으로 요청될 것으로 생각된다. 통일국가의 국민으로서, 천부인권과 평등권을 지닌 인민으로서, 나아가 각기 다른 개체로서의 자율성과 개별성을 인정받고 독자적 주체로서 활동할 수 있는 시민으로서의 성격 가운데 어느 것 하나도 폄하하거나 무시할 수는 없기 때문이다. 앞으로 한반도의 새로운 변화과정에서 바람직한 정치주체를 형성하고 사회적 정체성을 확립하는 일에 이들 개념은 여전히 주요한 요소로 작용할 것이다. 갈등의 소인이 될 수도 있지만 미래로의 기대지평을 열어주는 유토피아적 개념이 될 수도 있다. 그런 점에서 국민 · 인민 · 시민의 개념은 여전히 활발한 지성사의 주제이면서 동시에 한국사회의 미래를 만들어가는 사회사의 쟁점으로 남아 있을 것이다.

290. 박명규(2009), 「남북관계와 비대칭적 분단국체제론」, 『통일과 평화』 창간호.

■ 자료

『조선왕조실록』/『개벽』/『기호흥학회』/『대동학회월보』/
『대조선독립협회회보』/『대한매일신보』/『대한자강회월보』/
『대한협회회보』/『독립』/『독립신문』/『동아일보』/『사상계』/
『사해공론』/『삼천리』/『서우』/『태극학보』/『황성신문』/『시민과 세계』
『國民須知』(1906).
김상연(1908), 『헌법』.
나진 · 김상연(1906), 『국가학』.
유성준(1905), 『법학통론』.
유치형(1907), 『헌법』.
조성구(1907), 『헌법』.
주정균(1908), 『법학통론』.
주정균 · 유옥겸(1911), 『법학통론』.

■ 연구문헌

1. 한국어

1) 단행본

강재언(1981), 『한국의 개화사상』, 비봉출판사.
국가보훈처 편(2008), 『'무형의 정부', 국민회 100년』, 국가보훈처.
권태억 외(1994), 『(자료모음)근현대한국탐사』, 역사비평사.

권태환 · 임현진 · 송호근 편(2001), 『신사회운동의 사회학』, 서울대학교출판부.
권혁범(2000), 『민족주의와 발전의 환상』, 도서출판 솔.
김동춘(2000), 『근대의 그늘』, 당대.
김신길(1983), 『시민사』, 시와평론사.
김용구(2008), 『만국공법』(한국개념사총서1), 도서출판 소화.
김용옥(1986), 『동양학 어떻게 할 것인가』, 통나무.
김진송(1999), 『서울에 딴스홀을 許하라』, 현실문화연구.
김호기(2007), 『한국 시민사회의 성찰』, 아르케.
김효전(2008), 『헌법』(한국개념사총서3), 도서출판 소화.
박명규 · 서호철(2003), 『식민권력과 통계』, 서울대학교출판부.
박상섭(2008), 『국가 · 주권』(한국개념사총서2), 도서출판 소화.
박찬승(1997), 『한국근대정치사상사연구』, 역사비평사.
______(2007), 『민족주의의 시대』, 경인문화사.
박충석 · 유근호(1980), 『조선조의 정치사상』, 평화출판사.
방기중(1992), 『한국 근현대사상사 연구』, 역사비평사.
백남운(1946), 『조선민족의 진로』, 신건사.
서중석(1999), 『조봉암과 1950년대(상)』, 역사비평사.
신용하(1975), 『독립협회연구』, 일조각.
______(1987), 『한국근대사회사상사연구』, 일지사.
______(1987), 『한국근대사회사연구』, 일지사.
______(1997), 『조선후기실학파의 사회사상연구』, 지식산업사.
______(2006), 『한국근대지성사연구』, 서울대학교출판부.
신진욱(2008), 『시민』, 책세상.
신채호(1995), 『신채호 역사논설집』, 현대실학사.
오성철(2000), 『식민지 초등 교육의 형성』, 교육과학사.
유길준(1971), 『서유견문(全)』, 『유길준전집』 제1권.
유진오(1980), 『헌법기초회고록』, 일조각.
유팔무 · 김호기(1995), 『시민사회와 시민운동』, 한울.

윤내현(1984), 『商周史』, 민음사.
이영훈(2007), 『대한민국 이야기』, 기파랑.
이해남(1949), 『국민교육학』, 문화당.
이혜경(2002), 『천하관과 근대화론: 양계초를 중심으로』, 문학과지성사.
장명봉 편(2006), 『최신 북한법령집』, 북한법연구회.
정재서 편(1999), 『동아시아 연구』, 살림출판사.
조효제 역(2000), 『NGO의 시대』, 창비.
중앙교육연구소 편(1962), 『민주시민의 교육: 해인사 여름 세미나를 중심으로 한 연구보고서』, 중앙교육연구소.
지명관(2008), 『한국으로부터의 통신』, 창비.
최원식 외(2000), 『발견으로서의 동아시아』, 문학과지성사.
최장집(2002), 『민주화 이후의 민주주의』, 후마니타스.
하영선 외(2009), 『근대한국의 사회과학 개념 형성사』, 창비.
한상수(1998), 『시민불복종』, 세종출판사.
황성모(1987), 『분단사회의 평가적 인식』, 한국정신문화연구원.

2) 논문

강경근(1987), 「헌법상 국민주권에서의 국민(nation)의 의미」, 『법학논총』 제3권, 숭실대학교 법학연구소.
강호정(2008), 「새로운 국가의 주체와 공동체 지향의 언어」, 『우리어문연구』 제31집.
고동환(2000), 「18세기 서울의 상업구조 변동」, 이태진 외, 『서울상업사』, 태학사.
고유경(2003), 「'문화민족'과 '국가민족' 사이에서: 통일 이전 독일 민족형성의 길」, 이화여자대학교 한국문화연구원 심포지엄 자료.
김동택(2003), 「『독립신문』에 나타난 국가와 국민의 개념」, 이화여자대학교 한국문화연구원 주최 학술대회 발표문.
______(2008), 「『대한매일신보』에 나타난 '민족' 개념에 관한 연구」, 『대동문화연구』 제61집.

김병길(2002), 「프로문학과 인민주의」, 『현대소설연구』 제16호.
김석수(2003), 「시민정치론 1－칸트의 시민정치론」, 『시민과 세계』 하반기.
김성국(1992), 「한국 자본주의 발전과 시민사회의 성격」, 『한국의 국가와 시민사회』, 한울.
김성보(2009), 「남북국가 수립기 인민과 국민 개념의 분화」, 『한국사연구』 제144권.
김소령(2008), 「한말 계몽운동기 교과서 속의 '국민' 인식」, 『대동문화연구』 제63집.
김윤미(2008), 「총동원체제와 근로보국대를 통한 "국민개로": 조선에서 시행된 근로보국대의 초기 운용을 중심으로(1938~1941)」, 『한일민족문제연구』.
김윤희(2009), 「근대 국가구성원으로서의 인민 개념 형성(1876～1894)」, 『역사문제연구』 제21호.
김효전(1998), 「W. A. P. 마틴의 영역 국제법 책과 동아시아」, 『동아논업』 제35집.
나종석(2008), 「고대 그리스 민주주의에 대한 헤겔의 비판과 근대 주체성의 원리」, 『헤겔연구』 제24권.
류대영(2008), 「한말 기독교 신문의 근대국가론: 인민을 중심으로」, 『한국기독교와 역사』 제29호.
민중현(2005), 「'국민정서'를 '인민정서'화한 '대한인민공화국'을 고발한다」, 『한국논단』 제187권.
박명규(2001), 「한말 '사회' 개념의 수용과 그 의미체계」, 『사회와 역사』 제59집.
______(2003), 「근대 사회과학 개념구성의 역사성: 한말 국가－사회－개인의 상호연관을 중심으로」, 『문화과학』 제34호.
______(2007), 「21세기 한반도와 평화민족주의」, 참여사회연구소 편, 『다시 대한민국을 묻는다』, 한울.
______(2008), 「한국 내셔널 담론의 의미구조와 정치적 지향」, 『한국문화』 제41집.

______(2009), 「남북관계와 비대칭적 분단국체제론」, 『통일과 평화』 창간호.
______(2009), 「네이션과 민족: 개념사로 본 의미의 간격」, 『동방학지』 제147권.
박은구(1994), 「Marsilius of Padua의 인민주권론: 정부론을 중심으로 II」, 『서양사론』 제44집.
박의경(2008), 「참여민주주의를 위한 루소의 역설」, 『사회과학연구』 제16권 제2호.
배동인(1992), 「시민사회의 개념: 사상사적 접근」, 『한국의 국가와 시민사회』, 한울.
배유정(1960), 「4 · 19와 귀지의 사명」, 『사상계』 6월호.
백낙청(2007), 「시민문학론에 대하여」, 『백낙청 회화록』 제1권, 창비.
서경석(1992), 「경실련 3년의 평가와 반성」, 『사회평론』 8월호..
서중석(2006), 「국내 독립운동세력의 해방 후 국가건설방향－여운형의 인민공화국, 인민당, 신탁통치 관련 문제를 중심으로」, 『대동문화연구』 제56집.
손과지(2007), 「상해 임시정부 시기 백범 김구와 한인교민사회」, 『백범과 민족운동연구』 제5집.
신용하(1984), 「민족형성의 이론」, 『한국사회학연구』 제7집.
______(1990), 「독립협회의 민족주의와 의회민주주의」, 『한국사회사연구회』 제23집.
______(1994), 「구한말 단재 신채호의 민족주의 사상」, 『단재신채호연구논집』, 청원문화원.
______(1996), 「1894년 갑오개혁의 사회사」, 『한국사회사학회』 제50권.
______(2000), 「통합임시정부의 수립과 연해주지역 한인 민족운동」, 『산운사학』 제9집.
오장미경(2007), 「페미니즘과 한국사회 60년」, 참여연구사회소 편, 『다시 대한민국을 묻는다』, 한울.
윤대석(2009), 「1940년대 '국민문학'」, 민족문학사연구소 편, 『새 민족문학사 강좌 2』, 창비.

이나미(2005), 「민(民) 개념의 변화와 한국정치주체의 변동」, 『사회과학연구』 제13권 제1호.
이병천(2004), 「다중적 시민정치와 시민국가의 전망」, 『시민과 세계』 상반기.
______(2004), 「세계화 시대 시민국가와 다중적 시민정치를 위하여」, 『시민과 세계』 상반기.
이병천 · 홍윤기(2002), 「민주주의의 위기 그리고 공화국의 새로운 시민을 위하여」, 『시민과 세계』 하반기.
______(2002), 「열린 연대로, 시민적 진보를 지향하며」, 『시민과 세계』 창간호.
이석규(2004), 「여말선초 신흥유신의 민에 대한 인식」, 『조선시대사학보』 제31권.
이애숙(2004), 「일제 말기 반파시즘 인민전선론」, 『한국사연구』 제126호.
이원동(2008), 「'국민문학'의 좌담회 연구」, 『어문논총』 제48권.
이정희(1992), 「19세기 후반 서구사회주의와 러시아 인민주의 운동」, 『인문연구』 제13권 제2호.
이종오(1992), 「한국사회 변혁운동의 과제와 전망」, 『한국의 국가와 시민사회』, 한울.
이화용(2001), 「중세에서 근대로? 마르실리우스 인민주권론에 관한 하나의 역사적 이해」, 『정치사상연구』 제5권.
임재진(1996), 「헤겔 시민 사회론의 현대적 함의」, 『시대와 철학』 제7권 제2호.
임화연(1994), 「헤겔과 마르크스에 있어서 시민사회」, 『동서철학연구』 제11권.
장세룡(2004), 「루소의 자유론」, 『대구사학』 제76권.
장준하(1961), 「권두언」, 『사상계』 4월호.
장현근(2009), 「민(民)의 어원과 의미에 대한 고찰」, 『정치사상연구』 제15권 제1호.
전재호(2006), 「세계화시대 한국의 정체성 변화」, 손호철 엮음, 『세계화, 국가, 시민사회』, 이매진.

전정희(2004), 「개화사상에서의 민의 관념」, 『정치정보연구』 제7권 제2호.
정용화(2000), 「안과 밖의 정치학: 19세기 후반 개화개혁론에서 국권 · 민권 · 군권의 관계」, 『한국정치학회보』 제34집 제2호.
정종길(2006), 「우리 통치구조 기본원리에 수용된 18세기 후반의 프랑스 헌법사상」, 『공법논총』 제2호.
조법종(1996), 「삼국시대 민 · 백성의 개념과 성격에 대한 검토」, 『백제문화』 제25권.
조성윤(1992), 「조선후기 서울 주민의 신분 구조와 그 변화」, 연세대학교 박사학위논문.
조형근(2005), 「식민지기 재래시장에서 시장갈등과 사회적 관계의 변동」, 서울대학교 박사학위논문.
주정립(2006), 「포퓰리즘에 대한 이론적 검토」, 『시민사회와 NGO』 제4권 제1호.
최갑수(2001), 「1789년 '인권선언'과 혁명기의 담론」, 『프랑스사연구』 제4호.
최양수(1998), 「존 로크 헌법사상의 재조명」, 『연세법학연구』 제5권 제2호.
최영진(2008), 「유교국가론에 있어 통치 주체와 객체의 문제」, 『동양철학연구』 제53권.
표세만 외(2005), 「일본의 '네이션' 개념의 수용과 변용」, 『동아시아 근대 '네이션' 개념의 수용과 변용』, 고구려연구재단.
표세만(2006), 「구가 가쓰난의 '국민'문화」, 『인문과학연구』 제15집.
함석헌(1961), 「새 나라를 어떻게 세우나」, 『사상계』 4월호.
함재봉(1995), 「포스트모더니즘과 동양사상」, 『포럼21』, 한백연구재단.
허영란(2005), 「일제시기의 장시 변동과 지역주민」, 서울대학교 박사학위논문.
______(2009), 「일제시기 지역주민운동의 전개과정 분석－장시를 둘러싼 갈등을 중심으로」, 『역사문제연구』 제21호.
홍윤기(2002), 「시민민주주의론」, 『시민과 세계』 창간호.

홍일표(2004), 「시민사회론의 한국적 변용에 대한 연구사적 고찰」, 『NGO 연구』 제2권 제2호.
Park, Myoung-kyu(2005), "Emerging of 'the Social' and the concept of society in Korea," *Korea Journal*, Autumn.

3) 번역서

나카노 도시오(2005), 『오쓰카 히사오와 마루야마 마사오』, 서민교 · 정애영 옮김, 삼인.
니시카와 나가오(2002), 『국민이라는 괴물』, 윤대석 역, 소명출판.
마루야마 마사오(1998), 『일본정치사상사연구』, 김석근 역, 통나무.
______(2007), 『문명론의 개략을 읽는다』, 김석근 역, 문학동네.
마루야마 마사오 · 가토 슈이치(2000), 『번역과 일본의 근대』, 임성모 역, 이산.
윤건차(1997), 『일본: 그 국가 · 민족 · 국민』, 하종문 · 이애숙 역, 일월서각.

2. 일본어

1) 단행본

高柳光壽 · 竹內理三 編(1974), 『日本史辭典(第二版)』, 角川書店.
飛鳥井雅道(1984), 『國民文化の形成』, 筑摩書房.
社會科學辭典編輯委員會 編(1967), 『社會科學辭典』, 新日本出版社.
石田 雄(1989), 『日本の政治と言葉』, 東京大學出版會.
石塚正英 · 柴田隆行 監修(2002), 『哲學 · 思想飜譯語辭典』, 論創社.
小熊英二(1995), 『日本單一民族の神話と起源』, 新曜社.
______(2002), 『民主と愛國』, 新曜社.
新明正道(1942), 『民族社會學の構想』, 三笠書房.
沈國成(1994), 『近代日中語彙交流史: 新漢語の生成と受容』, 笠間書院.

柳父章(1982),『飜譯語成立事情』, 岩波新書.

田川孝三(1964),『李朝貢納制の研究』, 東洋文庫.

井上哲次郎(1918),『國民道德槪論』, 三省堂.

丸山眞男・加藤周一(1998),『飜譯と日本の近代』, 岩波書店.

2) 논문

加藤哲郎(2001),「二〇世紀日本における'人民'槪念の獲得と喪失」,『政策科學』第8卷 第3號, 立命館大學政策科學會.

古廄忠夫(2000),「二〇世紀中國における人民・國民・公民」, 西村成雄 編,『現代中國の構造變動3—ナショナリズム—歷史からの接近』, 東京大學出版會.

鹿野政直(1971),「臣民, 市民, 國民」, 橋川文三・松本三之介 編,『近代日本政治思想史I』, 有斐閣.

成嶋隆(1977),「主權原理における'國民'と'人民'」,『一橋硏究』第2卷 第2號.

安田 浩(1992),「近代日本における'民族'觀念の形成」,『思想と現代』第31號, 白石書店.

丸山眞男(1944),「國民主義理論の形成」,『國家學會會誌』第58卷 第3號.

3. 구미어

1) 단행본

Federico Masini(1993), *The Formation of Modern Chinese Lexicon and Its Evolution Toward a National Language: The Period from 1840 to 1898*, University of California Berkeley.

Gérard Noiriel(1996), *The French Melting Pot*, University of Minnesota Press.

Liah Greenfeld(1992), *Nationalism: Five Roads to Modernity*, Harvard University Press.

Lynn Hunt(1996), *The French Revolution and Human Rights: A Brief Documentary History*, St. Martin's Press.

Reinhart Koselleck(1985), *Futures Past: On the Semantics of Historical Time*, The MIT Press.

______(2002), *The Practice of Conceptual History*, Stanford University Press.

Rogers Brubaker(1992), *Citizenship and Nationhood in France and Germany*, Harvard University Press.

2) 논문

Ernest Renan(1994), "Qu'est-ce qu'une nation?," John Hutchinson and Anthony D. Smith ed., *Nationalism*, Oxford University Press.

Jan Ifversen(2003), "Text, Discourse, Concept: Approaches to Textual Analysis," *KONTUR*, No.7.

Melvin Richter and Michaela W. Richter(2006), "Introduction: Translation of Reinhart Koselleck's 'Krise' in Geschichtliche Grundbegriffe," *Journal of the History of Ideas*, Vol.67, No.2, April.

Michael F. Leruth(1998), "The Neorepublican Discourse on French National Identity," *French Politics and Society*, Vol.16, No.4, Fall.

Reinhart Koselleck(1972), "Volk, Nation, Nationalismus, Masse," O. Brunner et. al., eds., *Gesichtliche Grundbegriffe*, Bd.7.

______(1982), "Begriffsgeschichte and Social History," *Economy and Society*, Vol.11.

| 찾아보기 |

인명

지명

사항

ㅇ